中共中央政治局常委、国家副主席、时任浙江省委书记习近平视察森禾杭州基地

浙江省委书记赵洪祝参观浙江林学院科技成果展

国家林业局局长贾治邦考察浙江安吉毛竹现代科技园区

浙江省委副书记、代省长夏宝龙考察绍兴滨海绿洲研究所

国家林业局副局长李育材考察浙江省林业科学研究院竹种园

国家林业局党组副书记、副局长赵树丛参观中国国际林业产业博览会安吉馆

浙江省委常委、副省长葛慧君了解花卉大棚栽培产业化情况

←
浙江省委常委、宣传部长茅临生，浙江省人大常委会副主任程渭山为浙江省生态文化协会揭牌

→
周国富、程渭山、陈艳华、楼国华等浙江省生态文化协会常务理事在龙王山自然保护区高山湿地放归安吉小鲵

←
浙江省委常委、宣传部部长，时任副省长茅临生考察建德油茶生产

长林4号

山核桃示范基地

金森女贞容器实球苗

香榧基地

银　杏

猕猴桃示范基地

水晶杨梅挂果状

杉木大径材示范基地

全国早园笋生产标准化示范区

国家科技支撑计划项目示范基地

黄岩杨梅森林食品基地

林业博览会安吉展馆

竹醋液系列产品

香榧产品展示

竹炭系列制品

浙江省林业厅楼国华厅长在常山调研油茶低产林改造工程

浙江省林业厅吴鸿副厅长深入松阳县山区指导香榧南扩工程

2006年3月2日，浙江林业现代化发展战略研究与规划项目评审会在北京钓鱼台举行

2007年9月8日第四届林业科技周在龙泉开幕

2009年9月22日，全国科技服务林改工作座谈会在安吉举行

2008年3月28日，百项技术千名干部进万村送科技下乡活动暨省农技推广中心林业分中心成立仪式在建德举行

毛竹覆盖现场会现场

科技人员实地指导杨梅生产

科技专家深入基层开展灾后恢复现场指导

首期全省首席林技推广专家培训班在杭州举行

美国布莱蒙基金资助项目生物炭的固碳功能临安实验区

送科技下乡技术咨询现场

“十一五”浙江省林业科技发展报告

浙江省林业厅　编著

中国林业出版社

图书在版编目(CIP)数据

“十一五”浙江省林业科技发展报告 / 浙江省林业厅编著．—北京：中国林业出版社，2011.12
ISBN 978-7-5038-6422-3

Ⅰ.①十… Ⅱ.①浙… Ⅲ.①林业－科技发展－研究报告－浙江省－2006～2010 Ⅳ.①F326.275.5

中国版本图书馆 CIP 数据核字（2011）第 246452 号

中国林业出版社自然保护图书出版中心
责任编辑：刘家玲　张　锴

出　版：中国林业出版社(100009　北京西城区德内大街刘海胡同 7 号)
E－mail：wildlife_ cfph@163.com　电话：(010)83225836　83225764
发　行：新华书店北京发行所
印　刷：北京中科印刷有限公司
版　次：2011 年 12 月第 1 版
印　次：2011 年 12 月第 1 次
开　本：889mm×1194mm　1/16
印　张：14
彩　插：8P
字　数：400 千字
定　价：60.00 元

《“十一五”浙江省林业科技发展报告》编辑委员会

Proface 前　言

森林是陆地生态系统的主体。林业是一项重要的公益事业和基础产业，是国民经济的重要组成部分。在全面建设小康社会的历史进程中，林业承担着生态建设和林产品供给的重要任务。党中央、国务院高度重视林业工作，明确把“科技兴林”作为一项林业建设的基本方针。近年来，浙江省作为一个“七山一水两分田”的地区，森林资源持续增长，林业产业日益壮大。2010年浙江省林业行业社会总产值达2 000亿元，位居全国前列。浙江林业发展的实践证明，坚持“科技兴林”，是林业转型升级快速发展的动力源泉。林业科技进步对促进农民增收致富、扎实推进社会主义新农村建设，建设生态文明、构建社会主义和谐社会，推动经济社会又好又快发展发挥了前所未有的巨大作用。

“十一五”期间，浙江林业紧紧围绕省委、省政府提出的“创新强省，创业富民”总战略，以全面推进林业现代化建设为目标，以省院合作为平台，主攻林业科技自主创新，重点实施林业科技成果转化推广与林业科技示范园区建设，着力构建完善的林产品质量安全监管体系，大力培育以科技进步为支撑的新型林业产业。在竹木精深加工、经济林培育、森林生态体系构建、种子种苗工程等领域的关键技术研究上取得了新突破，科技创新平台建设再上新台阶，科技特派员工作取得新拓展，科技周服务新农村发挥新优势，林产品质量安全监管体系构建提出新举措，科技创新团队和产业联盟呈现新活力，科技服务林改工作成为新亮点。5年里，浙江省林业工作获得省以上科技进步奖96项，厅局级科技进步奖198项。连续4年获省政府科技进步一等奖，这是1949年至“十五”期末未有的。以竹木精深加工、经济林培育、森林生态体系构建为代表的部分领域成果达到国内领先或国际先进水平。仅花卉苗木行业，选育开发新品种5个；获国家发明专利14项，外观、实用新型专利12项；制定行业标准2项。科技成果转化和技术推广面积138.1万亩[①]，科技成果转化率达60%，科技引领支撑和保障了浙江省林业三大体系建设工作的领先地位。

为了全面总结“十一五”期间浙江省林业科技工作取得的成效，提升自主创新

① 1亩=1/15公顷，下同。

水平，提高科技成果转化率，加大技术推广力度，进一步增强科技为林业现代化建设的支撑能力，我们组织科技人员编写了《"十一五"浙江省林业科技发展报告》一书。本书分综合篇、专题篇、地市篇和附录4篇共22章。综合篇摘要刊登领导讲话、十大进展、五年成就；专题篇主要总结了"十一五"期间浙江省林业科学研究、科技成果转化推广、科技服务林改、科技合作与交流、科技创新条件平台、科技管理机制创新、林业质量标准化建设等方面取得的新成果；地市篇主要介绍"十一五"期间浙江省各市林业科技发展的成果和"十二五"林业科技的发展思路。"十一五"期间浙江林业科技重大项目、重点获奖成果、省级以上地方标准、授权发明专利、新品种等以附录形式编排。

本书在编写过程中得到了有关单位领导、专家的大力支持和帮助，提出真挚的意见、建议，无偿提供图片和资料，在此一并表示衷心的感谢！

希望全省广大林业科技人员，认真总结经验，继续发扬求实创新精神，一手抓创新，一手抓推广，不断增强现代林业建设的科技支撑能力。在进一步深化改革、搞活林业经营体制机制的同时，继续把科技兴林作为发展现代林业的战略举措，坚持林业科研与生产的有效结合，强化应用技术研究，加快科技成果转化，不断提高林业生产效率、经营水平和经济效益，为"森林浙江"和林业现代化建设做出新的更大贡献！

吴　鸿

2011年11月

Contents 目录

目　录 Contents

附录

第一篇　综合篇

第一章

领 导 讲 话

胡锦涛主席在联合国气候变化峰会开幕式上的讲话（节选）

（2009 年 9 月 22 日，美国纽约）

今后，中国将进一步把应对气候变化纳入经济社会发展规划，并继续采取强有力的措施。一是加强节能、提高能效工作，争取到 2020 年单位国内生产总值二氧化碳排放比 2005 年有显著下降。二是大力发展可再生能源和核能，争取到 2020 年非化石能源占一次能源消费比重达到 15% 左右。三是大力增加森林碳汇，争取到 2020 年森林面积比 2005 年增加 4 000 万公顷，森林蓄积量比 2005 年增加 13 亿立方米。四是大力发展绿色经济，积极发展低碳经济和循环经济，研发和推广气候友好技术。

胡锦涛总书记在国家林业局《关于第七次全国森林资源清查情况的报告》上的批示

（2009 年 11 月 26 日，中国北京）

经过多年努力，我国林业发展和生态建设取得显著的成效，希望林业战线上的同志们继续努力，依靠人民群众，依靠科学技术，依靠深化改革，扎实开展植树造林活动，着力加强森林保护和经营，确保实现 2020 年的奋斗目标。

胡锦涛总书记在主持中共中央政治局第四十一次集体学习时的讲话（节选）

（2007 年 4 月 23 日，中国北京）

实施农业标准化是建设现代农业的重要抓手，是增强中国农业市场竞争力的重要举措，是保障食品安全的基础条件。只有把农业产前、产中、产后全过程纳入标准化轨道，才能加快农业从粗放经营向集约经营转变，才能提高农业科技含量和经营水平，才能完善适应现代农业要求的管理体系和服务体系。食品安全关系广大人民群众身体健康和生命安全。实施农业标准化，实现从农田到餐桌全程质量控制，对保障食品安全至关重要。

没有农业标准化，就没有农业现代化，就没有食品安全保障。要坚持政府大力推动、市场有效引导、龙头企业带动、农民积极实施，以提高农产品质量和市场竞争力为重点，推进农产品清洁生产、节约生产、安全生产，加快推进农业标准化，全面加强食品安全工作。要进一步形成科学、统一、权威的农业标准化体系，努力使生产经营每个环节都有标准可依、有规范可循，提高中国农业标准的科学性、先进性、适用性。要进一步推广农业标准化生产，广泛普及农业标准化知识，积极推进农业标准化生产示范区建设，把推进农业标准化与发展农业产业化结合起来，加快发展无公害农产品、绿色食品、有机食品，促进优质农产品生产发展。要进一步净化农产品产地环境，加大农产品产地环境监测力度，加强农产品产地环境保护，发展循环农业、生态农业，促进农业可持续发展。要进一步严格农业投入品管理，健全农业投入品质量监测体系，普及农业投入品安全使用知识，引导农民合理施肥、科学用药。

温家宝总理在中央林业工作会议上的讲话（摘要）

（2009 年 6 月 23 日，中国北京）

林业在贯彻可持续发展战略中具有重要地位，在生态建设中具有首要地位，在西部大开发中具有基础地位，在应对气候变化中具有特殊地位。

陈至立国务委员在全国林业科学技术大会上的讲话（节选）

（2006年9月14日，中国北京）

林业发展既面临着难得的历史机遇，也存在着严峻的挑战。我国森林资源总量不足，整体质量效益不高，森林生态系统整体功能还不强，森林经营水平还不高，管理手段相对落后，林业从业者整体素质亟待提高。这些问题，已成为影响我国林业发展的关键性制约因素。解决这些问题，最有效、最根本的措施就是加快林业科技发展，提高林业自主创新能力。实践证明，只有依靠科技进步，才能真正突破目前制约林业发展的主要瓶颈，大幅度提升林业生产力、资源利用率和林业的综合效益，从根本上促进林业又好又快发展。为此，我们必须进一步增强使命感和责任感，真正把林业发展转移到依靠科技进步和提高劳动者素质的轨道上来。

贾治邦在第二届全国林业产业大会上的讲话（节选）

（2009年11月3日，江苏邳州）

我国林产品附加值低、竞争力差的主要原因是科技落后。建设林业产业强国，提高林产品质量和效益，必须依靠科技进步，加强科技创新。要紧紧围绕林业产业发展中的关键技术，开展科技攻关和技术创新，各地要充分利用科技推广资金，增加科技创新资金的投入，鼓励提高林业产业的科技支撑能力。支持有实力的企业与高等院校、科研院所开展科技合作，组建林业产业技术创新战略联盟，联手开展科技攻关。大力推广各种实用技术和科技成果，重点扶持新兴产业的科学研究、技术开发、成果转化，尽快形成林业生产力。积极支持林业高新技术发展，推动企业科技创新和林业产业结构升级，以科技进步带动林业产业发展方式的转变。建立林产品市场准入制度，制定行业技术标准和产品标准，开展森林认证和绿色林产品认证，提高林产品国际竞争力。

浙江省委书记赵洪祝在省林业厅《全省春季绿化造林工作情况汇报》上的批示

（2010 年 5 月 4 日，浙江杭州）

绿化造林，功在当代，利在千秋。省林业厅贯彻落实省委、省政府建设“森林浙江”的决策部署行动迅速，措施有力，各地各部门也采取了一系列行动，成效显著。希望再接再厉，加大力度，明确目标，强化措施，扎实推进城市、村庄绿化建设，切实解决浙江森林覆盖上的薄弱环节，更好地发挥林业在生态文明建设中的重要作用。

时任浙江省省长吕祖善在全省林业灾后恢复重建现场会上的讲话（节选）

（2008 年 4 月 29 日，浙江龙游）

林业专业性强，科技要求高。推进林业恢复重建，必须把科技放在首要位置，遵循科学规律，运用科学方法，强化科技指导。要立足当前，着眼长远，按照轻重缓急，科学编制灾后恢复重建规划和森林经营规划。要大力推广优良新品种，强化种苗质量管理，确保恢复重建工作的成效。要抓科学造林，以提高生物多样性、优化林分结构、提高森林质量作为重点，积极调整林种树种配置与结构，从根本上提高林业灾后恢复重建的水平。要加强林木抚育管理，强化森林经营，努力提高森林生态系统质量。要继续深入开展“百项技术进万村”帮扶活动，全面落实“一户一策一干部”的帮扶措施，各级科研单位、林业技术人员都要分片包干，落实责任，深入一线，总结推广先进技术，加强现场培训和示范，指导灾区恢复重建。

时任浙江省政协主席周国富在中国义乌国际森林产品博览会开幕式上的致词（节选）

（2009 年 11 月 1 日，浙江义乌）

从我省"七山一水两分田"的基本省情看，林业在经济社会发展全局中的地位和作用十分突出。加快林业发展，不仅是建设生态文明、打造"生态浙江"的根本举措，也是促进农民增收、建设"山上浙江"的重要途径，林业产业的发展还事关民生、事关我省建设惠及全省人民小康社会目标的实现。"森博会"的举办，通过搭建市场和交易平台，在大力拓展森林产品国内外销售渠道方面将发挥重要作用，是积极应对金融危机，认真贯彻中央扩内需、保增长、保稳定、保民生精神的具体行动，也是惠民强林的一项重要举措。

浙江省代省长，时任浙江省委副书记夏宝龙在全省林业工作会议上的讲话（节选）

（2009 年 8 月 14 日，浙江杭州）

发展现代林业，科技是关键，人才是根本。要大力加强现有林业科技成果和实用技术推广，加强科技转化平台建设，促进产学研紧密结合，加大科技下乡力度，最大限度地将林业科学技术转化为现实生产力。加大林业科技创新力度，提升林业自主创新能力，力争在关键问题、重点难题上有所突破，努力提高资源利用率和林业的综合效益。大力发展林业教育，全面加强技术培训，努力造就一支高素质的林业人才队伍。加快推进林业机械化、信息化、标准化建设，不断提高现代林业建设的物质装备水平和科学管理水平。

浙江省代省长，时任浙江省委副书记夏宝龙在 2010 中国碳汇林业与低碳经济发展高峰论坛上的讲话（节选）

（2010 年 10 月 27 日，浙江临安）

森林是大力发展低碳经济的潜力所在，也是加快发展方式转变的希望所在。党的十七大以来，浙江坚持走生态立省之路，在碳汇林业和低碳经济发展方面进行了一系列的探索和实践，取得了一定成绩。我们将加大对林业的扶持力度，加强科技支撑，同时将大力培养公众的绿色低碳意识，力争使更多的人投身于生态文明建设，为加快转变发展方式，构建人与自然和谐、经济社会可持续发展的绿色低碳发展模式作出贡献。

浙江省委常委，时任副省长茅临生在第三届林业科技周开幕式上的讲话（节选）

（2006 年 9 月 6 日，浙江江山）

建设社会主义新农村，增强林业富民能力，科技要先行，关键是要把先进适用技术及时推广给农民，应用于生产实际之中。实践表明，科技周活动就是促进林业科技成果转化、推广先进适用技术进村入户的有效载体。

浙江省林业厅厅长楼国华在全省林业局长会议上的讲话（节选）

（2010 年 1 月 7 日，浙江象山）

从总体上看，近年来我省林业建设取得了显著成绩，林业发展正处于一个较好的发展阶段。但我们应该清醒地看到，当前我省林业仍面临许多亟待解决的困难和问题。一是集体林权制度改革还需要不断深化，既有主体改革不彻底不完善的问题，也有配套改革不到位不落实的问题。二是生态质量特别是平原绿化还亟待提高。生态质量普遍不高，特别是与世界先进水平有着巨大差距。尤为突出的是浙北平原、沿海地区、城镇村庄等人口集聚区的森林覆盖率相对较少，与建设"森林浙江"的要求还差距很大。三是林农增收致富的潜力还远未发挥。由于林业经营管理粗放，目前林地产出率和经济效益普遍较低，据初步测算，全省林地亩均产出水平还不到200元。四是林业基础设施还十分薄弱。由于受自然地理条件等因素的制约，我省山区林业生产基础设施建设仍然比较薄弱，成为林业发展的"瓶颈"。如我省的林区路网密度不足4米/公顷，与国外林业发达国家相差很大。我们要高度重视改革发展过程中遇到的新情况新问题，因势利导，顺势应时，采取有针对性的措施和办法加以解决，努力实现林业又好又快发展。

第二章 十大进展

一、竹木加工业自主创新支撑能力取得新突破

浙江是森林资源小省，但依靠科技为支撑的竹木加工产业成为重要农业支柱产业，并逐步形成了培育、加工、服务的产业链，产业发展和技术水平处于全国领先地位，2010 年竹产业总产值达 263 亿元，占全国竹产业的 32.0%，占全省林业行业总产值的 13.4%；木业产业总产值 807 亿元，占全国木业产业的 9.16%，占全省林业行业总产值的 41.1%。浙江农林大学主持完成的刨切微薄竹应用和竹炭加工技术成果分别获国家技术发明二等奖和国家科学技术进步奖二等奖。

二、经济林培育关键技术研究和示范取得新成效

浙江省油茶、山核桃、香榧等特色经济林产业促进了农民增收致富，2010 年经济林产业总产值达 325 亿元，占全省林业行业总产值的 16.5%，科技在应对该领域产业转型升级过程中发挥重要作用。中国林业科学研究院亚热带林业研究所牵头组织全国 60 家科研单位实施的国家科技支撑计划项目“油茶产业升级关键技术研究与示范”，取得显著的经济和社会效益，该项成果获得国家科学技术进步奖二等奖。

三、种苗花卉领域技术创新实现新跨越

浙江省以种质资源保护和林木良种化为目标，实施科技强种兴林、兴苗富民战略，主攻新品种、新技术、新产品三大创新方向，在引种、驯化、选育、组培、快繁、改良、产品设计与控制等多个领域开展技术攻关，获国家发明专利 14 项，外观、实用新型专利 12 项，制定行业标准 2 项，获得植物新品种权保护 5 个，选育并通过国家和省级审(认)定林木良种 115 个。2010 年种苗花卉种植面

积达160多万亩，产值达140多亿元，成为全省十大农业支柱产业之一。全省绿化苗木种植面积145万亩，产苗量30多亿株，其中70%以上的绿化苗木销售到全国各地，成为全国绿化苗木强省。

四、林产品质量安全监管体系构建提出新举措

浙江省在全国率先构建林产品质量安全监管体系。成立了由林业厅厅长任组长、分管厅领导任副组长的浙江省林产品质量安全监管工作领导小组。以森林食品基地建设为抓手，加强源头监管，作为全国唯一开展森林食品基地认定工作省份，“十一五”期间，共认定森林食品基地504个。建立了产地环境质量动态监测、可食林产品例行监测、上市初期预警抽查、监测结果会商分析及定期通报、应急处置等制度和把年度抽检合格率作为林业科技重要内容对各市林业部门进行考核机制。每年抽检可食林产品1 200多批次，抽检合格率从2006年的92.6%提高到2010年97.8%，质量安全水平明显提升，从源头上保障了可食林产品质量安全。

五、森林生态体系构建技术取得新进展

浙江省积极开展森林生态体系与区域生态安全维护技术研究，提出了乡土阔叶树种的遗传改良技术体系，构建了89个生态经济高效模式，提出了森林生态状况与效益评价指标体系，建立了森林生态效益实时监测与社会公报系统，全面推进浙江省森林生态体系建设。由浙江省林业科学研究院主持完成的“东南部区域森林生态体系快速构建技术”获国家科学技术进步奖二等奖。

六、林业科技创新平台建设再上新台阶

浙江省十分重视林业科技重点实验室、科技服务平台等条件的建设和培育，组建了森林培育国家重点实验室培育基地，国家木质资源综合利用工程技术研究中心，国家油茶科学中心种质创新与利用实验室，森林资源生物与化学利用、竹类研究重点实验室，森林生态系统碳循环与固碳减排重点实验室等国家省部重点实验室和中心。结合浙江省产业特色与优势，成功组建竹产业、木材加工产业、林木种质资源培育与利用公共基础条件等平台。其中，国家木质资源综合利用工

程技术研究中心落户浙江农林大学，成为浙江省林业领域中唯一的国家工程技术研究中心。

七、林业科技特派员工作取得新拓展

浙江省自开展林业科技特派员选派工作以来，不断完善发展、创新科技特派员机制，拓展选派了林业法人科技特派员、团队科技特派员，结合当地的资源、人才优势，为地方经济发展、农民增收致富出谋划策，扶持发展了竹产业、水果、竹木加工等9个专业合作社，建立了食用菌、森林野菜、毛竹低产林改造、早熟梨、山核桃、油桃和油茶等15个试验示范基地，开展各类实用技术培训930余期，培训农民3.8万人次，为山区培养了一批掌握实用技术的现代农民。实用技术推广成为林业科技推广体系中的重要组成部分，林业科技特派员工作一直走在全国前列。

八、林业科技周服务新农村发挥新优势

浙江省每年都坚持开展林业科技活动，打造林业科技活动周品牌，省、市、县联动，专家、企业、林农互动，开展送科技进村入户，下基地进企业和学术研讨，成为全国林业送科技下乡活动一道靓丽的风景线。“十一五”期间，累计召开学术报告会60余次、组织科技下乡2 000场次，发放各种技术资料和书籍14.6万份，培训林农4.89万人次，参加活动人数16万人次。集成推广了一大批科技成果，建立了一批林业科技示范基地，促进了林业产业和森林生态的提升，有效支撑了“森林浙江”和新农村建设。

九、科技创新团队和产业联盟呈现新活力

浙江省率先组建了竹产业、花卉产业、果品、木材加工产业和林木种质资源创制等林业领域重点科技创新团队6个，成为支撑林业产业发展和培育林业科技领军人才的重要力量。成功组建了省花卉苗木产业创新联盟，参与国家竹木产业联盟建设，浙江省创新团队和林业产业战略联盟建设走在全国林业科技前列。

十、科技服务林改工作成为新亮点

浙江省为全国科技服务林改首个试点省，工作中积极探索机制创新方法，紧密结合区域实际，找准科技服务内容和载体，选择最佳的服务方式，逐步形成了“点、面、网综合配套，产前、产中、产后全程服务”的科技促进林改的格局，通过乘数效应巩固和扩大了集体林权改革的成果，充分发挥了林业科技在“发展现代林业，建设生态文明，促进科学发展”中的关键作用，为发展现代林业、建设生态文明摸索出一条富有浙江特色的成功之路，科技服务林改工作走在全国前列，成为浙江省林业科技工作的新亮点。

第三章 五年成就

“十一五”期间，围绕“在林业科技创新和推广方面走在全国前列，为浙江省率先基本实现林业现代化提供科技支撑”总目标，实施重大林业科技攻关，在竹木加工、森林生态体系等重大关键领域取得突破；建立了比较完善的林业科技推广体系，推进了成果集成、转化推广；通过不断加强合作，引进和培养了一大批林业科技人才，为支撑浙江省林业产业发展做出积极贡献。

一、科学研究自主创新能力显著增强

十一五”期间，围绕浙江省林业支柱产业和林业生态体系建设，加强林业科技攻关和关键技术研究，共组织实施了一大批自主创新研究和科技成果转化推广项目，承担的厅(局)级以上科技项目 796 项，总经费 2.61 亿元，比“十五”期间增加 82.5%，其中林业厅投入科研创新经费 2 370.95 万元，比“十五”期间投入增加 19.7%。

浙江省林业科技标志性成果取得了长足进步，在竹木精深加工、林木种质资源培育、林产化工、森林生态构建等领域关键技术创新取得了重大突破，连续 4 年获得国家级科研奖励。共获得国家级奖 10 项(其中 4 项为第一完成单位)，省部级奖 86 项，厅局级奖 198 项，其中国家技术发明二等奖 1 项，国家科技进步奖 9 项目(其中 3 项为主要完成单位)，浙江省科学技术奖一等奖 4 项。获得发明专利 105 项，实用新型专利 44 项。

浙江省在国家级平台、省部级创新服务平台和实验室、定位观测站等建设方面成效显著，在国家级工程技术研究中心和重点实验室建设方面取得了重大突破，浙江省林业科技创新平台跻身于国家级创新平台行列，建成国家级创新平台 2 个，部级实验室 2 个，省级科技创新服务平台 3 个，省级重点实验室 7 个；组建了竹产业、花卉产业、林木种苗产业等 8 个浙江省重点创新团队，培养壮大了一批林业科技创新队伍。

浙江省十分重视林业科技合作与交流，与国际林业研究中心(CIFOR)、国际竹藤组织(INBAR)、世界银行、美国、澳大利亚、日本等组织和国家，通过项目引进合作、人才访问与交流等方式，推动林业科技合作与交流；省院合作向纵深层次推进成为浙江省林业科技合作与交流的又一个亮点，并在能源林培育新品种、薄壳山核桃新品种、森林碳汇技术等领域的引进技术工作中取得了一定成效，为浙江省林业新品种、新技术的推广示范提供了技术成果。

二、林业科技推广体系更加完善

全面推进了公益性林业技术推广体系建设，落实了林业技术推广、动植物疫病防控、林产品质量监管“三位一体”林业公共服务体系建设，建立了以国家公益性林业科技推广机构为主导，以社会化推广组织为重要力量，林业科研教育等单位广泛参与、分工协作、服务到位、充满活力的多元化新型林业科技推广体系。建成县级以上林业科技推广机构 84 个，聘用首席林业科技推广专家 247 名，林技指导员 1 140 名，责任林业科技员2 718名。全省共实施各类科技推广项目 472 项，投入经费 35 215 万元，其中 75 项获省、市、县级科技进步奖、科技兴林奖等奖项，70 人荣获省政府颁发的农业科技成果转化推广奖；全省建立科技示范园 721 个，推广示范面积 138. 1 万亩，培育科技示范户 12 534 户。树立科技周品牌，实施“一、百、千、万”林业科技下乡活动，在“推广一批适用技术，培训一批技术人员，带动一批科技示范户，致富一方百姓”工作中取得了成效，切实提升了基层的科技普及率。

三、质量标准产品安全监管体系功能不断增强

立足食品安全，基本构建了以国家标准、行业标准为核心，地方标准为特色及企业(产品)标准组成的林业标准体系，共制修订国家标准 4 项、林业行业标准 11 项、省级地方标准 21 项。成立了由分管厅长为主任及相关领域专家组成的浙江省林业标准化技术委员会，起草编制了全国首个省级林业标准化发展规划——《浙江省林业标准化 2010 ~ 2015 年发展规划》。实施国家级林业标准化示范区 6 个，省级林业标准化推广实施示范项目 106 个，其中省级项目建立标准化示范面积 72 万亩，辐射推广面积 239. 6 万亩，带动农户 28 万余户，新增产值 11. 3 亿元，全省特色优势可食林产品按标准组织生产比例达到 45. 5%。引导林业企业培育品牌、争创名牌，提升林产品品质。“十一五”期间，浙江省共有 5 个林产品被

认定为中国名牌产品、114 个林产品被认定为浙江名牌产品。深入开展森林食品认定(证)试点工作，共认定森林食品基地504 个，认定面积189.5 万亩，辐射面积598.7 万亩，产值35.5 亿元。据不完全统计，通过森林食品基地认定、品牌宣传，新增产值近15 亿元。“十一五”期间，浙江省共投入1 300 万元用于购置检测设备，初步建成了以省级中心站建设为主，全省8 个重点市县和可食林产品主产区林产品检测网络点为辅的全省林产品检验检测体系，基本上满足了林产品质量安全检测的需要。建立了产地环境质量动态监测、可食林产品例行监测、上市初期预警抽查、监测结果会商分析和定期通报、应急处置等制度和把年度抽检合格率作为林业科技重要内容对各市林业部门进行考核机制。每年抽检可食林产品逾1 200 批次，抽检合格率从2006 年的92.6%提高到2010 年97.8%，质量安全水平明显提升，确保消费安全。

四、科技支撑林业产业转型升级作用明显

“十一五”期间，依靠科技有力地促进了林业发展，并在应对产业转型升级中发挥积极作用，有效地支撑了我省林木种苗、竹产业、木材加工等产业做大做强，确保了浙江省林业产业发展继续走在全国前列。

林木种苗产业 全省已完成林木种质资源清查，现累计收集保存的各类人工林木种质资源 10 813 份，选育林木良种 353 个。全省现已建成国家重点基地6 个，省级基地 9 个，建设面积达 3 万余亩，累计生产良种 82 万千克。全省已累计推广良种造林1 840多万亩，其中仅用材林良种增益就达 163 亿元；绿化苗木优新品种推广成效也十分显著，近年来，仅红叶石楠一个品种就给行业新增了近 60 亿元的产值。全省绿化苗木种植面积超过 160 万亩，2010 年产值超 160 亿元，成为浙江省十大农业支柱产业之一和第四大种植业。充分发挥浙江省的地理气候优势，积极发展绿化苗木生产。目前全省绿化苗木占全省花卉苗木生产总面积的90%以上，绿化苗木市场占有率全国第一。引进和筛选了彩色花灌木乡土品种近200 种，不仅彩化、美化了道路两侧，更为城区的建设和社会主义新农村建设添加了绚丽的一笔。

竹产业 浙江省围绕竹子资源培育、笋竹工业化利用和经营管理等方面开展了较为广泛而深入的工作，产业发展和技术水平处于全国领先地位。竹产业作为浙江省的特色产业，经过多年的发展，已形成了比较完善的产业链条，横跨一、二、三产业，综合实力全国领先。全省现有竹林面积 1 200 万亩，占全国的 1/6，2010 年产值 263 亿元，约占全国的 1/3，高效竹林亩年产值达 1 000 元以上，最

高可达 3 万元；笋竹加工产品涉及 10 大类 3 000 多品种，其中，竹地板产量占全国的 70% 以上，竹笋产量占全国的 30% 以上。各县（市、区）均有竹资源分布，其中，竹林面积 20 万亩以上的县（市、区）15 个，安吉、临安等 5 个县（市、区）被国家林业局命名为竹子之乡。竹业已成为主要产竹区的地方支柱产业，竹农经济收入的 60% 以上来自于竹业。全省有 35 个县（市、区）的竹业产值超亿元，其中安吉 108 亿元、临安 26.3 亿元、龙游 16.9 亿元、衢江 8.9 亿元。从竹子种质资源保存利用、竹林培育、加工利用、生态旅游开发到竹文化，形成了一条完整的竹产业链。组建了集源头创新、成果转化和技术推广为一体的浙江省竹产业科技创新服务平台，整合了全省竹业科技资源，现已拥有竹业科技人员 300 多名，平台服务范围涵盖余杭、安吉、富阳、临安等全省 30 多个县（市、区），为浙江省 300 多家会员单位、企业，300 多万竹农开展服务；提供检测服务 2 450 次；提供培训、技术咨询 300 多场次；推广先进适用技术 12 项，新增产值 5 亿多元。浙江省竹业每年都涌现出新技术、新发明、新创造。如“刨切微薄竹生产技术与应用”荣获 2007 年国家技术发明二等奖。该项技术和竹集成材、竹木复合、竹炭工业化生产等技术的推广，促进了竹装饰材、竹结构材在家具、车厢、集装箱、建筑结构、休闲用品、家居用品等领域的应用不断扩大。“十一五”期间，浙江省竹子研究共承担国家级项目 52 项，科研经费累计 2 291 万元；省部级项目 73 项，经费累计 2 851 万元；横向项目 102 项，经费累计 1 094 万元。集合力量致力于竹林可持续经营技术、笋竹精深加工等关键技术的研究与集成，取得了 10 多项科技创新成果，其中，获国家科学技术进步奖二等奖 1 项，省部级奖 6 项；主持或参与制定竹子有关的国家、行业标准 11 项；出版著作 7 本；申请专利 45 项，已授权 28 项。

木材加工产业 浙江属于森林资源小省，但在市场需求拉动、政策引导、市场主体结构的作用下，不断创新科技，依靠科技，以森林资源为依托的木材产业在浙江取得了快速发展。木材产业现已成为浙江省农业经济的支柱产业。全省现有木材企业 2 万多家，2010 年加工木材 1 146 万立方米，产值达到 807 亿元，占全国木材产业总产值的 9.16%，位居全国前列；木材产品涉及人造板（主要为胶合板、细木工板、纤维板）、木地板、木制家具、木门、装饰线条、木制玩具等多个门类。其中，人造板、木地板、木制家具、木制玩具等产业的规模和发展水平均处于全国前列。在浙江木材产业规模不断扩大的同时，产业组织结构也不断优化。据统计，全省发展了不同类型、不同层次、具有一定规模的木材加工龙头企业 500 多家，其中列入省重点扶持的 211 家。其中比较典型的如浙江丽人木业集团的中纤板总产量达到 82 万立方米，生产工艺和设备均已达到世界先进水平，并在4省1市及菲律宾拥有控股公司11家；浙江绿源木业股份有限公司年产80万立方米中纤板，在浙江、福建、安徽、江西、广东、上海等地拥有控股公司。浙江木材产业在发展过程中逐渐形成了明显的块状经济，即产业集群。如嘉善、湖州的胶合板产值占全国的1/6；南浔是全国最大的实木地板生产基地，年产实木地板约占全国总产量的40%；东阳是全国最大的木线生产基地，总产量约占全国总产量的40%；云和是全国最大的木制玩具生产基地，生产量约占全国的30%；龙泉、遂昌是全国最大的木制太阳伞生产基地，年产值1.5亿元；丽水是高中密度纤维板生产中心，年产50多万立方米；温州、玉环已成为木制家具生产中心，年产值30多亿元。

特色经济林产业 浙江特色经济林产业建成了国家星火计划农村区域科技成果转化中心1个，省级区域创新服务中心3个，获得国家级项目48项，省级项目108项，厅局级项目48项，总经费达5 717万元，以油茶培育和加工科技创新为例，依托中国林业科学研究院亚热带林业研究所，建立了国家油茶科学中心和国家林业局油茶工程技术研究中心，分别开展油茶基础性、理论性研究与推广，确立了浙江省在油茶领域的中心研究地位。建成了全国性的油茶种质基因库40公顷，收集了1 000多份优质种质资源，是我国当前最大、最全的种质保存基地。选育了一批以亚林、长林、浙林系列为主的油茶高产新品种，大面积生产栽培年亩产油量达到30~50千克，为国内最高水平，较现有亩产油量提高近10倍。此外，具有浙江省特色的经济林山核桃、香榧等产业对积极带动农民增收致富，科技应对该领域产业转型升级发挥了重要作用。香榧的研发筛选出一大批优良品种，通过培育推广“2+5”、“2+7”大苗，使过去9年挂果的香榧提前到2年挂果，大大促进了香榧产业的发展。该领域共获国家科学技术进步奖二等奖1项，省政府科学技术奖一等奖1项，省部级科技二等奖2项，厅局级一等奖21项，申请发明专利33项，制定标准20项，培育出香榧、山核桃、杨梅等新品种39个，其中国家审定(认定)品种4个。容器育苗研究技术的推广，不仅解决了过去造林成活率低的问题，而且除盛夏期外全年均可造林，为浙江省完成国家2020年“双增”目标任务奠定了坚实的技术基础。

珍贵用材林产业 结合珍贵用材林建设工程，研究突破了木荷、光皮桦、红豆树、南方红豆杉等主要珍贵用材树种轻基质容器育苗关键技术，制定了地方标准，建立了5个省级和10余个县级轻基质容器育苗基地，实现了珍贵优质用材树种容器苗的工厂化和标准化生产，年产优质苗木近千万株(袋)。完成了全省6个阔叶树种采种基地(7万多亩)建设，年提供珍贵优质阔叶树种子数万千克，为珍贵用材林基地建设提供了需急的良种。珍贵用材林领域鉴定及验收成果10

项，获省科技二等奖1项、三等奖2项，省科技兴林奖4项，制定国家行业标准1项，省级地方标准1项。

中药材产业 中药材是浙江省十大农业主导产业之一，也是浙江省的特色产业。开展了山茱萸、厚朴、喜树、南方红豆杉、雷公藤、肿节风等一批重要木本药材以及白术、铁皮石斛、鱼腥草等特色药材的良种选育、GAP(良好农业规范)栽培技术、天然次生活性物质提取工艺等研究。先后承担了科技部、省科技厅、林业厅、农业厅等重大、重点项目以及国际合作项目20余项，已选育优良新品种(系)30多个，新品种及其配套的繁殖技术和规范化栽培技术成果达到国内领先水平或国际先进水平。浙江农林大学收集了国内20多个省的铁皮石斛种质资源，筛选培育出一批优良品种并在省内成功推广，使浙江省石斛基地面积达到10 000余亩，石斛产业年产值超过20亿元，为林业增效、林农增收提供了致富模式。其中，山茱萸无性系选育成果在浙江临安、淳安、平阳等地推广面积达到15 000亩；厚朴、雷公藤、铁皮石斛等新品种及其GAP生产技术已在省内大面积推广应用，该项成果获得了省科学技术二等奖；喜树的优良种子园及其叶用喜树园的营建与管理技术获得了国家科学技术进步奖二等奖。中药材有17个新品种通过省级主要农作物认(审)定委员会认(审)定。这些研究成果已在浙江省中药现代化进程中发挥了重要作用。

第二篇　专题篇

第一章

林业科学研究

围绕浙江省委省政府“创业富民、创新强省”精神和建设“森林浙江”的宏伟目标，针对浙江省林业发展面临的提高林分质量、增加森林资源可持续供给能力、提升人居环境水平、加快林业产业转型的科技需求，在竹木精深加工、林木种质资源培育、林产化工、森林生态构建等领域开展关键技术创新并取得了重大突破，“油茶高产品种选育与丰产栽培技术及推广”等10项成果获国家科技进步奖二等奖；“刨切微薄竹生产技术与应用”成果获得国家技术发明奖二等奖。这些重大科技成果的取得，标志着我省林业科技自主创新又上新台阶。“十一五”期间，围绕我省林业支柱产业和林业生态体系建设，加强林业科技攻关和关键技术研究，科技在服务林改过程中发挥了重要作用。

一、林业科技创新能力不断提升

“十一五”期间，浙江省共承担各类项目796项，其中国家科技部项目64项，国家自然科学基金项目80项，国家林业局等部委资助项目68项，项目层次和数量均比“十五”期间有了较大幅度的增加，省科技重大项目227项(含省基金项目)，科研经费达26 136万元。省林业厅立项107项，资助经费2 370万元。浙江省林业科技创新能力不断提升，林业科技项目数量与层次大幅提高，优势特色研究领域进一步加强，在种苗花卉、竹产业、特色经济林、木质资源综合利用、林产品加工与利用、生态公益林建设、森林灾害防控、珍贵树种等领域继续保持国内的领先优势；在森林碳汇与全球气候变化领域逐渐在省内外产生了重要影响。对地方林业产业发展提供科技支撑，为地方经济发展做出了积极贡献。

1. 种苗花卉

在野生植物家化栽培、国内外优新品种的引种驯化、地方特色品种育种以及新品种无性快繁、工厂化容器苗培育、容器大苗栽培等方面形成了优势与特色，其中玉兰、茶花、红叶石楠、百合、中国兰、朱蕉等品种选育、种苗工厂化、容器苗培育技术等位居国内前列，并开发出品种快繁与工厂化容器苗培育技术体系以及近自然林城镇园林配置技术等，并建成全国第一个林木种质资源保育与利用公共平台。共承接国家项目 9 项，多项成果获得省部的二、三等奖，花卉苗木新品种新技术开发与应用水平走在全国前列。

2. 竹产业

在竹子分子生物学、育种、竹林高效培育、竹子生物技术、笋竹加工利用等领域研究形成了特色优势，在浙江、福建、安徽等省区建立了一批竹子现代科技园区和产业特色园区。该领域目前已承担各类研究项目 90 余项，科研经费达 1 100 余万元，其中包括国家“973”子项目，国家自然科学基金项目，省科技重大、重点项目，省自然科学基金项目等。先后获国家、省部科学技术奖 9 项。

3. 特色经济林

特色经济林果是浙江省农民致富的重要途径，尤其在欠发达山区奔小康中具有更为重要的作用。承担了特色经济树种研究开发的多项国家及省部级重大、重点项目，取得了一批具有自主知识产权的品种与专利成果，在油茶、山核桃、薄壳山核桃、香榧、杨梅、柿等特色经济树种的选育和高效培育技术研究方面一直处于国内领先水平。其中，山核桃嫁接技术获重大突破，为山核桃良种化、产业化奠定了良好的基础。香榧周年嫁接技术的突破，解决了生产性香榧优良品种的快繁难题。杨梅、山核桃、香榧等树种的生态栽培技术研发为高效、安全、优质干鲜果生产提供了技术支撑。到目前为止，已选育出特色经济林良种 60 多个，品种及其配套技术在浙江省及周边地区的推广应用已产生显著的经济与生态、社会效益，浙江省特色果业单位面积产值比全国平均水平高出 3. 43 倍。成果获得国家科技进步二等奖 1 项、省科技进步一等奖 1 项。

4. 木材加工

浙江的木材加工产业是林业产业体系中最重要的部分，并形成了重要的块状经济。目前在研纵向项目 35 项，其中国家级项目 13 项，省科技重大、重点项目 14 项，在研经费达 1 031. 3 万元。先后获得国家技术发明二等奖 1 项，省部级奖 4 项，发明专利 46 项。研发了微薄竹贴面装饰胶合板、炭化木、竹纤维、水泥刨花板以及环保型胶黏剂等新型环保产品，并推广应用于生产。由张齐生院士主持的省重点项目“杉木积成材生产工艺及关键设备研究”取得了重大进展，为实现速生小径材高效高质利用开辟了广阔的前景，研究成果达到了国际先进水平。

5. 生态公益林建设

围绕浙江省林业生态体系建设与区域生态安全维护的需要，开展了退化森林生态系统的恢复、森林与环境相互作用等方面的理论和应用研究，构建了小流域土地利用的林种结构优化模型，提出了低丘红壤区域森林植被培育和生态功能修复技术，揭示了浙江省常绿阔叶林物种多样性特点、时空变化规律、主要树种间相互作用关系，提出了生态恢复技术、揭示了森林生态功能不高的形成机制，制定了浙江省森林生态服务功能评价指标、评价方法，研究成果获浙江省科学技术奖一等奖 1 项、二等奖 3 项。在森林生态与区域生态安全方面，研究提出了生物防火林带建设技术和浙江特色城镇人居生态林构建关键技术，为浙江省森林生态与区域生态安全维护做出了贡献。

6. 森林灾害防控

在松材线虫病和竹子、板栗、山核桃、花木等重大病虫害发生机理研究，松林、竹林、板栗病虫害综合治理技术，浙江省林业重大病虫害监测预警体系，南方林木重大病虫害防控和自然保护区昆虫及大型真菌资源多样性保护等方面形成特色优势。研制出“白僵菌杀虫剂”和“Bt 杀虫剂”，植物源农药新品种“喜树碱杀虫剂”、“山核桃外果皮杀菌剂”、“简易高效广谱树干注射剂”等生物农药产品及其配套使用技术，并在浙江省推广应用和产业化，有效地控制了重大病虫害的发生，产生了显著的经济、生态、社会效益。已承担各类项目 77 项，到位经费 1 351.9 万元，其中国家自然科学基金项目 9 项，国家林业局“948”项目 2 项，省科技重大、重点项目 8 项。获得省部级科学技术奖 7 项，出版专著 9 部，发表学术论文 110 余篇，其中 SCI 收录 23 篇，申请发明专利 30 项，授权 10 项。

7. 珍贵用材树种

珍贵珍稀树种以其资源稀缺、价值高而深受栽培农户、加工企业以及各级政府的重视。选择本地区重要的珍贵树种木荷、浙江楠、浙江樟、紫楠、红豆树、光皮桦、樟树、红心杉等，开展种源试验或优良家系、无性系选育，种苗快繁技术以及近自然混交生态栽培技术研究，先后承担了国家科技部、省科技重大、重点项目以及国家自然科学基金项目等 10 余项，建立了国内最大的种质资源库，克隆获得了一批与木材材性相关的功能基因，选育的部分优良新品系已在生产上推广应用。该类成果的推广应用大大提高了珍贵树种的造林积极性，为人工造林或生态公益林改造以及园林绿化珍贵化做出了贡献。成果获浙江省、福建省科技进步奖各 1 项。

8. 森林碳汇与应对气候变化

应对全球气候变化，减缓温室效应是各国政府和科技界关注的焦点问题。浙江森林覆盖率 60.2%，森林固碳的潜力巨大。开展了遥感估算不同森林碳储量、森林土壤碳库容量及形态和土地利用变化对森林生态系统碳影响等研究，重点开展了毛竹林碳汇研究，争取到全国首个毛竹林碳汇项目——中国绿色碳基金临安毛竹林碳汇项目。共承担国家自然科学基金项目 7 项、国家林业局及省科技重大、重点项目等 10 余项，主办国际和全国性有关森林固碳机制、森林碳汇计量和竹林生态与气候变化学术会议 3 次。森林碳汇研究处于国内先进行列，推进了我国森林碳汇研究的发展，在国内外形成了良好声誉。

9. 林木育种技术

林木育种方面收集、保存、研究了杉木等 26 个用材树种的育种资源 5927 份，桉树、玉兰、桂花、银杏、香榧等生态树种、花卉、干鲜果、木本药材的种质资源1 227份。克隆了杉木、光皮桦、木荷等树种与木材材性相关的基因 16 个，建立了枫香、美洲黑杨高效转基因体系，选育新品种 46 个；珍贵用材林研究突破了木荷、光皮桦、红豆树、南方红豆杉等主要珍贵优质用材树种轻基质容器苗关键技术，制定了地方标准，建立了 15 个轻基质容器育苗基地，年生产优质苗木上千万株(袋)。获得省部科技奖一等奖 2 项、二等奖 6 项、三等奖 15 项。

10. 林业生物技术

构建了竹子、山核桃、油桐种仁、杨树、茶树等的 cDNA 文库/EST/cDNA 芯片/T－DNA 插入突变体库，有望探明这些特色品种的一些关键性生物学特性的分子机理；分离得到了一些耐盐和抗重金属的关键基因，获得了一大批转抗逆基因的转基因株系；成功开发了竹子的 ISSR、AFLP、ACGM、SRAP 和 SSR 等多种分子标记，并已应用于毛竹的种质资源基因库的遗传多样性评估，多个散生竹种间、丛生竹种间的杂交组合的分子鉴定。开发了文心兰、石蒜、油桐、甜柿、铁皮石斛、雷公藤等植物的 ISSR、AFLP 等分子标记，研究这些植物的遗传结构和多样性；建立了竹子(麻竹、绿竹和甜龙竹)、山核桃、油桐等体细胞胚胎发生实验技术平台；成功地建立了铁皮石斛的无性繁殖体系，既保持品种的优良性状，又能快速大量繁殖。

11. 生物质材料与生物质能技术

该领域在木基复合技术，小径材精深加工技术，木竹加工剩余物综合利用技术，生物质热解技术研究与应用等方面取得重大突破，涌现了一批技术先进、产品档次高、优势突出的生物质材料加工龙头企业，取得了良好的经济效益和社会效益。在生物质能开发与利用方面，通过浙江省生物质能资源普查及评估工作，基本摸清浙江省不同种类(包括畜禽粪便、农林废弃物、工业有机废水等)生物质能资源的种类、总量、质量、密度分布、变化趋势，为浙江省生物质能的开发利用奠定了基础。应用转基因技术提高高油耐盐经济植物种子含油量，从而将其作为生物柴油原料植物开发利用的研究也已启动。

12. 人居环境治理与湿地保护

以典型小流域为治理单元，运用林业生态工程措施，从治理水土流失入手，注重从源头控制污染物的排放，兼顾迁移途径控制，研究掌握坡耕地生态经济型高效林农复合经营、流域坡地高效水土保持植物篱构建和沿江(河)生态景观防护林带营建等技术，控制面源污染，同时选育健康、美化的生态经济树种，突破生态健康村庄和城乡结合带污染防护林体系构建关键技术，支撑乡村人居环境优化建设。以海岸湿地和城市湿地为主要对象，研究长三角区域沿海湿地关系研究，评估人为活动可能对河口湿地生态系统造成的影响，提出合理的解决方法，通过取得的有关湿地公园资源本底调查技术、生态监测体系和科普体系构建方案、湿地公园评估标准、生态旅游管理、鸟类栖息地建设、生态服务功能评价等一些共性成果，已在西溪国家湿地公园的设计、建设与管理中得到了有效应用，直接为工程的设计和建设提供了技术支撑，降低了管理成本，提高了管理效率。通过在西溪湿地的应用与示范，促进了我国国家湿地公园的生态建设与管理技术水平。

13. 野生动植物保护利用

浙江有珍稀的野生动物以及宝贵的经济野生动物种质资源，有野生动物和家养动物优良的食物和饮水等饲养条件，有适宜的光、温和土壤等自然环境，是先天的、充满诱惑的“林牧复合”实验地和产业地。综合运用动物、植物和生态等理论，采用半生态饲养管理(Feeding and management with semi-captive)技术，科学利用山区生物量巨大的饲草资源，结合生态因子针对性地提出措施，解决生产实践问题，对经济野生动物和家养动物的种质、生态饲养、繁育、疾病控制、功能基因以及生物活性物质进行研究和开发，生产安全、优质的动物产品，研发有自主知识产权的森林生态养殖技术和无污染生产体系，实现规模、质量和生态效益相统一的“森林牧业”。开发了“健仲黄鹿”、“千岛獐宝”、“蚯蚓鸡蛋”、“箬阳牛肉”、“山坞里猪”、“双干猪”和“定山头土鸡”等产品。珍稀野生动物保护方面，国家一级重点保护动物华南梅花鹿 *Cervus nippon kopschi* 种群、生境、食性和资源保存研究居国内领先水平；鹭类生态生物学研究方面居国内先进水平。

14. 林业信息技术

围绕森林资源监测，开展了以 RS、GIS 和 GPS 技术为核心森林资源动态监测系统以及终端数据采集设备的研究，研制的野外无线数据采集仪、林业 IC 卡在野生动物、林权信息调查与管理等方面得到应用；围绕林业资源管理与服务，开展了以网络技术和数据库技术为核心的林业业务信息系统和林业电子政务系统研究、开发与应用，完成了县级、市级、省级和部分国家级林业信息综合平台建设，使森林资源基础数据、林权管理信息、林地管理信息、林木采伐与流通信息等得到了有效集成，并已在浙江省得到全面推广应用，部分已应用到外省市或由国家林业局在全国统一推广应用；围绕森林资源保护和利用，以智能识别、传感技术为核心，开展了森林防灾、木材无损检测技术研究，研发了森林防火联动监管系统、木材无损检测仪、森林防火前端采集仪等产品，林业信息化研究团队不断壮大，取得了很好的社会效益和良好的经济效益。先后承担了国家自然科学基金、国家“863”计划等国家级项目5项；浙江省重大招标项目、省自然科学基金和省科技计划项目15项，各类横向项目20余项；发表学术论文57篇，出版专著3部、专刊1期，取得软件著作权17个，获省部级科学技术奖3项。

15. 林特食品加工与质量安全

主要围绕构建林特产品加工技术升级、精深加工产品研制、林产品储藏保鲜与安全生产技术、加工设备研发等农产品加工产业科技链，延长农业产业链，增加农民收入提供技术保障。经济林干果、林木、毛竹、茶叶、食用菌等大宗特色优势农产品增值加工及传统产业提升；毛竹、木材、茶叶等领域取得明显突破，提高农产品的附加值和市场竞争力。以浙江省大宗林特产品竹笋、山核桃、杨梅、香榧、食用菌等为主要研究对象，重点开展了传统林特食品产业提升及副产物综合利用、林特食品贮运专业装备与品质控制、林特食品功能物质开发等。带动提升了以浙江农林大学、浙江省林业科学研究院、中国林业科学研究院亚热带林业研究所等单位为主的科研团队，形成了一批各具特色的农产品加工及精深加工科技创新队伍，精深加工研发水平向深层次提升，向化学和生物加工纵深推进。

二、林业科研成果显著增长

“十一五”期间，浙江省林业科技标志性成果取得了长足进步，连续4年获得国家级科研奖励。共获得国家级奖10项(其中4项为第一完成单位)，省部级奖86项，厅局级奖198项，其中国家技术发明二等奖1项，国家科技进步奖9项目(其中3项为主要完成单位)，浙江省科学技术奖一等奖4项。2006年以来，专利的申请和授权数快速增长，共申请专利274项(其中发明专利164项，实用新型专利22项，外观设计专利88项)，申请国际专利1项，获授权专利154项(其中发明专利110项)。获软件著作权登记22项，先后选育新品种43个，其中通过省、国家审(认)定品种14个，制修订国家标准4项、林业行业标准11项、省级地方标准21项。荣获各项林业科技先进个人荣誉称号86人次。

1. 国家级奖项简介

成果名称：刨切微薄竹生产技术与应用

奖励类别：2007 年度国家技术发明奖二等奖

第一完成单位：浙江农林大学

国家技术发明奖

证书

为表彰国家技术发明奖获得者，特颁发此证书。

项目名称：刨切微薄竹生产技术与应用

奖励等级：二等

获奖者：李延军(浙江林学院)

证书号：2007-F-202-2-01-R01

该项目以竹材为原料，在国内外首次成功地研制了刨切微薄竹及系列产品，开创了竹材加工利用新领域，是竹材精深加工的新技术。该产品的发明使我国成为世界上唯一拥有刨切微薄竹生产技术自主知识产权和产品的国家，其制造技术完全不同于木材刨切，具有自己独特的工艺技术。该发明处于国内外同类技术领先水平。主要技术经济指标如下。①刨切微薄竹厚0.3～0.8毫米，幅面可根据需要确定；②甲醛释放量≤0.7毫克/升，达到E1级国家标准，可直接使用；③抗拉强度：顺纹≥56.0 MPa，横纹≥2.2 MPa；④ 0.5毫米厚的刨切微薄竹，平均每平方米可实现利税8～10元。本项发明成果

已在浙江、江苏等地的7家企业推广应用，近3年产生直接经济效益2.40亿元，出口创汇2 806.10万美元。产品广泛用于人造板、家具、装饰装修等领域，如建造了西班牙马德里机场的天花板、意大利王储休息室的护墙板等国际上知名的大型工程。该发明的应用，延伸了竹材加工产业链，使我国竹产品向

高附加值方向迈进了一大步，有力地推动了竹材加工的科技进步，对缓解木材供需紧张矛盾，节约森林资源和保护生态环境均具有重大意义。

成果名称：油茶高产品种选育与丰产栽培技术及推广

奖励类别：2008 年度国家科学技术进步奖二等奖

第一完成单位：中国林业科学研究院亚热带林业研究所

针对油茶早期发展中存在实生苗造林，品种退化混杂，产量低、品质差的问题，建成全国资源最丰富的油茶种质资源基因库，收集油茶种质 2 505 份。整理出普通油茶地方品种、类型、家系 160 多个，并筛选出了 400 多份具有高产、避寒、高抗、薄皮和具有不同经济油质性状的种质。开展油茶遗传分析和种质资源利用，选育出“长林”、“亚林”系列油茶高产新品种。突破油茶良种种苗规模化繁育关键技术，通过将油茶芽苗嫁接技术与容器育苗技术进行融合，实现了油茶优良品种规模化扩繁，同时也提高育苗质量与造林效果。针对油茶林缺乏必要的丰产培育管理技术，多数处于野生或半野生状态。开展了油茶群体和个体生育特性规律及光能利用效率、花期与产量、水肥与产量等相关性研究，从理论上阐明高产形成机理。创新集成油茶丰产高效栽培技术体系 2 个，增产达 300% ~ 600% 。制定了一批油茶育苗和丰产高效栽培技术规程、标准或规范。

近 3 年在浙江、江西、湖南等 12 个省（自治区、直辖市）新建 25 个良种快繁基地，繁育优质苗木近亿株，建立了 28 个新品种和高效栽培推广示范点，累计推广该项成果 200 多万亩，其中低改 170 多万亩，新品种造林 38. 3 万亩。新品种数量及造林面积覆盖面达 80% 以上，新增产值 26 亿元。

成果名称：竹炭生产关键技术、应用机理及系列产品开发

奖励类别：2009 年度国家科学技术进步奖二等奖

第一完成单位：浙江农林大学

该项目对竹炭生产的关键技术、产品质量的影响因素以及各种功能的作用机理等方面进行了深入、系统的研究，并在研究成果的基础上开发了竹炭、竹醋液系列产品。主要研究包括：①研究竹炭生产关键技术。系统地研究了 300 ~ 1 000 ℃ 8 种不同炭化温度的竹炭灰分、比表面积等理化性质，揭示了竹炭品质、理化性能与炭化工艺间的关系，确定了不同功能竹炭生产的最佳工艺。②研究竹炭微观结构和表面基团。综合运用拉曼光谱测试仪等技术手段研究了竹炭的化学官能团、结晶状态、微观结构，揭示了竹炭的微观结构与功能之间的关系。发现了竹炭的孔隙结构形状类似于洋葱状富勒烯(C60)和展开的碳纳米管结构。③竹炭应用机制研究。运用红外辐射测量仪等技术手段，研究竹炭产生红外和负离子功能的机理。研究不同生产工艺的竹炭对甲醛、苯、甲苯、氨等有害、有毒气体的吸附性能。④竹醋液应用功能研究。经气—质联用仪测试与分析， 竹醋液主要

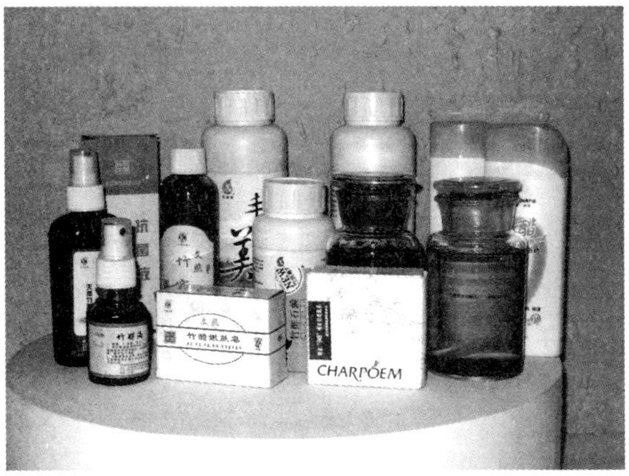

为酸类、酚类、醛类等200多种化合物，pH值2.0～3.0，明确了主要成分与抑菌、杀菌及促进植物生长等功能作用。⑤研发系列产品和制定国家标准。开发了竹炭吸附净化、竹炭保健、竹炭纤维、竹炭基复合、竹炭工艺品、竹炭洗涤洁肤及竹醋液等7大系列，近300种产品。制定《竹炭》、《空气净化用竹炭》等3项国家标准；获发明专利11项、实用新型专利17项；出版专著2部，为竹炭企业培养技术人员200多人。研究成果先后在遂昌县文照竹炭有限公司等15家企业推广应用，已建成21条竹炭生产线，产品出口日本、韩国、欧美等国家和地区，国内销售遍及20多个省市。近3年竹炭和深加工产品总产值14.40亿元，利税2.60亿元，出口创汇2 333.00万美元。该项成果已经推广、辐射至浙江、福建、上海、江苏、湖南等地，引领和促进了全国竹炭产业的形成与发展。竹炭、竹醋液是目前竹材加工领域中竹材利用率最高、附加值最大的科技产品。大力发展该产业，对增加竹产区农民的收入、建设社会主义新农村都具有重要意义。

成果名称：东南部区域森林生态体系快速构建技术

奖励类别：2010年度获国家科学技术进步奖二等奖

第一完成单位：浙江省林业科学研究院

针对我国东南部区域特点，通过9个定位站、68个径流小区和498个固定样地的长期监测，结合多光谱遥感影像，系统研究了东南部区域森林时空格局变化特征、流域森林生态系统退化机制和亚热带典型森林群落自然演替规律，优化了自然演替和人工促进相结合的快速演替方法，确立了目标群落结构和区域森林经营方案；筛选出主栽树种106个；以重要建群种木荷、红锥为载体，提出了乡土阔叶树种的遗传改良技术体系，良种材积增益达23.10%～147.76%，构建了红

国家科学技术进步奖

证 书

为表彰国家科学技术进步奖获得者，特颁发此证书。

项目名称：东南部区域森林生态体系快速构建技术

奖励等级：二等

获 奖 者：浙江省林业科学研究院

2010年11月29日

证书号：2010-J-202-2-03-D01

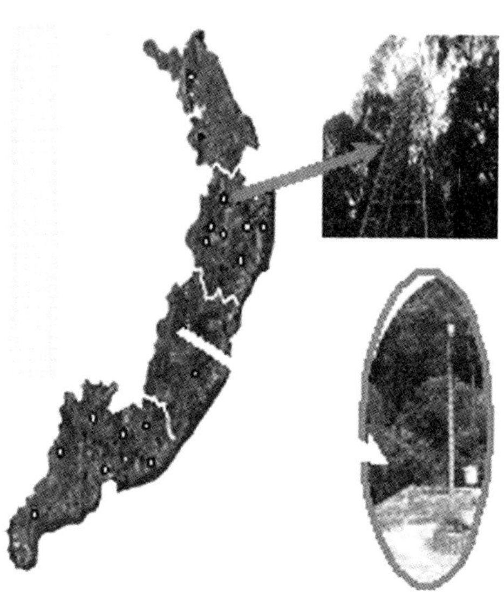

壤极度侵蚀区、破坏山体植被恢复等 7 组、32 类、89 个生态经济高效模式；通过 854 个典型样地、1 452 株标准木生物量实测，创建了硬阔、软阔、松类、杉类等 9 组生物量模型，建立了以森林资源连续清查样地、典型样地为基础，生态定位站和单项监测相结合的森林生态监测网络，构建了 11 类 85 项监测指标、500 多个测定因子构成的森林生态状况与效益评价指标体系，建立了森林生态效益实时监测与社会公报系统；建立了 2 个专利产品生产基地、21 个优良乡土阔叶树种繁育基地，近 3 年累计生产各种培育材料 35 万吨、优质苗木 53 148 万株；在江、浙、闽、粤、沪推广 13. 96 万公顷，净增利税 12. 65 亿元，节支 5. 65 亿元。

2. 浙江省科学技术奖一等奖奖项简介

成果名称：特色经济树种新品种选育及高效培育技术研究

获奖年份：2006 年

第一完成单位：浙江农林大学

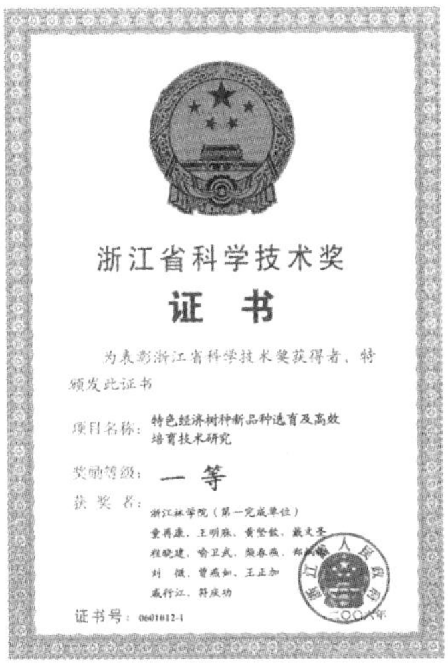

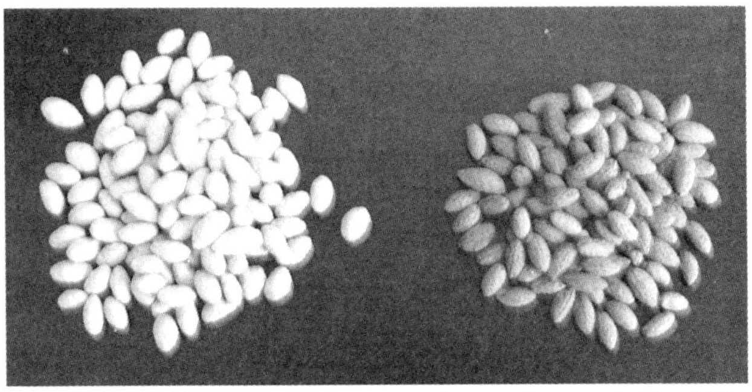

该项目针对浙江省特色经济树种山核桃 *Carya cathayensis*、香榧 *Torreya grandis* 'Merrillii'、杨梅 *Myrica rubra* 产业发展的技术瓶颈，开展了以下研究：研究了种内遗传变异、农家品种起源，制定育种策略。在 13 个省份收集到优良单株和具有特殊性状的种质 497 个，建立了种质资源库，选育出山核桃壳薄、果实较大、均匀的品种 2 个，早熟品种 1 个，脱衣容易、品质风味优于香榧的新品种 3 个，熟期配套、品质优良的杨梅新品种 5 个，11 个新选品种均通过省级认定；研发出山核桃异砧采穗圃营建和本砧嫁接技术，榧树种子催芽与香榧贴枝接技术，申请国家发明专利 2 项。山核桃嫁接成活率由原来的不到30%提高到83%，香榧的嫁接时间由原来的3个月延长到9个月，成活率达90%以上；研发出3个树种的树体矮化、提早结实技术。山核桃、香榧栽后从原来10年以上开始结果提前到4年结实，5年形成产量。申请国家发明专利1项；首次克隆到山核桃成花关键基因ccLFY，研究发现了3个树种的花芽分化、种实发育及树体营养积累规律，探明了肥水需求机理。研发出肥水管理与林地生态管理技术，构建了高效生态培育技术体系，通过技术集成制定了5个国家行业和省级地方标准。以山核桃、香榧省级区域科技创新服务中心等产学研联盟为载体，通过电视、广播、信息网络以及现场培训和基地示范，多层次的推广使新品种、新技术在浙江省及周边省份得到了广泛应用，增产增效显著。项目实施区2003~2005年新增产值5.33亿元，并带动加工销售业的发展，增加就业5万余人，社会效益显著。

成果名称：竹炭生产关键技术、应用机理及系列产品研制与应用

获奖年份：2007年

第一完成单位：浙江农林大学

系统研究了竹炭生产的关键技术，研制了机械化竹炭生产设备，揭示了炭化温度与竹炭的比表面积及各项理化性能的关系并应用于生产。在国内外首次发现了竹炭的孔隙结构形状类似并接近于由五元环和六元环所组成的洋葱状富勒烯（C60）和展开的碳纳米管结构。首次系统地研究了不同炭化条件下的竹炭对甲醛、苯等有毒、有害气体的吸附性能、对水体中有害物质的去除效果、竹炭释放矿物质元素、微量元素性能和竹炭负离子、红外效应性能以及它们与竹炭微观结构

浙江省科学技术奖
证 书
为表彰浙江省科学技术奖获得者，特颁发此证书。
项目名称：竹炭生产关键技术、应用机理及系列产品研制与应用
奖励等级：一等
获 奖 者：浙江林学院（第一完成单位）
张齐生、周建斌、张文标、马灵飞、鲍滨福、陈文照、陆继圣、叶良明、郑千钧、冯 娟、钱 俊、张 宏、金永明
证书号：0701007-1

之间的关系。指导企业开发以竹炭竹醋液为主要原料的 7 大系列近 300 种产品，分别为吸附净化系列、竹炭纤维系列、竹炭基复合材料系列、竹炭工艺品系列、竹炭护肤洗涤用品系列、竹炭保健系列和竹醋液系列产品。制定空气净化用竹炭的国家标准，规范竹炭生产企业的产品质量标准，为产品开发和正确引导消费提供了依据。

项目名称：浙江省森林生态体系快速构建技术研究与集成示范

获奖年份：2008 年

第一完成单位：浙江省林业科学研究院

本项目历经 9 年取得如下成果：①丰富了森林生态系统可持续发展理论。首次提出了自然演替和人工促进快速演替相结合的“二元演替方法”技术体系，制定了浙江省森林生态系统可持续发展优化经营方案。②建立了快速构建森林生态体系的技术支撑体系。研究开发出林木专用复配制剂等新型材料和实用技术，获实用新型专利 2 项，申请发明专利 7 项；引选出优良植物材料 106 种，审定良种 4 个；集成研建了生态经济型公益林等 7 大类 76 个技术模式，制订标准与规范 7 个。③构建了森林生态状况与效益评价指标体系，形成了一套较为成熟的程序化的监测体系和技术，实现了实时监测。

浙江省科学技术奖
证 书
为表彰浙江省科学技术奖获得者，特颁发此证书。
项目名称：浙江省森林生态体系快速构建技术研究与集成示范
奖励等级：一等
获 奖 者：浙江省林业科学研究院（第一完成单位）
江 波、袁位高、李土生、李永胜、朱锦茹、陆献峰、周志春、何云芳、沈爱华、宋绪忠、岳春雷、许利群、高智慧
证书号：0801026－1

项目名称：竹材深加工关键技术集成与创新

获奖年份：2009 年

第一完成单位：浙江省林业科学研究院

针对当前我国竹材加工业中大量价格低廉的杂竹未得到高效工业化利用，以及低水平竹产品的重复建设扩张，造成了竹材加工企业的无序压价竞争等发展中存在的热点、难点问题，浙江省林业科学研究院组织省内外高等院校、科研机

构、生产企业共 11 家单位的相关科研人员进行重大共性关键技术和设备的研究攻关，历时 9 年实施了“竹材深加工关键技术集成与创新”项目，成果达国际先进水平，概括起来就是“10 项关键技术、10 个系列产品、1.8 亿产值、26 项专利、3 项标准、32 篇论文、6 家科技示范企业”。

浙江省科学技术奖
证 书
为表彰浙江省科学技术奖获得者，特颁发此证书。
项目名称：竹材深加工关键技术集成与创新
奖励等级：一等
获 奖 者：浙江省林业科学研究院(第一完成单位)
汪奎宏、李 琴、杜官本、吴智慧、
张 建、陈玉和、胡 波、吴旭浩、
袁少飞、华锡奇、朱涌军、季光海、
王 波
证书号：0901023－1
二〇〇九年

该项目从根本上破解了竹材加工产业存在的精深加工程度低、高附加值产品少、机械化、自动化水平不高等主要关键技术难题，显著提升了浙江省乃至全国竹材加工技术水平与效益，对有效提升我国竹材加工利用水平，保证我国竹材加工业持续健康发展具有重要意义。

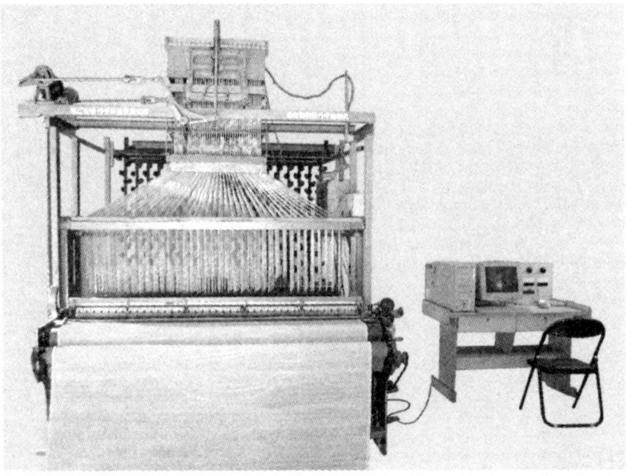

第二章 科技成果转化推广

一直以来，省委、省政府高度重视林业技术推广体系建设，着力改善推广条件，保障成果转化推广工作的开展，在林业技术推广体系建设、成果推广、技术培训、送科技下乡和农民持续增收等方面取得了较好的成绩，为现代林业和新农村建设做出了重要贡献。

一、成果转化推广体系建设日臻完善

浙江省为深入贯彻实施《农业技术推广法》，深化林技推广体系建设，从2005年开始，根据中央和省委、省政府的要求，改革现有林技推广体系，按照“组织体系完整、职责任务明确、运作方式高效、绩效评价科学、奖惩手段有力、保障措施到位”的总体要求，在组织体系、责任制度、考核制度、培训制度和保障体系建设方面取得了明显成效。2006年，浙江省政府办公厅下发了《关于全面落实基层农技推广人员工作责任　加快构建新型农技推广体系的通知》（浙政办发〔2006〕130号），2008年，省政府办公厅又下发了《关于加快构建新型农技推广组织网络　进一步加大农技推广力度的通知》（浙政办发〔2008〕16号），同年，根据党的十七届三中全会精神，省委《关于加快推进农村改革发展的实施意见》，提出了“全面推进公益性农业技术推广体系建设，力争在三年内落实好农业技术推广、动植物疫病防控、农产品质量监管等公共服务机构和事务”。2009年，省政府又出台了《关于加强基层农业公共服务体系建设的意见》（浙政发〔2009〕80号），2010年，省机构编制委员会下发了《关于乡镇农业公共服务机构设置和人员编制的实施意见》（浙编办发〔2010〕1号），政府的这些举措，为基层农业公共服务体系建设提供了政策依据，使全省责任林技推广体系进一步得到深化。

初步完成了以林业技术推广、动植物疫病防控、林产品质量监管“三位一体”林业公共服务体系建设。建立了省、市级农技推广中心林业分中心和林业主导产业专家组，县级首席林技推广专家和林技指导员及乡镇责任林技员的责任林技推广制度为主体的新型林技推广体系。目前，全省已建成县级以上林业技术推广机构 85 个，其中省级 1 个，市级 11 个，县(市、区)级 73 个，县级以上推广机构共有在编人员 981 人。各类乡镇林业站 1 210 个，在编人数 3 542 人，全省已聘用首席林技推广专家 247 名，林技指导员 1 140 名，责任林技员 2 718 名。初步形成了以县级森防站和检疫检查站为基础，包括陆生野生动物疫源疫病监测站在内的层次分明、布局合理的动植物疫病防控体系。初步建成了以省林产品质量检测站为主，全省 8 个重点市县和可食林产品主产区林产品检测网络点为辅助的全省林产品检验检测体系。

为整体提高全省各级林业推广站建设水平，更好地发挥林业技术推广站在林业新技术研究、推广、应用、基层林技人员新技术等业务培训、林业工程项目调查规划设计等方面的作用，“十一五”期间累计完成国家基层林业科技推广站条件建设 31 个，投入资金 431. 4 万元，配备电脑、投影仪、数码相机及试验测试仪器等设备 541 件(套)。通过办公仪器设备的购置等，改善了林业推广站工作条件，提高了工作效率和业务能力，从而更好地为林业增效和林农增收服务。

二、科技推广成效凸显

“典型示范，辐射带动，全面推进”是林业科技成果转化推广和标准化实施的基本经验。结合浙江省现代林业建设对科技的新需求，转变观念，创新机制，健全和完善科技成果转化推广服务体系，通过组织广大科技人员开展服务基层、服务企业、服务林业重点工程，建立多层次、各具特色的林业科技示范区、示范园、示范点、示范户等系列活动，大力实施林业科技推广示范行动，把最新的科技成果、先进适用技术迅速传播到林农手上，推广到林业生产实践中，林业技术推广和成果转化取得了新成效，实现了“推广一项技术，带动一个产业，致富一方百姓”的目标。

以科技推广项目为重点，围绕林业主导产业发展实际，开展了新品种、新技术、新设施，特别是生产上急需的“短、平、快”先进适用技术的推广示范。卓有成效的实施了一批中央财政林业科技推广示范资金项目、农技推广项目和林业标准化推广项目，林业科技示范基地建设取得新进展。“十一五”以来，全省先后组织开展了以毛竹测土推荐施肥、竹林生物肥等为主的节本省力环保土壤管理共性关键技术；毛竹林笋竹定向培育综合经营技术；雷竹高效生态经营与退化竹林改造技术；特色乡土经济竹种的高效生态经营技术等推广工作。其中，2010 年中央财政支持的毛竹测土推荐施肥推广项目，2 年推广面积超过 34 万亩，实际为农民增收12 530万元；降低氮、磷、钾肥料使用全量13%左右，显著提高了竹林经营效益和生态效益。2010年全省实施毛竹覆盖“双百万”工程，吴兴区埭溪镇村民孙士明承包的毛竹林里，亩年均效益达到1万~1.5万元左右，最高达到3.2万元；遂昌县三仁乡村民包根基的竹林亩产冬笋达到469千克，销售收入达到11 256元，仅冬笋亩产值首次突破万元大关。以林业重点工程建设为载体，创建责任林技员科技服务新机制，把一大批现有林业科技成果组装配套推广应用到“浙江省竹产业生产发展项目”、“油茶产业提升项目”、“干果产业生产发展项目”等工程建设中，极大地提高了重点工程的科技含量和工作绩效，成果转化在生产实践中取得了新突破。如2008年的浙江省竹产业生产发展项目的实施过程中，省厅由省林业技术推广总站牵头，组织中国林业科学研究院亚热带林业研究所、浙江林学院、浙江省林业科学研究院等单位的专家成立了项目专家指导组，对项目实施具体的技术指导，同时实行项目科技依托单位和首席专家责任制度，34个项目实施县按照总体要求，明确责任林技人员联户、联片和联乡，明确技术推广责任制度和考核制度。健全标准化生产技术推广网络，加强对科技示范户和竹农的技术培训，项目实施以来，共推广“一竹三笋”、“测土配方施肥”等高效生态培育技术159项次，培训农民16.67万次，建立科技示范户2 550户，发放项目标准化生产记录本3 000多本，建立了生产档案，形成示范户带动一般户、核心区带动辐射区、示范区带动全县的三级示范联动机制，大幅度提高了竹产区竹林的经营管理水平，培育了一批“懂经营、会管理”的农民，101.5万亩竹林平均亩产值从实施前的500元增加到900多元，核心区9.2万亩竹林平均亩产值从600元提高到1 300多元，科技推广对提高竹林经营水平和农民增收贡献突出。

“十一五”期间，全省共实施各类科技推广项目472项，投入经费35 215万元，其中75项获省、市、县级科技进步奖、科技兴林奖等奖项，70人荣获省政府颁发的农业科技成果转化推广奖；全省建立科技示范园721个，推广示范面积138.1万亩，培育科技示范户12 534户。

三、科技下乡与技术培训方兴未艾

“十一五”期间，大力组织林业科技人员深入林业生产一线，开展实用技术培训、现场指导、赠送技术资料、挂钩企业、合作社、示范户等多种形式，送林业技术进村入户到基地。一是政府主导，多部门联合，全社会参与的送科技下乡活动深入推进。与省委组织部、省农办、省科技厅、省科协等部门联动，分别开展了“千名专家联千村帮万户”、“希望之光”、“雨雪灾后重建送服务”、“百项技术千名干部进万村”等科技下乡活动。二是深入实施“一、百、千、万”林业科技下乡活动。“一”即每年举办一次林业科技周活动，选一个主题，设一个主会场，各市联动，扩大林业科技的普及率和影响面；“百”即利用多种形式，组织百名科技专家和技术人员深入各地开展科技活动；“千”即采取送科技进村入户，挂钩基地、合作社、示范户，采用结对子等多种形式，培养千户林业科技致富示范户；“万”即通过组织各类技术培训班和实地指导等方式，培训万名基层林技人员和林农。三是组织编印相关技术资料，开展了大规模、规范化的科技人员知识更新和农村劳动力技术培训。

2009 年 8 月，全省林业工作会议提出了加快林业改革发展，全面推进“森林浙江”建设，对林业提出了新的更高的要求。大力发展高效生态的现代林业，做大做强具有浙江优势的竹木产业、花卉苗木、特色经济林(香榧、山核桃、油茶、杨梅、板栗)等林业主导产业；深入实施千万农村劳动力培训工程，努力提高农民素质，加强以林业专业大户、林业企业经营者和农民专业合作社为重点的林业专业技能培训，提高他们从事现代林业生产经营的技能；全面提升林业的综合生产能力和林产品的市场竞争力，走出一条经济高效、产品安全、资源节约、环境友好、技术密集、人力资源优势得到充分发挥的现代林业新路子。为了适应这种形势的需要，切实加强务林人的知识培训，浙江省林业厅特邀省内专家编写了《兴林富民实用技术丛书(13 册)》，该套丛书突出图说实用技术的特点，图文并茂，内容丰富，具有创新性、直观性，通俗易懂，便于操作，适合于林业技术培训需要，是林技人员、专业合作组织、龙头企业、科技示范户的科普读本、致富读本。该套丛书对于大力发展浙江省高效生态现代林业，做大做强具有浙江优势的竹木、花卉苗木、特色经济林等林业主导产业，扎实推进新农村建设、提高农民文化素质具有重要作用。2010 年 10 月，在第 23 届华东地区科技出版社优秀科技图书评选活动中，该丛书获得华东地区优秀科技图书一等奖。

通过开展不同形式的送科技下乡活动，密切结合当地实际，在“送一批适用技术，培训一批技术人员，带动一批科技示范户，致富一方百姓”工作中取得了成效，切实提升了基层的科技普及率。据不完全统计，“十一五”期间全省各级林业部门累计开展送科技下乡 25 938 次，现场指导林农 23 万人次，有一定学时的规范化培训 7 724 次，培训林农 64 万人次，发送各类技术资料 225.6 万份(册)。

四、科技特派员基层创新创业成绩显著

自省委、省政府开展科技特派员制度以来，“十一五”期间累计向全省 26 个

县(区)39个欠发达乡镇派驻科技特派员151人(次)。2008年组建10个科技特派员团队，围绕欠发达县(区)的竹产业、香榧产业、油茶产业、木材加工产业、肉牛养殖产业、茶产业等开展科技服务与技术支撑，并以法人科技特派员的形式与遂昌县、开化县开展全面的科技合作与对接。2010年，根据国家林业局《关于选派林业科技特派员的通知》的文件要求，浙江省选派了156名全国林业特派员。根据国家林业局、科技部《关于印发〈关于开展林业科技特派员科技创业行动的意见〉的通知》文件精神，省林业厅会同省科技厅，提出了开展林业科技特派员创业的4条意见，要求各市、县(区)林业局、科技局联系浙江省实际，认真贯彻落实。省林业厅、中国林业科学研究院亚热带林业研究所、浙江农林大学、浙江省林业科学研究院等派出单位多次被省委、省政府评为“浙江省科技特派员工作先进单位”。35人获“浙江省优秀科技特派员”称号，浙江省林业科学研究院戚连忠同志获“全国优秀科技特派员”称号。

各科技特派员对入驻乡镇的产业基础开展调研，结合当地的资源、人才优势，为地方经济发展、农民增收致富出谋划策，提出科技产业发展建议14项，扶持发展了园林花卉、竹产业、水果、肉牛养殖、竹木加工、农家乐等9个专业合作社，建立了食用菌、森林野菜、毛竹低产林改造、早熟梨、山核桃、油桃和油茶等15个试验示范基地，开展各类实用技术培训930余期，培训农民3.8万人次，为山区培养了一批掌握实用技术的现代农民，通过实用技术推广，在婺城区箬阳乡、遂昌县蔡源乡、泰顺县黄桥乡、遂昌县高坪乡、泰顺县洲岭乡、青田县季宅乡、柯城区七里乡、衢江区举村乡等乡镇发展山地特色产业，农民人均增收500元，极大地促进了地方经济的提升与发展。

第三章 科技服务林改

浙江从20世纪80年代初就开展了稳定山权林权、划定自留山、确定林业生产责任制的林业"三定"工作。2006年初把"进一步明晰林业产权、落实经营主体、搞活经营机制"作为主要内容，拉开了新一轮集体林权改革的序幕。经过几年努力，主体改革基本完成。随着林权改革的逐步深入，明晰的产权让广大农民吃下了"定心丸"，激发了农民经营林业的积极性和对科技需求的强烈欲望。

鉴于集体林产权改革后农户和林业经营组织对科技的需求，浙江省以增加农民收入和推动现代林业建设为目标，进行了大胆的尝试和探索，建立了较为完善的包括政府、研发和推广机构、森林经营主体和林产品加工、营销企业等多种利益相关的科技服务林改机制，逐步形成了"点、面、网综合配套，产前、产中、产后全程服务"的科技促进林改格局，通过乘数效应巩固和扩大了集体林权改革的成果，充分发挥了林业科技在"发展现代林业，建设生态文明，促进科学发展"中的关键作用，为发展现代林业、建设生态文明摸索出一条富有浙江特色的成功之路。安吉县、江山市、遂昌县被列为全国林业科技示范县，其中江山市还被列为全国科技服务林改示范市，龙泉市被列为科普服务林改试点县。

一、以科技示范园区建设为载体，使科技促进林改在"面"上得以拓展

针对林改后林业发展的新格局，浙江省根据自身的产业特色，选择竹产业等地方特色产业建立林业科技示范区，并通过林业科技示范区、专业(特色)示范村建设，使科技促进林改在"面"上得以拓展，并发挥其辐射功能，推动区域林业产业的发展。

竹产业是浙江林业最具特色的产业，有着"世界竹子看中国，中国竹子看浙江"之称。2010年全省竹产业产值达到263亿元，竹业已成为浙江省农业农村经济、农民收入来源的支柱产业之一。自2000年开始，浙江省根据区域特色明显、基础较好、辐射带动作用强的原则选择安吉县等县市开展省级竹子科技园区建

设。2006年起，在全省34个欠发达山区县启动浙江省竹子现代示范园区建设项目。这些园区充分利用各类科技合作平台，全力推动产学研结合，已成为竹林高效经营的重点示范区和生产区，具有标准化生产、科技推广、教育培训、休闲观光等功能，对竹产业发展起到了重要的推动作用。

二、以专业合作组织建设为途径，形成有利于科技推广的社会化组织体系

林权改革使林农拥有了独立的经营自主权，调动了农民的生产积极性。但是随着市场经济的发展，市场竞争日趋激烈，千家万户小生产和千变万化大市场矛盾日益突出，广大林农体会到提高自身组织化程度的重要性。政府因势利导发展农民的各种中介组织，并在法律上加以保障，使浙江省林业专业合作经济组织得到了快速发展。据统计，全省已建立林业专业合作社1 638家(经工商登记)，社员数17.28万个，带动农户192.4万户，带动基地564.57万亩。通过各种形式的专业合作组织建设提高了林业产业的规模化、集约化程度，扩大了对科技的需求，加快了先进实用技术的推广。

如龙泉市龙竹笋竹专业合作社以竹林承包、社员竹林合作经营等多种形式拥有笋竹两用林基地1.2万亩，社员408人。通过合作社的带动，竹林科学经营水平提高，2008年仅冬笋销售额就达460万元，冬笋市场销售价由原来的6~8元/千克增加到12~16元/千克，最高时销售价达160元/千克。

三、以森林食品认定(证)试点为抓手，使科技促进林改延伸到市场领域

林权改革后，农户的经营手段和水平不同，生产过程管理差异悬殊，导致产品质量、品质各异，这既不能满足消费者对产品的需求，也不利于林地产权经济功能的发挥。

浙江省基于农户经营的实际和市场需求的背景，于2001年开展了林业标准制(修)订工作，并在国内率先开展了可食林产品标准制定工作。其中以“森林食品”为特色，将森林食品作为林业特定的标志，2003年开展了森林食品认定(证)试点工作，研究并界定了“森林食品”定义，制定了国家林业行业标准《森林食品总则》等一系列标准和相关生产技术规程。以森林食品认证工作为试点，强化了林业标准化生产和广大林农的品牌意识，使科技促进林改的范围由生产领域延伸

到市场领域，产中服务拓展到产后服务。

2009 年 9 月，为深入贯彻落实中央林业工作会议和《中共中央国务院关于全面推进集体林权制度改革的意见》精神，安排部署全国林业系统科技服务林改工作，交流科技服务林改工作经验，进一步指导和推动全国科技服务林改工作深入实施，在浙江省召开了全国林业科技服务林改工作座谈会，国家林业局李育材副局长、浙江省茅临生副省长出席会议并讲话。国家科技部、全国各省（自治区、直辖市）林业厅（局）分管领导、科技处处长等共 170 人参加了会议。李育材副局长在会上指出，集体林权制度改革后，亿万林农成了经营山林的真正主体，“种什么”、“怎么种”等一系列现实问题都摆在了眼前。开展科技服务，送科技上门，已成为他们的迫切需要。今后一个时期科技服务林改要重点开展以下工作。一要开展林业科技示范行动，提高科技成果应用水平。二要构建林业科技产业链，促进林业产业大发展。三要开展科技特派员创业活动，加速成果转化与林农技能提升。四要建立林业产业技术创新联盟，促进产学研结合。五要加强林业科技基础建设，提升科技服务能力。茅临生副省长在致辞中指出，在林业改革发展过程中，浙江省高度重视科学技术的创新、推广与应用，建立了较为完善的包括“政府、研发和推广机构、森林经营主体和林产品加工、营销企业”等多种利益相关者在内的科技服务林改机制，搭建科技普及平台，深入开展送科技下乡，着力开展林业标准化建设。责任林技人员和科技特派员在一系列林业重点工程建设中发挥了重要作用。

为总结提升科技服务林改的理论意义和具体实践，切实发挥科技在林权配套改革中的重要地位和作用，组织编印了以“深化林业改革 科技服务林改”为主题的《浙江林业》增刊，供各地借鉴参考，以便更好地组织、动员广大林业科技推广工作者积极投身到林权制度改革的大潮中，尽其所能，用其所长，充分发挥各自的聪明才智，努力为林改服务。

第四章 科技合作与交流

“十一五”期间，浙江省十分重视林业科技合作与交流，与国际林业研究中心（CIFOR）、国际竹藤组织（INBAR）、世界银行、美国、澳大利亚、日本等组织和国家，通过项目引进合作、人才访问与交流等方式，推动浙江省林业科技合作与交流；省院合作向纵深层次推进成为浙江省林业科技合作与交流的又一个亮点，并在能源林培育新品种、薄壳山核桃新品种、森林碳汇技术等领域的引进技术工作中取得了一定成效，为浙江省林业新品种、新技术的推广示范提供了技术成果，成为了浙江省科技合作交流的重要组成部分。

一、省院合作

浙江省人民政府与中国林业科学研究院自 2001 年签订科技合作协议以来，在双方的努力下，林业重点领域的研究工作取得了突破性进展，院企合作出现新局面，浙江现代化林业发展战略形成新思路。为巩固合作成效，推进新一轮发展，2008 年浙江省人民政府与中国林业科学研究院续签了第二期《林业科技合作框架协议书》，围绕“林业增收、林农致富”的发展目标，浙江省政府每年继续安排专项经费用于资助事关浙江省林业发展大局的重大科技合作项目。“十一五”以来，双方合作机制不断完善，合作领域不断拓展。

1. 立足建设“森林浙江”的目标，开展全方位的科技合作

为实现林业可持续发展，围绕浙江省现代林业发展急需解决的、重点问题开展合作，在竹木精深加工、珍贵用材树种引选与应用、沿海防护林体系构建技术研究与示范、碳汇林业、非木质能源开发利用等领域取得可喜成绩，积极推进了油茶、香榧、山核桃等干鲜果的技术集成与转化工程，大力促进了林业增效与林农增收。

浙江省现有的林产化工科技比较薄弱，为促进林业加工产业的发展，双方合作实施了《浙江省特色林化产业提升关键技术研究及其新产品开发》项目，重点在

山茶油、香榧的精油提取、胶粘剂合成以及活性炭等领域开展了联合攻关，研究成果申请国家发明专利 8 项，已授权 3 项，部分研发成果位于国内领先或世界先进水平，大幅度提升了浙江省林化产业的科技支撑能力。

2. 省院合作成效上升至国家层面

2010 年上半年，在中国林业科学研究院和浙江省的共同努力下，国家“863”计划木竹先进加工制造高新技术研究重点项目第四课题“木竹材料阻燃与温敏可逆变色技术”落户浙江，该课题由浙江省德华集团公司主持，合作单位为“木竹产业技术创新战略联盟”牵头单位——中国林业科学研究院木材工业研究所。该项研究中央财政投入 1 300 多万元。另外双方还合作申报了包括行业公益专项等一批行业性重大项目，这也标志着省院科技合作已经上升到国家技术创新层面。

3. 积极推动科技服务林改工作展开

2008 年，中国林业科学研究院服务林改（江山点）签约仪式在江山市举行，储富祥副院长代表中国林业科学研究院与江山市签署了《中国林业科学研究院 江山市人民政府科技服务林改合作协议》。针对江山市集体林权制度改革后林业产业升级急需的科技成果与技术，双方充分论证并设立了“江山林改科技支撑技术集成与示范”省院合作重点项目。同时由中国林业科学研究院亚热带林业研究所牵头成功申报了林业公益性行业专项“林改后南方林地可持续高效经营关键技术研究与集成示范”重大研究项目，江山市为其中一个重要的试验点。两个项目的开展将有效解决浙江省林改后油茶低产林改造、毛竹高效生态培育和以杉木、马尾松为基材的多元复合型木材改性剂研发等关键技术问题。

二、国际合作

1. 国际合作项目与经费不断增加

“十一五”期间，浙江省获得了国际林业研究中心（CIFOR）、澳大利亚、国际竹藤组织（INBAR）、世界银行等多个国家和国际组织的资助。特别是 2010 年 11 月启动实施的“林业综合发展项目”，以生态建设为主要内容，将在临安、富阳、安吉和德清 4 县（市）实施低效纯林生态修复 2.4 万公顷。项目总投资 2.8 亿元人民币，其中世界银行贷款 1.4 亿元。随着以上国际合作项目的组织和实施，浙江省林业科技国际合作与交流工作必将迈上新的台阶。

2. 国际学术交流活动蓬勃发展

“十一五”期间，先后与世界上多个国家和国际组织开展了国际合作与交流。共接待来自美国、日本、澳大利亚等国家和地区的外宾 400 人次，派出专业考察团(组)进修和实习人员、访问学者、参加国际会议的科研人员300人次，这些国际学术交流活动极大地扩大了浙江省林业科技成果在国际上的影响。

3. 多人在国际组织中担任重要职务

“十一五”期间，有多人在国际组织中担任重要职务。其中包括中国林业科学研究院亚热带林业研究所首席科学家傅懋毅研究员任国际林业研究中心特聘科学家、国际林联(IUFRO)副组长、国际竹子学会指导委员会委员。楼一平副研究员任国际竹藤组织环境可持续发展项目主管。傅金和研究员任国际竹藤组织高级项目官员、国际林联竹藤项目协调员、美国竹子学会国际主任、欧盟项目经理。

三、学术交流与科学普及

“十一五”期间，依托中国林业科学研究院亚热带林业研究所、浙江省林业科学研究院、浙江农林大学等科研院所和高校，浙江省继续重视并加大林业科技宣传力度，普及林业科技知识，提高全社会科技促进现代林业发展的意识。以“科技服务林改”为抓手，以“林业科技周”等科技服务活动为平台，通过学术交流、成果发布、科技下乡、技术培训等一系列活动，搭建科技人员与林农的互动平台，营造全社会重视林业科技、崇尚科技应用的氛围。创造条件，鼓励高等院校、科研院所科技人员深入林业建设主战场，切实了解林农需求，利用不同渠道和方式进行林业科技宣传。利用广播电视、农民信箱、宣传手册等多种媒体和方式，全方位地宣传林业科技，提高公众对林业科技的认知水平。充分发挥林业龙头企业、专业合作社、民营科技组织、科技示范户的宣传作用。

1. 学术交流活动

“十一五”期间，以建设“森林浙江”为主题，围绕科技服务林改、种苗花卉、林业固碳减排和应对气候变化、生物质能源、生物多样性保护与开发、森林灾害防控、富民林业、林业标准化与产品质量安全等开展学术研讨。共组织、举办各类学术活动20余次，其中包括首届林业青年学术研讨会、浙江省林业应对气候变化学术研讨会、浙江省现代林业发展和生态文明建设学术研讨会等，参会代表达1 500余人次，交流论文360余篇，2010年，浙江省林学会还被中国林学会授予“学术交流工作先进单位”称号。这些学术交流活动的开展使得浙江省在加强林业科技创新、推广实用技术等方面走在全国前列。

2. 科学普及活动

充分发挥中国林业科学研究院亚热带林业研究所、浙江省林业科学研究院、浙江农林大学等科研机构和高校的科普主力军作用，通过组织和参与组织植树节、爱鸟周、绿色知识讲座、林业科技周、城市湿地利用与保护等活动，稳步推进科普能力建设。举办各类科普讲座20余次，受众人数2 100人次；举办科普展览15次，受众人数8 300余人次；发放科普资料17 000余份。广泛开展了林业科普"六进"活动，科普能力稳步提升。已举办七届的林业科技周活动累计召开学术报告会、研讨会60余次，组织科技下乡2 000场，发放资料14.6万份，培训林农4.78万人次，参加活动总人数14.46万人次。这些科技下乡和科普宣传活动的开展提高了全省广大林农的科技素质，为林农增收做出了积极贡献。

3. 决策咨询和表彰奖励

浙江省林学会通过组织建设和自身能力建设，林业智库功能不断强化，决策咨询工作成效显著。针对山区是浙江省发展的薄弱区域，也是浙江省发展的潜力所在的现状，组织专家提出建议，提交的《关于"山上浙江"建设及山区林业经济发展对策建议》经省科协的《科技工作者建议》渠道送发至省委、省人大、省政府、中国科协等部门，并得到省长吕祖善批示，充分发挥了学会的党联系科技工作者的桥梁与纽带作用。科技表彰奖励工作稳步开展，社会公信力进一步提升。"十一五"期间每年都组织开展"科技兴林奖"的评审工作，5年共评出一等奖29项，二等奖90项，三等奖144项，组织奖11个。充分调动了广大林业科技人员的积极性和创造性，更好地推进浙江省林业科技进步、技术创新和成果转化，加速浙江省林业现代化步伐。会员队伍不断发展壮大，为会员服务的能力不断提高，分支机构有序发展，新成立了林业种苗花卉专业委员会。学会的管理逐步规范化，2010年被省科协授予"全省学会工作先进单位"称号，2007、2008连续两年被评为全国省级"学会之星"。

第五章 科技创新条件平台

“十一五”期间，浙江省加强科技创新条件平台建设，围绕浙江省特色优势林业产业发展，在国家级平台、省部级创新服务平台和实验室、定位观测站等建设方面成效显著，尤其是在国家级工程技术研究中心和重点实验室建设方面取得了重大突破。

一、国家级科技创新平台

1. 国家木质资源综合利用技术工程研究中心

2009 年 3 月浙江省第一个省属高校组建的国家工程技术研究中心在浙江农林大学正式落户，该中心总投资 2 000 万元。该中心的组建，不仅实现了浙江省属高校国家工程技术研究中心零的突破，也使浙江农林大学成为我国木质资源综合利用研究的中心。中心将集聚国内外高端人才，围绕木质资源综合利用 4 个方向的关键技术，开发具有自主知识产权的新技术、新设备和新产品，使“三剩物”、“次小薪材”、废旧木料利用率提高 15% 以上，缓解木质资源的紧张状况，从而促进产业转型升级，推动行业整体技术进步，提高企业自主创新能力和产品竞争力，建立新技术、新产品的生产规范，制定新产品标准。

2. 亚热带森林培育国家重点实验室培育基地

2010 年 1 月科技部批准建设省部共建国家重点实验室培育基地（简称省部共建实验室），实现了中国林业系统国家级重点实验室建设零的突破，标志着浙江省亚热带森林培育研究已经达到国内领先水平。实验室将结合浙江的优势与特点，围绕林业产业体系和生态体系建设，搭建以森林培育理论研究为核心的多学科交叉共享的科技创新平台，集聚人才和优势资源，开展亚热带地区特色与优势树（竹）种的遗传基础与种质创新、竹子发育与栽培生理、经济林木发育与栽培生理、森林生态功能与区域生态安全等 4 个研究方向的森林培育理论与技术研究。实验室将立足浙江，面向中国亚热带，辐射全国，引领、支撑现代林业可持续发展，为浙江省林业科研水平的提高和人才的培养创造良好的环境和平台，为浙江乃至全国林业的现代化宏观决策提供科技依据，成为林业科技原始创新基地、高素质人才培养基地和林业应用基础研究的主要基地。

二、省部级重点实验室和检测中心

1. 国家油茶科学中心种质创新与利用实验室

国家油茶科学中心是国家林业局于2008年9月批复的依托于中国林业科学研究院从国家层面组建起来的，是国家林业局科技创新体系的重要组成部分，中心办事机构设在亚中国林业科学研究院亚热带林业研究所。中国林业科学研究院亚热带林业研究所建有中心种质创新与利用实验室，主要开展山茶属主要油用物种遗传学研究及资源综合利用研究，在全国建立4处种质保质基地、2处育种中心、30处良种试验基地和56处良种与技术示范基地，是国家"十一五"科技支撑项目"油茶科技油茶产业升级关键技术研究与示范"的承担机构。

2. 浙江省森林资源生物与化学利用重点实验室

浙江省森林资源生物与化学利用重点实验室于2008年在浙江省林业科学研究院开始建设，重点实验室以林木资源化学利用、食用菌精深加工技术、植物有效成分提取及利用、森林食品高效加工利用技术和林产化学工程及其新装备领域研究为主要内容，并围绕上述研究领域开展以下4个方面研究建设。①林木资源化学利用。以炭素材料及其加工副产品的理化性质测试、活性炭工艺与设备的试验研究为重点，主要包括：林业生产剩余物制造清洁炭、竹炭、竹醋液、活性炭等产品的新工艺，炭素材料及其副产品的基本理化性质及其功能的研究，并开展高附加值的新产品的研究；在浙江省林业科学研究院现有设备的基础上，更新和添置必要精密仪器和设备。②食用菌精深加工。以食药用真菌多糖类等化合物的提取分离与纯化、纯度鉴定及活性功能的研究为重点，主要包括：径向流离子交换色谱分离多糖研究、药用菌菌丝体多糖高效分离及结构改性的研究、食药用菌活性多糖生物酶法提取与检测技术引进、灵芝活性物质提取及化学改性技术、虫草类食药用菌功能活性成分高效提取及分离技术、食用菌活性功能研究及保健品研发等方面内容；添置必要仪器和设备。③植物成分测试。以植物有效成分或活性物质的提取、分离、结构鉴定及其加工技术研究为重点，药用林特产品活性物质高效分离关键技术研究与示范，在浙江省林业科学研究院现有设备的基础上，添置必要设备。④森林食品加工。以森林食品保鲜、加工为重点建设内容，添置仪器和设备，开展相关检测服务。

3. 浙江省竹类研究重点实验室

该实验室是在浙江省竹类资源与加工重点试验基地的基础上建设的，于2008年在浙江省林业科学研究院开始建设。重点实验室的主要研究方向是竹子生物技术与良种发掘利用、竹林高效标准化培育技术、竹材精深加工技术、竹笋精深加工技术、竹子化学利用、竹工机械制造技术。主要研究内容包括：①充分运用现代生物技术手段，开展竹子种质创新、新品种选育、组织培养、功能基因克隆、竹子开花机理及转基因等基础研究。②通过竹林可持续经营技术、竹林病虫害防治技术、竹笋无公害生产技术、毛竹“一竹三笋”丰产技术、毛竹笋用林丰产技术、毛竹材用林丰产技术、优质笋用竹丰产技术等一系列竹林高效培育技术的研究集成，提高竹林产出及竹笋品质，实现竹林经济、社会、生态效益的整体优化。③通过竹材重组技术、竹材刨切技术、竹材染色技术、竹木复合技术、无毒阻燃剂生产技术、环保型胶黏剂生产技术、高性能低成本胶黏剂生产技术、竹材改性技术、纳米复合技术、竹材密实化技术等一大批技术的攻关集成，开发重组集成材、竹质装饰板、彩色竹地板、竹木复合板、竹质防火板、户外地板、新型胶黏剂等新产品，实现竹材的高效利用。④通过竹笋营养成分的分析和竹笋绿色保鲜技术、竹笋有效成分提取分离技术、竹笋加工下脚料高效利用技术、竹笋新产品生产工艺的研究，开发出适合不同饮食习惯需求的竹笋制品、功能性食品和药用保健新产品，实现竹笋的高效利用。⑤通过竹纤维分离纯化、溶解纺丝、溶剂回收技术的研究，开发竹 Lyocell 纺织纤维和优质造纸竹纤维。⑥通过高效竹帘编织机、竹材削片机、竹材刨切机、数控竹窗帘编织机、三维数控竹材激光雕刻机、连续式竹炭烧制专用设备、高品质竹醋液机械化连续式制取专用设备等机械的研制完善，提高竹材加工精度、机械化程度和生产效率。

4. 竹业科学与技术教育部重点实验室

竹业科学与技术教育部重点实验室成立于2008 年，以浙江农林大学现代森林培育技术省级重点实验室、省级重大科技创新服务平台等科技条件建设为基础进行组建。该实验室围绕竹子成花机制与重要功能基因挖掘、竹子种质创新、高效生态培育及竹材科学，开展基础、应用基础理论与技术研究，为竹业的科技创新与人才培养，为产业发展提供技术支撑和创新平台。下设细胞生物学、分子生物学、栽培生理生态、竹子组织培养、木材学、胶合材料、竹材干燥、竹材加工人造板、木材保护与改性、分析测试等分室。实验室现有仪器设备总值 3 500 余万元，拥有包括液相—质谱联用仪、等离子体质谱、激光共聚焦、核磁共振仪、扫描电子显微镜、测序仪、超速冷冻离心机、荧光—光合联用仪、连续流动分析仪、人造板剖面密度仪、全自动比表面及空隙度分析仪、锥形量热仪等在内的大型精密仪器50多件。实验室建立竹种园6.66 hm^2，控温、湿、气的智能温室2 000 m^2及一个竹材加工实训基地。竹种园、智能温室收集了大量由国外引进的珍稀竹种250余种，竹材加工实训基地可满足大部分加工产品的小试要求。实验室还与地方林业部门联合在浙江、福建、湖南、江西等地建立了毛竹、雷竹、绿竹、苦竹等各类竹子科技创新园区8个。

5. 浙江省现代森林培育技术重点实验室

浙江省现代森林培育技术重点实验室于2004年在浙江农林大学开始建设。实验室围绕林业生物技术和种质创新、精确森林培育基础理论与应用、森林植物活性物质的开发与利用等3个研究方向，经过6年的建设，现已成为浙江省林业科技的重要创新平台，也是林业、农业与生物类学科的重要研究基地。实验室现有仪器设备2 000余万元，承担了相关领域的研究项目60余项，实验室面向全国开放，接受省内外科研与生产单位的科技人员来实验室开展合作研究。

6. 浙江省森林生态系统碳循环与固碳减排重点实验室

该实验室于2009年在浙江农林大学开始建设。重点实验室主要利用遥感技术和样地法相结合的研究方法，研究浙江省重要森林类型碳密度、碳储量和时空变化规律。开发浙江省森林碳计量软件系统，建立森林资源碳计量信息化管理体系，开展森林碳计量与信息化管理。利用典型样地法研究浙江省森林土壤碳库特征，研究不同森林类型土壤碳库的大小和各种碳形态的组成特点，建立土壤碳与森林生物量的相关模型，研发不同林分生态系统碳固定提升技术，开展森林土壤碳库和森林生态系统碳固定提升技术研究。实验室瞄准国际前沿，结合浙江省实际，研发一批具有自主知识产权的新技术。

7. 国家林业局亚热带林木遗传育种重点开放性实验室

1995年由原林业部正式批准成立的部级重点开放性实验室，主要开展重要森林植物的生物学、种质资源、遗传育种、高产高效培育、开发利用和林业生态工程建设的基础理论与营建技术研究，为亚热带地区森林资源高效经营、重大林业工程和林业可持续发展提供适用新技术和科学理论基础。“十一五”期间，先后投资1 500余万元，增置了分子生物学、生态学、植物天然产物精深加工及生物材料领域研究关键设备，构建了分析中心、遗传育种、森林培育、森林生态与工程、非木质林产品利用及生物质材料等综合和专业实验室。2010年，国家林业局批复重点实验室综合实验楼建设项目，为重点实验室进一步快速发展奠定了基础。

8. 国家林业局林产品质量检验检测中心（杭州）、浙江省林产品质量检测站

国家林业局林产品质量检验检测中心（杭州）、浙江省林产品质量检测站主要从事人造板、地板、建筑板材、木制家具、木制玩具等竹木材及制品，木材鉴定，林化产品，林木种苗，野生动物，室内环境，食用笋、山地水果、干果、食用菌、食用植物油等可食林产品及其产地环境，肥料的检测；以及相关质量评定、标准制修订、新产品新技术研发和技术服务。

现有职工30人，其中专业技术人员24人（正高职称2人、副高职称5人、中级职称14人），已形成人才结构合理、专业配置齐全、检测力量雄厚的技术团队。实验室面积2 500多平方米，拥有气质联用仪、气相色谱仪、液相色谱仪、离子色谱仪、等离子发射光谱仪、岛津材料试验机、24立方SP大气候箱、气体法甲醛、家具试验机等仪器设备200多台（套），总价值2 000多万元。商务部进出口商品技术服务中心（竹木板材）、中国林学会森林食品科学技术专业委员会、浙江省地板协会挂靠单位，与浙江农林大学共建“浙江省木材加工产业科技创新服务平台”。

承担和参加20多项国家标准、行业标准的制定工作，主持制修订省级地方标准近20项，主持起草全省主要林产品监督检查检验细则及评价规则，出版专著7本，发表论文100余篇。承担国家林业局、省重大、省重点等项目21项。

9. 国家林业局经济林产品质量检验检测中心（杭州）

国家林业局经济林产品质量检验检测中心（杭州）依托于中国林业科学研究院亚热带林业研究所，是从事经济林产品质量检验检测的专门机构。

中心授权承担上级部门委托的经济林产品质量检验检测任务，承揽社会各类单位委托的相关检测工作，开展有关经济林产品质量监督检验检测技术和标准的研究工作。中心检测实验室面积1 000 m^2，拥有气质联用仪、液质联用仪、气相色谱仪、液相色谱仪、离子色谱仪、原子吸收分光光度计、原子荧光光度计、紫外分光光度计、荧光分光光度计、凝胶纯化系统、多功能酶标仪、全自动定氮仪、微波消解仪等大型仪器40多台（套），总价值800多万元。中心现有员工11人，其中高级职称人员3人，本科及以上学历10人，具有较为雄厚的检测能力。近年来为多家科研院所、大专院校及生产单位提供了大量的分析测试服务。目前中心检测能力范围包括干鲜果品、森林蔬菜、木本粮油等经济林产品、生产投入品和水质、土壤等产地环境质量。

10. 国家林业局油茶工程技术研究中心

2010年，国家林业局依托中国林业科学研究院亚热带林业研究所组建了国家林业局油茶工程技术研究中心。中心依托中国林业科学研究院亚热带林业研究所，吸收全国油茶研究力量，通过对油茶产业产前、产中、产后各关键环节的工程技术进行开发、吸收、转化，构建出高效、开放的油茶产业工程技术研究、推广平台，持续吸收、转化、产出具有自主知识产权的共性关键技术，促进我国油茶产业高效、持续发展。

“中心”组建以后，在设备条件方面，新增实验室1 000平方米，添置了一批油茶工程技术方面的仪器，建成了油茶遗传发育、栽培生理、茶油营养与安全、油茶精深加工利用专业实验室，具备了开展油茶育种、理化、加工、质控检测完整的工程技术研究体系。中心积极组织实施已有技术的工程化组装配套和工程化新技术研发，形成良种繁育、精深加工、茶油品质保存等方面的一批成果，筹建了油茶冷榨、精炼、皂素制取3条中试线，申报的“国家林业局油茶工程技术研究中心油茶精深加工中试基地”2010年获得国家林业局批准，将为油茶研究提供更好的中试、转化条件。

三、浙江省重大产业科技创新服务平台

1. 竹产业科技创新服务平台

竹产业科技创新服务平台成立于2006年，平台由浙江农林大学、浙江省林业科学研究院、中国林业科学研究院亚热带林业研究所、国家林业局竹子研究开发中心、6个重点基地县（市、区）和13个龙头企业等联合组建，下设竹子育种研发中心、竹林培育研发中心、竹子加工与综合利用研发中心、竹子推广技术服务中心等4个研究分中心。同时成立建设竹产业学研协作组，以准股份制的形式，浙江农林大学、中国林业科学研究院亚热带林业研究所、浙江省林业科学研究院等为理事单位，国家林业局竹子研究开发中心等18家为会员单位。同时依托浙江省现代森林培育技术省级重点实验室、国家林业局亚热带林木育种实验室等开放性实验室和浙江省竹类资源与加工试验基地，重点解决重要经济竹种新品种选育、重要功能基因克隆和转基因技术，竹林高效生态经营技术与产品开发，竹材的生物质能源转化及其产品开发，推进浙江省竹产业的可持续发展。

2. 木材加工产业科技创新服务平台

木材加工产业科技创新服务平台成立于2006年，主要依托单位为浙江农林大学，由浙江省木材工程技术研究中心、浙江省林产品质量检测站及22家木材加工龙头企业联合组建，下设林产品质量检测、木质材料研发、资源利用与环境、木工机械装备研发、技术推广与服务等5个分中心，平台实行准股份制运作，会员单位成本价收费，非会员林业企业低价收费。平台在速生林木改性与高效利用、木材表面化学处理、环保胶黏剂、木材干燥设备、木质水泥刨花板、木结构工程材料、无胶纤维板、竹质人造板、刨切薄竹制造、竹炭、竹醋液、竹纤

维等领域开展技术研发。解决木材加工产业发展的瓶颈问题，继续保持浙江木材加工产业居全国领先地位。

3. 林木种质资源保育与利用公共基础条件平台

林木种质资源保育与利用公共基础条件平台成立于2009年，平台由浙江省林木种苗管理总站牵头，以浙江农林大学、中国林业科学研究院亚热带林业研究所和浙江省林业科学研究院为核心联合组建，在浙江农林大学建立林木种质离体保存与研究中心。中心总投资600余万元，包括建成低温、超低温保存珍稀林木、特殊种质的种子、愈伤组织、体细胞胚以及基因组DNA等的保存库，建设期内总保存量达到5 000份以上，同时配套建设林木种质资源分子检测、植物细胞工程以及转基因工程实验室。中心将建成为浙江省木本植物种质保育、遗传研究以及新品种育种的重要公共条件平台。

四、共建省级区域科技创新服务中心

1. 安吉竹业省级区域科技创新服务中心

安吉竹业省级区域科技创新服务中心于2002年被浙江省科学技术厅批准建设。中心成立以来，以千家万户的农民、千家万户的企业为服务对象，以农民增收、企业增效为已任，用科技支撑区域竹产业发展。先后建立了1 000多亩观赏竹种基地、1 000亩毛竹无公害示范基地和100亩早竹有机笋试验基地，开发了毛竹“一竹三笋”丰产技术、优质笋用竹早出覆盖技术、毛竹无公害生产技术、重组竹材胶合板、竹材装饰板、环保型阻燃中密度竹木复合板、彩色竹地板、数控竹窗帘编织机、数控竹地板热收缩包装机、数控竹笋剥壳机、数控三维竹材雕刻机等新技术、新产品、新设备。创新科技成果转化推广后，为农民和企业创造产值近20亿元，为浙江省竹业发展做出了重大贡献。

2. 食用菌产业省级科技创新服务中心

食用菌产业省级科技创新服务中心是浙江省食用菌行业唯一的省级科技创新服务中心和省级民营科研院所，是浙江省、“食用菌产业省级生产力促进中心”和“国家星火计划农村区域科技成果转化中心”，中心拥有一条年产2亿颗食用菌胶囊菌种工厂化繁育生产线、一个年产10 000吨安全型食用菌辅料加工基地。先后承担了省重大攻关项目等省(部)级以上重大重点项目数十项，获省科技进步奖二等奖3项，三等奖3项。完成的省重点项目“食用菌胶囊菌种标准化繁育技术开发研究”，解决了长期困扰我国食用菌行业的菌种标准化繁育、工厂化生产以及菌种质量控制与检测的技术难题，填补了国内空白。完成的“食用菌质量安全及标准化生产关键技术集成与示范”成果，2008 年通过了鉴定，达到国际领先水平。

3. 山核桃省级区域创新服务中心

中心属浙江农林大学与临安市共建的省级区域创新服务中心，以浙江省特色经济干果树种山核桃的品种选育、高效生态培育及加工技术研究、开发与生产服务为核心，依托浙江农林大学山核桃研究所，结合已实施重大项目为广大农户开展技术服务，支撑山核桃产业的可持续发展。

4. 香榧省级区域创新服务中心

在诸暨市和东阳市分别建立了香榧省级区域创新服务中心，中心以浙江农林大学、中国林业科学研究院亚热带林业研究所等单位为技术依托，以特色干果树种香榧为研究与开发对象，针对生产中的科技需求，结合省科技重大项目、科技部农业成果推广项目开展新品种选育、高效生态培育技术研发和技术服务，支撑香榧产业的高效持续发展。

5. 沿海防护林省级区域创新服务中心

该中心由台州市盐碱地绿化研究所与浙江农林大学共建，以优化、提升浙江沿海防护林建设质量为总目标，重点研究与推广树种选择、品种选育、营建与管理技术等，针对不同区域盐碱地特征，指导、参与沿海防护林建设规划，开展相关技术服务与培训，为浙江省沿海防护林体系建设提供技术支撑。

五、科技创新团队体系建设

紧紧围绕浙江省经济社会发展与主导产业发展对科技的需求，结合学校（浙江农林大学）科技优势特色领域，成功组建了竹产业、花卉产业、林木种苗产业、茶文化产品创意、果品产业、农业“生物三药”产业等 8 个浙江省重点创新团队（表 2-1），为浙江省林业科技发展与高层次人才培养创造了良好条件。

表 2-1 省重点创新团队情况表

名　称	带头人	牵头单位
林业碳汇与计量	周国模	浙江农林大学
竹产业	方伟、汪奎宏、王浩杰	浙江农林大学、浙江省林业科学研究院、中国林业科学研究院亚热带林业研究所
林木种苗产业	童再康、骆文坚、姜景民	浙江农林大学、种苗站、中国林业科学研究院亚热带林业研究所
花卉产业	包志毅	浙江农林大学
茶文化产品创意	王旭峰	浙江农林大学

（续）

名　称	带头人	牵头单位
木材加工产业	鲍滨福	浙江农林大学
农业“生物三药”	冯明光、张立钦、俞晓平	浙江大学、浙江农林大学、中国计量学院
果品产业	谢鸣、黄坚钦	浙江省农业科学研究院、浙江农林大学

六、生态定位站建设

“十一五”期间，已建成和运行的有4个国家级定位站和8个省定位站（表2-2，表2-3）。

表2-2　浙江省国家站分布

定位站	建站地点	技术依托	主要植被	建站时间
天目山	杭州天目山	浙江农林大学	江淮平原丘陵落叶常绿阔叶林及马尾松林区	2010
凤阳山	丽水龙泉凤阳山	浙江省林业科学研究院和南京林业大学	华东南丘陵低山常绿阔叶林及马尾松黄山松（台湾松）毛竹杉木林区	2010
杭州湾	浙江省慈溪市	中国林业科学研究院亚热带林业研究所	湿地	2004
钱江源	浙江富阳、开化	中国林业科学研究院亚热带林业研究所	森林生态	2009

表2-3　浙江省公益林生态定位站基本情况表

定位站	建站地点	地理位置	海拔（米）	主要植被	建站时间
西湖站	午潮山国家森林公园	33°41′0.0″N 120°0′0.0″E	504	常绿、落叶阔叶林，针阔混交林	2008
桐庐站	百江镇奇源村	29°49′19.5″N 119°21′56.7″E	150	常绿阔叶林	2006
淳安站	富溪林场	29°28′18.1″N 119°05′33.8″E	110	常绿阔叶林	2006
开化站	开化林场	29°07′49.8″N 118°23′21.1″E	140	常绿阔叶林	2006
磐安站	圆塘林场	29°02′02.3″N 120°35′19.2″E	890	常绿阔叶林	2006
龙游站	社阳乡	28°57′29.9″N 119°10′13.1″E	176	常绿阔叶林	2006
莲都站	峰源林场	28°12′0.0″N 119°48′0.0″E	1138	针阔混交林和人工林	2009
定海站	舟山市林场	30°01′882″N 122°06′970″E	85	阔叶林、经济林、毛竹林	2009

1. 杭州湾湿地生态系统定位研究站

杭州湾湿地生态系统定位研究站成立于2006年，是国家林业局生态站网络湿地分中心核心站和示范站。本站以人口、资源、环境和经济协调发展为目标，主要开展杭州湾地区滨海湿地生态系统演化、生物多样性、水文气象等变化规律及其与社会经济发展和人类干扰之间关系等内容的定位观测和综合性基础与应用研究工作。

2. 钱江源森林生态系统定位研究站

钱江源森林生态系统定位研究站创建于2009年，依托中北亚热带过渡带的区位优势，开展过渡气候带森林生态系统过程和格局研究，以生态站天然次生林和人工林为对象，以提高水源涵养功能、水质改善和水土保持效果为目标，开展森林水文过程、水源涵养机理和效益的长期监测，生态站以整个钱江流域作为监测面，分别设主站、副站和监测点。它是对中国森林生态系统定位研究网络(CFERN)的重要补充和完善。

3. 凤阳山森林生态定位研究站

该生态站区属于华东中南亚热带常绿阔叶林及马尾松杉木竹林地区，地带性植被为中亚热带常绿阔叶林，保留着较为完整的中亚热带森林植被垂直分布序列。生态站主站址设在凤阳山—百山祖国家级自然保护区凤阳山管理处大田坪附近(海拔1 300米左右)，有针叶林、针阔叶混交林、常绿落叶阔叶混交林、常绿阔叶林、竹林等多种森林植被类型。站址选择科学，布局合理，能够满足定位观测研究要求。生态站现有气象观测站1个、空气质量观测站1个、1公顷样地1块、动物固定观测样线和森林资源二类调查基础数据和管理信息系统等，并且交通方便，水、电、通讯设施也都很完善。

4. 天目山森林生态定位研究站

该生态站区属于华东中南亚热带常绿阔叶林及马尾松杉木竹林地区，毗邻省会城市杭州市，地理位置特殊，区位优势明显，生态效益惠及面广。主站址设在天目山国家级自然保护区画眉山庄(海拔300米)，有常绿阔叶林、常绿落叶阔叶混交林、落叶阔叶林、落叶矮林、柳杉林、人工毛竹林、人工杉木林等多种植被类型，站址选择科学，布局合理，能够满足定位观测研究要求。生态站现有气象站1个，各类仪器设备18台(件)，固定样地6块，野外工作房、实验室及动植物标本室共350平方米，交通便利，水、电、通讯设施完善。该生态站现有研究人员40名，其中高级职称23名，中级职称11名。涵盖了生态学、林学、土壤学、气象学、森林水文、水土保持等相关学科，科研队伍人才结构合理，实践经验丰富，能够胜任森林生态站长期连续定位观测研究工作。浙江天目山国家级自然保护区管理局是建设单位，浙江农林大学是天目山森林生态站的技术依托单位，生态站由浙江省林业厅归口管理。

七、浙江省林木种苗与花卉产业技术创新战略联盟

浙江省林木种苗与花卉产业技术创新战略联盟是由浙江省花卉协会牵头，浙江森禾种业股份有限公司、浙江新蓝天园林苗木科技有限公司、浙江传化生物技术有限公司、浙江虹越花卉有限公司、杭州市园林绿化工程有限公司、浙江滕头园林股份有限公司、浙江盛美园艺有限公司和嘉善碧云花园有限责任公司等8家林木种苗花卉龙头企业；杭州市余杭区国营长乐林场、浙江省开化县林场、淳安新安江开发总公司姥山林场、龙泉市林业科学研究所和金华市婺城区东方红林场等5家国家级林木良种基地；浙江大学、浙江农林大学、浙江理工大学和浙江建设职业技术学院等4家高等院校；中国林业科学研究院亚热带林业研究所、浙江省林业科学研究院、浙江省农业科学院3家科研院所和浙江省林业种苗管理总站1家林木种苗管理单位，总计22家理事单位联盟组成的。

联盟以专业从事林木种苗与花卉生产经营的龙头企业为主体，以高等学校和科研单位为技术依托，选择浙江省花卉苗木产业急需解决的共性关键技术难题，通过联盟组建、资源整合和项目实施，以实现科研与生产的结合，理论与实践的结合，促进知识交叉和技术融合，建立持续稳定的产学研合作关系，从而显著提高科技创新能力和成果转化能力，提升产业的核心竞争力，加快实现产业重大技术的突破，加速实现浙江省林木种苗与花卉产业的转型升级。

计划通过3年的努力，以浙江省传统名花、观赏苗木和新兴花卉为主攻方向，以乡土植物材料为核心，确立浙江省优势花卉产业化发展的科技创新体系，建立符合浙江省花卉苗木产业可持续发展的技术推广与服务体系。

八、民营林业研发机构

升华云峰环保型木饰材料省级高新技术研究中心拥有各类科研、检测设备，科研用房800平方米，从事技术开发的技术人员78人，拥有一大批精英技术骨干团队，聘请了全国行业权威的专家担任学术委员会，由中国工程院院士张齐生为技术带头人，有着多年专业经营管理的基础，并且在装饰板材实行绿色环保方面有着较好的开发实力，曾经是全国首家环保装饰板材开发问世的企业。近3年内已完成国家火炬计划项目2个，省级重大科技计划项目1个，省级高新技术产品3个。

第六章

科技管理机制创新

“十一五”期间，浙江省林业科技经费和承担的科技项目数量较“十五”有了突破性进步，按照创新科技项目管理的要求，在林业科技管理改革方面进行了有益探索。科技项目以规范项目管理为抓手，实施了重大项目会商制度、开展绩效评价制度等。实践证明，项目管理方式的创新，有效促进了项目的规范实施，对科技支撑“森林浙江”建设发挥了重要作用。

一、科技计划管理

1. 立项环节

(1)建立林业科技需求库。我们针对按各自能力申报项目多，按生产实际需求研究不足的实际，以“从实践中来到实践中去”为指导思想，向生产一线征集林业科技需求，建立了“十一五”林业科技需求库，根据科技需求的轻重缓急，筛选整合提出立项要求，组织编报科技项目。

(2)创建重大项目会商制度。为进一步提升林业科技自主创新能力，浙江省创新立项机制，建立了重大项目会商制度。一是每年初专程赴中国林业科学研究院，协商当年省院林业科技合作的主要内容、方式、投入等问题。针对浙江林业产业对林产化工科技创新能力要求较高，设立了《浙江省特色林化产业提升关键技术研究及其新产品开发》重大项目；针对林权制度改革推进中对科技需求越来越旺盛的情况，设立科技支撑林改重大专项。设置重大项目经费占年度省院合作基金一半以上。二是与省科技厅建立科技工作“厅厅会商”制度，并作为省厅间会商制度的首个试点，确定会商主题是共同推进浙江省林业自主创新能力提升、林业科技创新条件建设和重大科技成果推广工程，2010 年会商设立重大科技专项 7 项。

(3)实施项目申报评审制度。根据国家林业局、省科技厅等单位发布的项目申报指南要求，我们对征集的项目，在处室联审的基础上，组织专家进行评审，完善项目材料，确保申报项目的质量，并进一步体现了科研立项的公平、公开和公正性。

2. 项目实施环节

(1)实施情况年度报告制度。要求各项目承担单位按要求编制年度计划执行情况，于每年11月底前将项目年度执行情况报告报项目委托单位。执行期在当年不足3个月的课题可在下一年度一并上报。

(2)开展项目实施情况中期检查和财务专项审查制度。对实施期超过3年的重大林业科技项目，浙江省林业厅会同省科技厅，组织同行专家、财务专家和管理专家开展中期检查和财务专项审查，现场咨询指导、核查计划的执行情况、经费使用情况和考核目标完成情况，有针对性地指出了不足，又帮助提出修改建议，督促项目组更好地完成项目内容和任务，也为科技厅拨付剩余资金提供依据。

(3)强化项目绩效评价。一是实施管理评价。根据科技项目绩效评价指标体系，评价各项目承担单位按照“合同书”规定的内容和进度的实施情况、执行项目负责人责任制、项目档案资料等情况。二是实施资金使用评价。通过对部分项目承担单位资金使用管理情况进行抽查，评价项目资金是否做到专款专用，以及挪用、移用、滞留等现象。通过对各单位自评情况的审查汇总及抽查，形成了评价结论。连续3年对省院合作科技项目开展的绩效评价显示，各省级林业科研院校建立了有效管理项目及资金使用制度，健全管理和监督机制，项目资金基本做到专款专用，无挪用、移用、滞留等现象。

3. 项目验收环节

实行现场查定、财务审查(审计)和集中验收制度。将项目现场查定和财务审查(审计)作为项目验收的前置条件，通过查定和审查的项目方可进行验收。现场查定主要是对项目合同书规定的考核目标完成情况进行现场检查，并由专家出具现场查定意见。财务审查(审计)由项目承担单位上级主管部门或社会中介机构对合同书规定财务执行情况进行审查，并出具相应意见。在材料齐全的前提下，对同类型的项目实行集中验收，既简化了验收程序，又促进项目主持人的互相交流。

二、成果管理与奖励

“十一五”期间，林业厅对科技成果的管理工作不断深入强化和规范化，出台了一系列相关文件及规定，实现了规范、完整的科技成果登记管理程序，建立了开放、公正的成果奖励申报与评审制度，拟建成信息查询方便、数据全面准确的林业科技成果数据库。

1. 深化林业科技成果鉴定管理改革

成果鉴定形式分会议鉴定、函审鉴定和评审等，由林业厅聘请相关专家严格按照规定的形式和程序，对科技成果进行审查和评价，并作出相应的结论。根据浙江省《关于进一步加强科技成果登记和管理的若干意见的通知》（浙科发成[2008]345号）的要求，并结合浙江省林业科技成果管理的实际，从2009年起，省林业科技行政部门原则上不再组织林业科技成果鉴定，改由行业组织或社会中介机构实行自律管理。目前我省的林业科技成果鉴定主要由省林学会组织开展。林业科技成果鉴定不再作为科技立项、科技评奖的依据。

2. 大力推进林业科技成果登记制度

从2007年起，浙江省以鉴定、验收、评审或其他方式等被认可的林业科技成果，根据《浙江省科技成果登记实施细则（修订）》（浙科发成〔2007〕20号）的管理办法进行成果登记，并在浙江省科技厅网上进行公示，无异议后将被录入至国家科技成果库。成果登记工作也是进行年度林业科技项目的统计、分析工作和进行科技奖励申报资格审查的前提。

通过统计分析，从2007年到2010年共登记了202项林业科技成果，其中应用技术成果192项，占登记总数的95.0%；基础理论成果13项，占登记总数6.4%；软科学成果5项，占登记总数的2.5%。80%的项目成果水平达到国内领先以上。这些研究成果中由科研院所、大专院校完成的项目154项，占76.3%；企业完成的项目有13项，占6.4%。取得各种专利授权的项目37个，占18.3%。在192项应用类科技成果中，有158项成果已得到应用。获奖项目中可统计经济效益的项目23项，新增产值48 326万元，新增利税2 744万元，出口创汇11 863万元，节约资金1 030万元。

此外，还及时对每年度的林业科技成果进行系统采集与统计分析，追踪总结每年度林业科技成果工作的进展与实效，为全国林业科技成果统计分析提供基础数据，为我国林业相关部门的决策提供依据。

3. 继续加大林业科技成果奖励力度

为了推进林业科技创新力度，每年继续组织开展“科技兴林奖”的评定工作，并于2007年对原《“科技兴林奖”奖励办法》进行了修改和完善，进一步规范了林业科技奖励申报的程序。此外，还积极组织开展省（国家）级以上其他的科技奖励推荐工作。据统计，“十一五”期间，浙江省共获厅（局）以上林业科技成果

268 项。

4. **努力建成林业科技成果数据库**

针对浙江省林业的科技需要日益迫切以及林业科技成果信息服务的不足，林业科技成果管理部门结合社会需求，根据项目研究方向、重要性及应用效益范围等，筛选出了“十一五”期间具有代表性的林业科技成果进行汇总入库。成果的信息主要列出了包括内容简介、关键词、发明专利情况、获奖情况、主要完成人及单位、联系方式等。林业科技成果数据库共录入科研成果 241 条，其中森林生态方面的成果 28 项；营造林方面成果 21 项；种苗、花卉方面成果 22 项；林产工业方面成果 15 项；经济林方面成果 62 项；城镇(园林)绿化方面成果 15 项；中药材方面成果 10 项；软科学方面成果 9 项；森防保护方面成果 33 项；森林资源方面成果 20 项；林业信息技术方面成果 6 项。数据库内容丰富、完整、准确，方便了林业科技人员信息查询和交流，加强了林业科技资源的共享，具有很高的利用价值。

第七章

林业质量标准

随着我国加入世贸组织，“绿色壁垒”日益增多，国外林产品大量涌入国门，市场竞争日趋激烈。加强林产品质量安全监管，推进林业标准化建设，规范林产品生产全过程管理，健全林产品质量安全检测体系，提高林产品质量安全水平和竞争力，已成为新阶段林业科技工作的重要任务。

一、标准体系

标准体系建设是林业质量标准工作的基础。“十一五”期间，立足我省林业主导产业，围绕林业结构调整和产业化发展需要，根据“突出重点、由简到难、由单一到综合、借鉴到创新”的原则，共制修订国家标准4项、林业行业标准11项、省级地方标准21项，初步形成了以国家标准、行业标准为核心，地方标准为特色及企业（产品）标准组成的林业标准体系。同时，组织开展林产品新品种种质安全和繁育技术规程、林产品中有毒有害物质的残留限量指标及检测方法等标准的前期研究。

经省质监局批复同意，2008年成立了由分管厅长为主任委员的浙江省林业标准化技术委员会，委员来自林业科研院校、厅直属单位领导、专家、行业协会、基层标准化推广及龙头企业代表等，共26人。每年年初召开标委会年会，总结上年度林业标准化工作，研究部署本年度工作，充分发挥其在标准研制、技术培训等方面的重要作用。

起草编制全国首个省级林业标准化发展规划，即《浙江省林业标准化2010～2015年发展规划》，经专家论证及厅长办公会议审议，由林业厅行文下发，指导全省林业标准化工作开展，为全面推进林业标准化工作奠定了理论依据。

二、标准化推广示范

标准化推广示范是林业质量标准工作的重要组成部分，是加快标准推广实施，推进标准化发展的有效途径。“十一五”期间，按照产品安全、产业发展、生态循环、农民增收的要求，围绕林业主导产业和优势特色产业，共实施国家级林业标准化示范区 6 个，省级林业标准化推广实施示范项目 106 个，建立标准化示范基地 72 万亩，辐射推广 239.6 万亩，带动农户 28 万余户，新增产值 11.3 亿元。通过示范区（项目、基地）建设，有效地推动了“企业（推广机构、合作社）+农户+基地+标准”的林业标准化推广模式，大大提高农民按标准组织生产的积极性，全省特色优势林产品按标准组织生产覆盖率从“十五”期末的 22.7% 上升到 45.5%，保障了可食林产品质量安全。

标准化推广示范实施效果的好坏，最终取决于农户对标准化生产技术掌握、应用程度的高低。因此，把对基层林技人员和农户的标准化生产技术培训作为实施林业质量标准工作的重要环节来抓，充分利用各种新闻媒介，开展形式多样、通俗易懂的林业标准化知识宣传普及工作。组织专家编写《浙江省森林食品质量安全生产技术标准汇编》一书，收集国家、行业、地方标准等 66 项，免费赠送给基层林技人员。将发布实施的林业省级地方标准在浙江林业网上发布，提供免费下载。“十一五”期间，组织开展各类标准化和林业技术培训班 1 520 多期（次），培训基层林技人员、农户 16.5 万人次，印发标准文本、技术小册子等资料 38.5 万份，从而有力地促进了标准的普及推广。

三、林产品质量安全检测体系

检测体系建设是林业标准有效实施的重要技术保障，在林产品质量安全监管、林业科技成果验证等方面起着重要的支撑作用。在充分发挥现有林业质量检验机构作用的基础上，进一步加强林产品质量安全检验机构与技术力量建设，“十一五”期间共投入 1 300 万元用于购置检测设备。初步建成以省级中心站建设为主，全省 8 个重点市县和可食林产品主产区林产品检测网络点为辅的全省林产品检验检测体系，基本上满足了林产品质量安全检测需要。

四、林产品质量安全监管

林产品质量安全不仅关系到消费安全，保障人民群众切身利益，而且关系到林业产业发展和林产品贸易，对现代林业建设、集体林权制度改革、农民增收都具有重要影响。为加强林产品质量安全监管，2007 年成立了由厅长任组长，分管厅领导任副组长，厅机关有关处室和直属单位领导组成的浙江省林产品质量安全监管工作领导小组。做到一把手亲自抓，分管领导具体抓，确定专人专门抓，有关处室配合抓。同时结合林产品生产实际，将各项工作职责落实到具体部门和责任人，确保领导到位、组织到位和责任到位。

“十一五”期间，共组织抽查了食用笋、干果、山地水果、食用菌等4大类可食林产品5 964批次，人造板、木地板、林化产品等1 172批次，综合抽查合格率均保持在90%以上，确保了林产品的质量安全。其中可食林产品综合抽查合格率从2006年的92.6%提高到2010年的97.8%，质量安全水平明显提升，并把年度综合抽查合格率作为林业科技重要内容对各市林业部门进行考核。同时，在春笋、杨梅、山核桃等特色可食林产品的上市初期组织开展预警抽查，及时掌握可食林产品在上市初期的质量安全状况，并发布抽查结果及相关建议，指导全省有针对性开展监管工作。

五、林产品品牌培育

积极组织实施《浙江质量振兴纲要》和《浙江名牌产品重点培育发展目录》(林业类)，引导林业企业培育品牌、争创名牌，提升林产品品质。通过品牌战略的实施，大力推进林业企业标准化生产的全面开展，提高林产品质量和竞争力。“十一五”期间共有5个林产品被认定为中国名牌产品、114个林产品被认定为浙江名牌产品。龙头企业凭借品牌优势，以“标准化生产、产业化经营”为手段，积极实施品牌战略，取得了长足的发展，对促进林业增效、林农增收起到良好的带动作用。

第八章 森林食品

森林食品是一项林业新兴产业，是林业新的经济增长点。随着经济社会的快速发展和人民生活水平的提高，森林食品越来越受到人们的青睐，森林食品产业得到了迅速的发展，2010 年，全省森林食品产业产值已达 451 亿元。

一、森林食品认定(证)试点

为实现森林食品健康有序快速发展，经国家林业局批复同意，2003 年起在浙江省开展森林食品认定(证)的试点工作。围绕试点工作，开展了浙江省主要森林食品标准体系构建技术、森林食品规范化生产技术开发、森林食品与国际森林认证相关技术及森林食品生产中的有害生物综合防治技术等 10 多项研究，制定了《森林食品 总则》、《浙江省主要森林食品生产技术规程》等内控标准及《浙江省森林食品基地认定办法(试行)》等管理办法。

为进一步总结、提升试点工作，2005 年向国家林业局申请制定《森林食品 总则》、《森林食品 产地环境通用要求》、《森林食品 质量安全通则》等行业标准并获得立项。2006 年 10 月，国家林业局在北京组织召开了《森林食品 总则》行业标准的审查会，专家组一致认为：该标准的制定有利于规范森林食品生产，促进森林可持续经营，使我国开展森林食品认证有了技术依据，对提高我国可食林产品的国际竞争力，促进人与自然和谐发展，建设社会主义新农村具有重要意义。标准丰富了非木质林产品认证内涵，在规范森林食品生产方面填补了国内空白。经国家林业局批准，《森林食品 总则》行业标准于 2007 年 10 月 1 日起实施。根据《森林食品 总则》行业标准，2008 年修订出台了《浙江省森林食品基地认定办法》、《浙江省森林食品基地产地环境抽样抽查实施办法》等管理办法，调整补充了浙江森林食品认定委员会成员单位。

“十一五”期间，共认定浙江省森林食品基地 504 个，认定面积 189.5 万亩，辐射面积 598.7 万亩，产值 35.5 亿元。在浙江林业网上设立了森林食品专栏，将往年已认定的基地名单、《浙江省森林食品基地认定办法》等管理办法在网上公布，供各地查询及下载。在《中国食品报》刊登了省林业厅厅长楼国华畅谈从山头到餐桌的森林食品安全标准化规范的访谈录。据不完全统计，通过森林食品基地认定、品牌宣传，新增产值近15亿元，实现森林食品品牌和企业效益的共赢。形成了企业自愿申报、县市林业主管部门审核、现场评价、专家评审、认定委员会全体会议审议及网上公示的认定程序。同时，建立森林食品基地产地环境质量动态监测及定期通报、定期清理等监督管理制度。“十一五”期间，共抽查森林食品基地产地环境质量727批次，抽查合格率均保持90%以上，对抽查不合格基地限期整改。对连续2次抽查不合格的或逾期不申请复认的基地取消其“浙江省森林食品”称号及注销认定证书，确保森林食品基地认定的信誉度。

二、成立学术性社会团体

随着我国对外开放和社会经济的持续发展，食品质量安全及其标准化生产技术日益受到各级政府与消费者重视。人们越来越崇尚时尚、生态、文明的消费理念，以森林为特征的如特色干鲜果、山地水果、竹笋、食用菌、森林蔬菜、木本药材等越来越受消费者青睐。我国森林食品资源极其丰富，是世界最大的食用类非木质林产品采集国。近年来，国家非常重视森林食品的发展，《中共中央 国务院关于加快林业发展的决定》中指出：森林食品作为新兴产品产业，是林业新的经济增长点。我国山区面积占国土面积的69%，山区人口占全国人口的56%，山区经济是我国经济最薄弱的环节，森林食品产业恰恰是加快山区发展的主要的经济增长点。具有森林属性的珍贵、纯净的原料决定了森林食品产业具有巨大的产业后发优势和广阔的市场空间，森林食品科学也因此得到了快速发展。作为一门新兴学科，我国学者在森林食品领域，围绕可持续经营发展、标准化生产技术、加工与利用生产技术、食品质量安全、检验检测方法、资源保护与开发等方面开展了深度研究，基本形成了森林食品科学体系。

在此形势下，2009年初，浙江省向中国林学会提出申请成立森林食品科学技术专业委员会。经过多方努力，2011年1月11日获民政部登记，挂靠浙江省林产品质量检测站，于2011年7月4日召开成立大会，成为中国林学会第35个分会，100多名代表参加了会议。会议选举产生了第一届委员会委员、常委和主任委员、副主任委员、秘书长，聘请浙江省林业厅副厅长吴鸿为主任委员，中国林业科学研究院研究员王贵禧、浙江大学教授陈昆松、黑龙江省林业厅教授杨国亭、北京林业大学教授张柏林、东北林业大学教授王振宇、南京林业大学教授吴彩娥为副主任委员，浙江省林产品质量检测站站长江波为秘书长。会上还召开了首届森林食品学术研讨会，围绕森林食品理论研究和实践，开展了森林食品可持续生产、加工、储运（物流）和检测技术、食用林产品标准化生产与推广示范、森林食品营养、森林食品质量安全等开展学术研讨。研讨会共收到论文60多篇，来自北京林业大学等8位专家在会上作了学术交流。

森林食品科学技术专业委员会的成立有利于加强森林食品科学技术的学术交流与合作，推进森林食品科技的发展；有利于森林食品栽培知识和加工技术的大力普及，从而提高林农科学技术素质，促进林农增收和脱贫致富；为政府部门科学决策提供参考，成为政府部门发展森林食品产业的智囊团，有利于森林食品产业健康可持续发展。

第三篇　地市篇

第一章

杭 州 市

杭州“八山半水分半田”，市域总面积1.66万平方千米，人口683.38万，现辖8区、3市、2县，是浙江省的第二大林区。截至“十一五”期末，全市林业用地面积1 753.65万亩，森林面积1 626.82万亩，森林总蓄积量4 224.72万立方米，森林覆盖率达到64.44%。“十一五”期间，杭州市林业工作按照“科学发展、率先发展”的要求，紧紧围绕“生活品质之城”建设目标，始终贯穿“科技兴林富民”的理念，强化科技创新与科技推广服务，依靠科技进步，加强队伍建设，优化推广体系，以五大林业重点工程为抓手，以工程建设带动产业繁荣，以林业增效实现林农致富，全面推进林业事业发展，荣获“全国绿化模范城市”和“国家森林城市”荣誉称号。

一、“十一五”林业科技主要成就

1. 科学规划治理，森林生态成效不断显现

“十一五”期间，全市坚持生态优先，积极倡导并深化生态文明建设，强势推进城乡绿化一体化进程，以国家森林城市建设为契机，加强科学规划，制定了《杭州森林城市建设总体规划》，全面推进了森林生态体系建设。通过努力初步形成市区“一核、二轴、五片、多廊”，市域“一中心、二环、七线、多极”的格局，其中市区森林以西湖和西溪为核心，在主城、副城区周围卫星式分布城市绿地组团，构建由“山、湖、城、江(河)、田”构成的环状、辐射状及块状的森林生态体系，形成“五水共导”、“三林共建”、“三网融合”的人与自然和谐相处的生态体系。全市森林面积从1 592万亩增加到1 627万亩，活立木蓄积量从3 342万立方米增加到4 350万立方米，森林覆盖率达到64.44%，在全国15个副省级城市中名列首位，其中城区绿地总面积达1.49亿平方米，绿化覆盖率39.14%，人均公园绿地面积17.2平方米。

——生态公益林建设稳步推进。建成了省级生态公益林优质林分面积527万

亩，市补生态公益林稳定在105万亩；全市拥有天目山、清凉峰2个国家级自然保护区，各级森林公园46个，其中国家级森林公园7个、省级森林公园12个、市级森林公园13个，经营面积250余万亩。

——园林绿化村建设取得成效。建成了绿化率在25%以上的市级园林绿化村131个，累计已建成226个，其中省级绿化示范镇5个、示范村115个。

——景观林带建设取得进展。建设杭新景（杭千）、杭徽高速等景观林面积4.57万亩，长度246千米，其中"一绕四线"景观林面积1.26万亩。

2. 科技攻关转化，林业产业不断提升

"十一五"期间，全市坚持富民为本，围绕新农村建设目标，依托资源优势，以市场为导向，特色为基础，科技为支撑，效益为中心，建设可持续利用的"东苗、南榧、西核、北竹"的绿色产业格局，大力发展优势特色产业，积极推进森林食品基地建设，全力打造毛竹、菜竹、山核桃、花卉苗木、香榧五条林业产业带。以花卉苗木工程、林业特色基地工程、森林休闲观光工程、林业龙头企业建设工程等重点工程为抓手，加大林业科技成果转化力度，促进产业不断发展。"十一五"期间全市林业产业综合总产值年均增长率达10%以上，2009年达到233亿元。

——产业基地全面发展。实施毛竹、板栗、油茶低产林改造面积近6万亩；花卉苗木产业种植面积稳定在35万亩左右，产值由"十一五"期初的25亿元上升到"十一五"期末的40亿元以上；

——品牌建设取得实效。全市新建成省级森林食品基地56个，建成59万亩无公害、森林食品基地。省级林业观光园区14个，市级林业特色示范园区50个，建设山区林道1 000余千米；建成省级兴林富民示范乡镇34个（含6个状元乡镇）、示范村112个，培育合作经济组织105家；新增省级林业重点龙头企业24家。

——科技攻关方兴未艾。针对笋用竹林酸化退化、山核桃品质下降等问题，重点开展良种换种、土壤测土施肥、生态高效经营等技术攻关，并取得了较好进展；花卉苗木在宏观调控、金融危机背景中，大力开展技术创新，努力实现转型升级，由露地栽培向容器化、设施化栽培转变，保持发展优势。

——珍贵树种全面兴起。楠木、红豆杉等珍贵树种培育期虽长，但因其高生态效益、高经济价值，已在全市范围内兴起发展高潮，人工规模造林、定向培育、"四旁"绿化以及城市城镇绿化普遍展开。全市建成珍贵树种种苗繁育基地5个。

——种子种苗作为核心技术引起重视。"十一五"期间，全市普遍重视种质资源的保护与利用，积极开展良种选育繁育工作，通过省级以上审（认）定的林业花卉品种 19 个。建立香榧、山核桃等特色林业良种繁育基地，桂花、牡丹、观赏竹等花卉苗木种质资源收集保护基地。

3. 科技服务林改，林业改革不断推进

“十一五”期间，全市坚持集体林权制度改革，建立健全森林资源动态监测体系，根据勘界确权实测数据，利用现代信息技术和科技手段，以集体林地权属为单位完成林权地籍管理信息系统建设，及时掌握森林资源消长变化情况，大力推进集体林权数字化和网络化管理。基本完成明晰产权、承包到户的主体改革任务，逐步开展了省级林改示范区试点、林权信息化试点、集体统管山均股均利试点以及妥善调处山林纠纷，促进了社会和谐稳定。在配套改革方面，开展了林木采伐管理改革试点，建立了林地流转机制，全面推进 18 个国有林场改革，积极开展林权抵押贷款、林业政策性保险工作，完成市级森林资源和生态状况年度监测体系建设，最大限度地调动了各方参与林业建设、投资林业发展的积极性。全市合计流转林地面积 130 万亩，其中股份合作经营 12 万亩，租赁经营 13 万亩，承包经营 67 万亩，转让金 6.81 亿元。这些改革使林业生产力得到极大的解放，保障了农民的收益权，放活了经营权，盘活了集体资产，增强了国有林场活力和竞争力，转移了农村劳动力，拓宽了农民增收渠道，使全市林业改革不断推进，林业发展活力持续注入。

4. 加大科学防控，防灾减灾能力不断加强

“十一五”期间，全市以沿海防护林工程、森林火灾防治工程、林业有害生物治理工程为重点，坚持科学防控，提高科学防灾减灾能力。

——沿海防护林体系建设取得阶段性成效。杭州市沿海防护林体系工程建设范围涉及余杭、萧山、江干、下沙、西湖、滨江、富阳等 7 个区(县、市)和管委会。累计完成营造林面积 27 466 亩，其中人工造林 2 745 亩、封山育林面积 24 556 亩、低效林改造面积 70.5 亩。全市农田林网控制率达 90% 以上。全市完成沿海防护林基干林带面积 5 894 亩，长度 114.8 千米。累计投入资金 52 113 万元，其中中央投资 721 万元、省投资 841 万元，市本级投资 134 万元，区、县(市)地方配套资金 48 404 万元。群众投工投劳 25.96 万个工，折算资金 2 067 万元。通过实施沿海防护林体系工程建设，平原区域的森林面积、森林覆盖率、森林蓄积实现三增长，有效地改善了沿海防护林体系的林种树种结构，进一步增强了抵御海啸和风暴潮等自然灾害的能力，初步构筑树种配置合理、结构稳定、功能完善的绿色生态屏障，为打造“低碳城市”、建设“生活品质之城”提供了强有力的环境支撑。

——全面建设森林灾害远程视频预警监控系统和森林消防队伍。全市 12 家

单位建成森林灾害远程视频预警监控系统，建立监测点54个，建立装备较为齐全的森林消防队伍114支，大大提高了森林火灾监测的科技含量和森林消防能力。“十一五”期间，全市森林火灾持续控制在低发水平，平均受害率0.11‰，大大低于省定森林火灾受害率1‰，发生率25起/150万亩以下，天目山、清凉峰、西湖风景名胜区分别实现了连续55年、33年和23年无森林火灾。

——扎实推进环千岛湖松材线虫病防控基础设施工程建设。环千岛湖松材线虫病防控基础设施建设项目是我市历史上林业有害生物防控方面国家投资最大的项目，总投资1 649万元，其中中央投资安排989万元，地方配套660万元。建设内容包括监测预警、检疫御灾、防治减灾和森林健康示范4个部分。该项目的实施，对构建杭州市与现代林业相适应的林业有害生物监测预警、检疫御灾和防治减灾体系，全面提升林业有害生物防治工作水平具有重要的作用，将有效保护环千岛湖区域的生态安全和旅游资源。目前，市本级《杭州市松材线虫病防控信息管理系统》已进入政府采购阶段，各区、县(市)正在抓紧基础设施建设施工图设计。

5. 加强科学管理，资源保护不断强化

“十一五”期间，全市坚持依法治林，科学管理，有效利用并保护森林生态资源，不断强化林业保障体系。西溪湿地被国际湿地公约列入国际重要湿地名录，中国湿地博物馆顺利建成并成功开馆。清凉峰自然保护区梅花鹿保护站全面建成远程昼夜监控视频，随时监测野生梅花鹿生活生长状况；天目山自然保护区大力开展柳杉病害综合防治，并建设安装避雷防雷网络系统。5年来，基本摸清了全市野生动物资源和湿地资源状况，完善健全了林业法规体系，构建了权力阳光运行机制，查处各类森林和野生动物案件2 838起，其中：侦破刑事案件230起，破案率96.6%。查处行政案件2 573起，查处率98.9%。打击和处理各类违法犯罪人员3 174人次，其中追究刑事责任327人，行政处罚2 847人次。收缴林木4 246立方米，价值193万元，行政罚款1 103万元。全市森林病虫无公害防治率平均达到98.55%，有效遏制了松材线虫病的扩散蔓延趋势。林木采伐量325万立方米，依法办理林地征占用面积5.98万亩。

6. 加强推广体系建设，科技服务效率不断提高

“十一五”期间，我市认真贯彻落实《国务院关于深化改革和加强基层农业技术推广体系建设的意见》、《浙江省人民政府关于改革和加强基层农业技术推广体系的通知》等文件精神和要求，全面开展了新型推广体系建设，至2010年底，杭州市已初步建立了以28名林技推广首席专家为龙头、197名林技指导员为骨干、249名责任林技员为基础以及社会化林技推广人员为补充的四级联动推广体系，为林业科技推广体系建设迈出了坚实的一步。通过林业推广体系改革建设，林技人员责任意识明显改变，林业科技服务水平显著提高，科技服务效率也随之明显提高。

二、主要措施

1. 抓住机遇，大力宣传

“十一五”期间，林业的发展迎来了重大机遇，中央、国务院明确提出了新时期林业的四个地位（在贯彻可持续发展战略中，林业具有重要地位；在生态建设中，林业具有首要地位；在西部大开发中，林业具有基础地位；在应对气候变化中，林业具有特殊地位）和四大使命（实现科学发展，必须把发展林业作为重大举措；建设生态文明，必须把发展林业作为首要任务；应对气候变化，必须把发展林业作为战略选择；解决“三农”问题，必须把发展林业作为重要途径），省政府提出了推进森林浙江建设，杭州市政府提出了打造低碳城市和生活品质之城等，都给杭州林业带来了新的发展机遇和目标要求。为此，杭州市各级林业部门紧抓机遇，认真开展大讨论活动，多方宣传，营造氛围，顺应时代发展需要，围绕生态建设、生态安全、生态文明的总体要求，积极推进林业改革，以国家森林城市建设为契机，大力发展现代林业，不断满足经济社会发展对林业的生态、经济、社会、文化需求。

2. 重视调研，规划先行

杭州市林水局每年开展调研活动，针对林业各方面的热点难点，各处室、各基层单位于每年年初立项，完成情况列入目标业绩考核，调研成果报告进行评选，年底汇总汇编，通过调研，掌握了第一手材料，看到了问题所在，找到了解决方案，看清了发展趋势，明晰了新的增长点，并有效提高了全体林业工作者的工作热情和调研水平，为市政府和有关领导提供了决策依据，多篇调研报告获得市政府奖励。5 年来，相继编制制定了《杭州森林城市建设总体规划》、《杭州市景观林带建设规划》、《杭州市兴林富民示范工程建设五年规划》、《杭州市珍贵树种发展规划》以及《杭州市香榧发展规划》，积极配合杭州市农业产业化领导小组完成《杭州市推进优势特色农产品产业带建设的意见》等，全面推进了杭州市的现代林业建设。

3. 会展带动，促进交流

“十一五”期间，成功组织举办了第六届中国城市森林论坛、杭州西溪湿地论坛、长三角花卉苗木产业发展国际论坛；组织举办了中国天目山森林博览会、中国(萧山)花木节、中国(杭州)竹笋节、中国湿地文化节等旅游节庆及特色产业推介活动;组织承办了第七届浙江省林业科技周活动,起到了交流中学习、交流中宣传、交流中提升的作用。

4. 典型示范,推动发展

"十一五"期间,杭州市积极做好产业发展导向工作,围绕"创品牌、提水平、增效益"的思路,依靠科技进步,加快发展优势明显、规模化经营、设施化栽培、集约化管理的高效特色基地,促进产业转型升级。一是加强园区和基地建设,全市建成都市农业示范园区 60 余个,建成森林食品基地 56 个,强化示范的辐射与带动作用。二是制定标准,规范经营。全市起草制定各类各级标准 47 个,其中省级标准 8 个,市级标 11 个,县(区)级标准 16 个,企业级标准 12 个,并积极开展标准化推广工作。

5. 强化服务,提高效率;科技下乡,实用为本

杭州市林业科技人员始终把农民最需要什么,农民最想要了解什么放在心头,深入到林业生产第一线,帮其所需,解其所难,注重服务,务求实效。一是坚持"科技下乡"活动与社会主义新农村建设相结合,将"科技兴林"作为新农村建设的一项重要内容来抓;二是坚持科技和物资帮助结合,在进行技术培训的同时,赠送科普资料、肥料及器械等,增强活动针对性;三是坚持适用技术与热点难点相结合,针对林业生产和林农在生产实践中的热点难点问题组织项目研究,连续开展了退化笋用竹林复壮技术、山核桃生态化经营技术、毛竹低产林改造技术等林业适用技术星火培训活动,促进林农增收、林业增效;四是坚持活动与林业生产相结合,特别是遇到重大自然灾害如 2008 年全面冰冻雪灾、2006 年局部强对流气象灾害中,充分发挥科技人员尤其是首席专家的作用,第一时间奔赴受灾现场予以指导,把灾害损失降到最低。"十一五"期间,全市开展送科技下乡活动 412 次,举办各类林业技术培训班和林业知识讲座 1 249 场,培训林农 86 462 人次,培育科技示范户 200 名,印发赠送各类林业科技资料 25 万份,林农的科技意识得到进一步加强,林业科技人员服务水平得到有效提升,科技成果转化率得到有效提高。

6. 加大投入,加强扶持

按照生态建设、生态安全、生态文明以及产业转型升级等现代林业发展的需要,杭州市各级林业部门在努力拓展事业发展投入机制和渠道的同时,积极争取公共财政对林业事业发展的投入。5 年来,杭州市本级紧紧围绕林业重点工程建设,相继制定各类以奖代补政策。"十一五"期间,市本级政策性扶持资金每年投入达到 3 000 万元以上,有力地推动了林业各项事业的发展。

三、“十二五”林业科技发展思路与目标

1. 指导思想

以科学发展观为统领，按照打造生态城市、低碳城市，共建共享生活品质之城、实现经济社会平稳较快健康发展的总体要求，围绕现代林业发展和森林浙江建设目标，依靠科技进步，加强科技创新，加速科技成果转化，大力推进森林扩面增绿、森林生态提升、森林品牌培育、森林碳汇建设、森林资源保护等五大林业工程建设，努力提高工程建设科技含量，为实现“平原林业增绿、生态林业增氧、景观林业增彩、富民林业增收和碳汇林业增汇”的“五林共增”目标提供强有力的科技支撑。

2. 主要目标

通过加大扶持力度、整合资源、集聚人才，充分发挥科技先导作用，积极构筑林业科技创新服务体系，搭建林业科技服务平台、科技信息平台，不断研究探索新的推进机制和活动形式，促进林业科技成果推广和转化。

(1) 加强科创体系建设。建立以杭州市林业科学研究院为平台的林业科技创新服务体系，力争到 2013 年组建完成功能完备、运行高效、支撑有力的杭州市林业科学研究院，显著增强林业自主创新能力，大幅度提升林业科技整体水平。组织开展林业先进适用技术研发和集成应用、森林生态效益动态监测和危险性林业有害生物防控研究，

(2) 强化推广体系建设。进一步完善以林技推广首席专家为龙头、林技指导员为骨干、责任林技员为基础、社会化林技推广人员为补充的四级联动林技推广体系，建立健全林技推广、动植物疫病防控、林产品质量监管“三位一体”的基层林业公共服务体系。大力开展林业行业培训和职业技术教育，造就一批高素质的林业科技队伍，增强自主创新能力。充分发挥在杭高校、科研院所等人才、技术和信息资源优势，积极培养、引进林业科技推广适用人才，切实加强与学科带头人和高层次人才的战略合作研究，努力构建科技资源共享平台。

(3) 加强成果转化和适用先进技术推广。重点推广 25 项示范性、带动性、创新性强的生态高效先进适用技术，培育 200 名科技示范户，培训林农 10 万人次，切实加快科技成果转化。

第二章

宁 波 市

“十一五”期间，宁波市林业科技工作在市林业局的正确领导下，以科技创新和体制创新为动力，大力实施“科教兴林”战略，在科技计划管理、基础平台建设、成果转化应用、对外交流合作、优化科技创新环境等方面都取得了新成绩。科技进步对林业发展的贡献率达到了50%以上，为宁波市林业跨越式发展和率先实现现代化建设提供了有力的支撑。

一、“十一五”林业科技主要成就

1. 争取科技项目有新突破，引领林业产业和生态建设快速发展

“十一五”期间，宁波市围绕竹、果、花、茶四大林业支柱产业和林业生态建设的重大关键和共性技术，争取市级以上科技项目40余项，其中国家支撑项目3项，市级重大科技攻关项目12项。除此之外，市局每年投入林业科技推广项目专项资金50万元，侧重对有重大科研、生产意义的科技项目提供启动资金。5年来，共有40个项目通过这一渠道立项。依靠科技创新，宁波市林业经济在“十一五”期间发展势头迅猛，科技乘数效应明显。目前，宁波市生态公益林面积326万亩，生态效益价值达67.79亿元；林特产业总面积超过210万亩，总产值超过56.68亿元。2010年林业总产值达到143亿元，较2005年的105亿元增加了36%，为促进宁波市，尤其是农村经济繁荣发展做出了重要贡献。

2. 科技进步硕果累累，成果转化步伐加快

“十一五”期间，是宁波市科技成果取得最丰硕的5年，全市有28项科技成果通过有关部门和组织的鉴定验收，获得各级科技成果奖励26项次，其中获省部科技进步奖励2次，获市、厅二等奖以上13次；获国家授权植物新品种1个；获省级以上良种审(认)定5个；申请国家专利16项，其中获授权发明专利3项、实用新型专利5项；发表专著一部，在国家核心刊物以上发表论文40余篇。

科技成果转化步伐有所加快，推进了宁波林业产业的快速发展。“十一五”期

间，宁波市重点实施的科技成果攻关应用项目，共引进国内外优良果树、茶叶、花卉、林木等林特新品种220余个，累计推广应用面积达30余万亩，年产生直接经济效益超过8.5亿元。其中，"茶叶生产全程质量安全信息管理系统应用示范"项目通过系统开发和转化应用的同步推进，建立了覆盖全市所有茶园的产地编码体系和监控体系，实现了宁波茶叶的源头可追溯和生产可管理，成为国内首家地市级上行政区域全面推行质量和产业信息化管理的茶区。据评估，质量安全提高和信息技术应用的贡献率为：名优茶达到10%（2007年）和20%（2008年、2009年）、出口茶15%；由此产生的经济效益包括：新增产量(出口量)3 190吨，新增产值14 299万元，新增利税5 425万元，新增创汇1 302万美元。

"杨梅物流关键技术研究与产业化"项目实施以来，与推广应用密切结合，在慈溪、余姚杨梅主产区建立了5个示范基地，累计实现短、中、长、远途物流总量33 650吨，新增产值9 291万元，产生了显著的社会经济效益。

"柑橘新品种引选及产业提升关键技术研究与应用"项目实施以来引进优良柑橘品种91个，选育推广优良品种20多个，建立柑橘良种示范基地1 200亩，累计繁育柑橘良种苗木3 530多万株，推广柑橘新品种面积12余万亩。通过项目实施，全市柑橘总产值达27.51万吨，年产值达到4.65亿元，累计新增产值8.728亿元，新增效益6.069亿元。

"专用果袋研制及配套技术集成应用项目"实施期间，累计新增果袋使用量达到16.23亿只，累计新增产值8.12亿元，有效提升了宁波市水果产业发展水平。

"优良乡土树种资源生态利用技术研究与示范"以构建稳定、健康、多功能的森林生态群落为目标，筛选出重点推荐的乡土树种100种，构建了21种适于沿海防护林造林、退化用材林与退化公益林森林生态恢复应用的群落生态优化配置模式，集成创建了以树种资源调查筛选、优良树种物种特性研究、种苗高效繁育、群落优化模式构建等技术为核心的乡土树种资源生态利用技术体系，共建立种苗繁育基地285亩，繁育苗木2 397万株，推广应用2 378万株，造林11.89万亩，实现销售1 202.04万元，利润307.89万元，节约造林成本751万元；辐射带动建立乡土树种苗木繁育基地5 945亩，累计繁育苗木5 162万株，推广4 469万株，实现销售14 880万元，利润4 245.7万元。

3. 基础平台建设步伐加快，自主创新能力进一步提升

"十一五"期间，我市投入134万元组建了重点实验室——林产品品质分析与生态检测实验室，至2011年3月底实验室建设已基本完成；依托单位、人才优势，新建市级科技服务团队2个——宁波市茶产业提升科技服务团队和杨梅生产

科技服务团队，对点支持开展重点科技项目建设；2005 年，我市新组建了专门的林业科技推广机构——宁波市林特科技推广中心。2010 年，经过积极争取，该单位由差额改为全额拨款单位，单位公益性得到强化，同时，也有了稳定的林业技术队伍，促进林特科技事业的持续发展。

4. 科技合作交流空间拓展，科技人才队伍建设进一步加强

5 年内，以人才引进培训及开展科技交流等方式，进一步加强科技人才队伍建设力度。

2008 年，中国南方葡萄学术研讨交流会在中国“葡萄之乡”余姚市临山镇举行。来自中国农学会葡萄分会以及江苏、福建、杭州、重庆、天津、湖南、上海等 73 个县市的专家学者、葡萄种植大户代表共 250 多人参加了会议。中国农学会葡萄分会会长修德仁，副会长李世诚、晁无疾，秘书长田淑芬以及省农科院园艺所研究员吴江等专家、学者就南方葡萄如何走可持续发展之路；优质、安全葡萄生产关键技术研究；如何创新大棚葡萄栽培模式等问题进行了广泛探讨和交流。2010 年宁波市林业园艺学会承办了“绿色经济与森林宁波”分会场，围绕林业碳汇开展交流与研讨。会上邀请了著名生态学专家周国模教授就“全球气候变化与森林碳汇功能”做了精彩的演讲。“十一五”期间，宁波市林业科技工作者积极参与国际交流。先后赴法国、日本、葡萄牙、美国等地参与博士后研究、学术研讨会和培训交流会。德国、日本等国的专家也来宁波市交流柑橘、松材线虫病防治等问题。

随着对人才队伍建设的重视，从高校及市外引进人才加入林业科技队伍，科技人员整体水平显著提升，具有大专及以上学历的人数比例有所上升，达到总数的 70% 以上。同时，我们十分注重对林业科技人员的培养和使用。每年开展继续教育活动，邀请国内知名专家讲课，5 年培训林技人员达 1 300 余人。特别是 2007 年，宁波市林业局与浙江农林大学合办了农推硕士学位班，2010 年年底全部学员完成了所需学时及论文答辩。通过继续教育培训班及硕士学位班的开办，宁波市林业科技工作者的理论水平和工作能力得到了加强。“十一五”末期在宁波市林业系统科技工作者中硕士以上学历或高级职称的人数约占总数的 25%，其中博士 3 人。有 2 人获宁波市有突出贡献专家称号，3 人获宁波市青年科技奖，9 人获浙江省农业科技成果转化推广奖，1 人入选省新世纪“151”人才工程第二层次培养人选，2 人入选宁波市“4321”人才工程第一、二层次培养人选。

截至 2010 年 12 月底，宁波市县级及以上林业部门有林业科技人员 220 名，其中高级职称 37 名（正高 7 人），中级职称 85 名，初级职称 44 名，科技管理工作者52名。

5. 强化林业科技示范，推动农村产业发展

为带动和促进全市林特产业体系建设，实现林业增效、林农增收，宁波市于2007年启动实施“百户万亩”科技示范项目。建立“百户万亩”工作制度，为每户科技示范户配备1~2名相关的专业技术人员作为科技联系人。科技联系人根据农户实际生产情况，进行详细的分类整理，建立农户生产经营档案；在生产季节，组织林业技术人员送科技下乡，深入生产一线进行现场指导。据统计，截至目前，示范户总数达109户，示范面积2.1万亩；科技联系人现场指导时间累计超过4 000个工作日，组织现场技术交流会50余次，发放技术资料2.4万余份；各地科技联系人根据生产实际撰写实用性文章42篇，协助示范户解决了生产中遇到的多种技术难题。项目实施以来，共推广普及疏花疏果技术、人工授粉技术、平衡修剪技术、喷滴灌技术、病虫综合防治等适用技术25项，实现了“以科技促生产”的项目目标。

6. 开展科技下乡活动，主动服务农民

为提高全市林特业科技水平，使广大农民群众真正掌握林特适用科学技术，宁波市林业科技工作者大力开展各种技术培训活动，送科技下乡，深受老百姓欢迎。开办了农民实用技能培训班，主要培训内容为柑橘标准化栽培技术、花木主要病虫害防治技术、喷滴灌技术等实用技术；采取召开各种生产现场会形式，普及推广林特科技；在农闲时节，组织科技下乡咨询服务活动，在林特重点乡镇，设摊接受农民提问，提供科普资料。2006~2010年，共培训林农4.4万人次，发放资料10余万份；组织各类技术培训班80余期，共培训林农1.2万人次。除此之外，充分利用各种科技手段与传媒，开展林业科普知识宣传、科技咨询服务。一是创办《宁波林业》季刊、《宁波林特科技》季刊、宁波市林特科技信息网，为全市林农及各级林业科技人员提供最新林业相关政策法规及科技信息。二是创建林技短信服务平台，免费发送到种植大户及示范户的手中。发送的信息以科技短讯、实用技术知识、防火资讯为主，使全市5万林农受益。

积极开展科技结对工作，主动服务林农。2008年，市林业园艺学会与慈溪市匡堰镇乾炳村开展了为期2年的结对活动，通过多方面的科技服务，大大提升了该村杨梅的品牌价值与市场价值，该村“游源”牌杨梅荣获全国十大精品杨梅称号，村经济效益提高明显，结对成绩显著。2010年，园艺学会又与北仑区大碶街道共同村成功结对。2009年市林业局事业单位党支部与宁海里天河村技术结对。里天河村是一个典型的山区村，村民人均收入只有5 200元，主要来源于香榧收

入。市林业局与其结对后，专家与基地结对指导，加强产前、产中、产后的科技指导，提高当地群众的科技应用能力，有效地利用科技助推里天河村的发展经济、建设好新农村。

二、“十二五”林业科技发展思路

1. 基本思路

以党的十七届五中全会精神为指导，深入贯彻落实科学发展观，以森林宁波建设为核心，以提高森林生态系统的稳定性、维护生态安全、提升优势林特产品产业市场竞争力、增强农民收入和实现可持续发展为目标，力争在进一步优化政策环境，加大培育林业科技创新创业主体，提高林业科技创新创业能力和成果转化应用等方面实现新突破，为促进宁波市森林生态体系和林特产业体系的可持续发展提供科技支撑。

2. 总体目标

基本建成适应现代林特业发展，体制完善、机制灵活、支撑有力的林业科技支撑体系，林业科技创新能力显著提高，成果转化和推广步伐明显加快，对现代林业发展的支撑能力进一步增强，林特产业整体技术水平显著提高，主要林特产品质量安全全面改善，林特产业布局更加优化，林农收入显著增加。在特色果树、茶叶、花卉种苗、竹子、林业生态工程、森林重大灾害控制等6大领域突破一批重大共性、关键技术，自主育成20个林特优良品种，建成20个林业新品种引种基地、5个以林特产业为主的现代农业综合区、27个林业主导产业示范区和33个特色林业精品园，期末林业总产值达到200亿以上，科技对林业发展的贡献率达到65%以上。

3. 重点工作

(1)进一步加强林业先进适用技术研究，不断提升林业科技自主创新能力。紧紧围绕森林生态建设和林特产业转型升级急需的共性、关键技术，在森林资源保护与科学利用、林特产品精深加工与增值利用、林产品质量与安全、碳汇林业、林木种质资源收集保存与创新等重点领域加大科技攻关力度，取得一批具有核心竞争力的自主技术成果。

(2)进一步完善设施水平，加快发展现代林业。加强信息技术、现代农业机械、现代园艺设施等技术、设施在现代林业发展应用中的研究与推广，不断提高研究与生产应用手段，力求在智慧林业、设施林业发展上取得重大突破。

(3)进一步集聚科技发展要素，强化林业科技的示范和先导作用。以现代林业产业园区发展工程为依托，进一步集聚科技发展要素，致力打造一批技术一流、设施先进、人才集聚、创新能力强、示范带头作用明显的现代林特产业综合区、示范区和特色林业精品园，为宁波市现代林特业的发展搭建一批技术创新、示范和成果转化平台，加速推进现代林业产业的转型升级。

(4)强化林业科技服务与推广体系建设，促进林业科技成果转化应用。根据新时期宁波市林业发展对创新和服务型人才的需要，高度重视林业科技人才队伍建设，建立全市林业科技创新与服务人才高地，进一步完善县(市、区)、镇(乡)各级基层林业科技推广体系建设。大力加强林业科技成果转化和实用技术推广，筛选一批技术成熟、适用面广、见效快、效益好的科技成果和实用技术，通过组装配套和优势集成加以重点推广，最大限度地将林业科学技术转化为现实生产力。

(5)大力推进林业科技体制改革和机制创新，为宁波市林业科技发展注入新的活力。一要深化创新机制，正确处理好自主创新与引进消化吸收的关系。既要强调自主创新，不断增强自主创新能力，同时要广泛开展与国内外各类高校、科研院所的合作和交流，高瞻远瞩地引进一批先进适用技术成果，通过消化吸收为我所用。二要深化投入机制，正确处理好政府投入和社会投入的关系。林业科技项目为社会公益性项目，在坚持政府投入为主的前提下，要广泛吸引各种社会力量参与林业科技工作。三要深化人才机制，正确处理好创新型人才培养和实用型人才培养的关系。既要重视创新型人才的培养，造就一支思维活跃、视野开阔、创新能力强的创新型科技领军团队，也要重视技术推广人才、新型农民、农民技师等实用型技术人才的培养。四要深化激励机制，进一步完善成果奖励、收入分配等配套政策措施。对引进的高层次林业科技人才，要切实按照相关政策落实待遇。在技术成果分配上，要允许科技人员在其创新与推广成果所得中提取一定比例的利益，不断提高科技人员待遇和创新服务的积极性。在成果奖励和职称评审与聘用等方面，一定要坚持公平、公正、公开的原则，以最大限度地调动林业科技人员投身科技创新与成果推广的积极性。

第三章

温 州 市

温州市深入贯彻党的十七大会议和中央林业工作会议精神，落实省委、省政府《关于加快林业改革发展 全面推进“森林浙江”建设的意见》，强化科技对温州市现代林业发展和社会主义新农村建设的支撑作用，根据现代林业发展的需求，拓宽林业科研领域，先后投入2 000余万元，实施县级以上各类林业科技与推广项目350多项，在森林生态防护体系构建、林木种质资源培育、竹木制品加工等领域关键技术创新方面取得了重大突破，获得梁希林业科学技术奖二等奖；浙江省亚热带作物研究所和温州市林业局等单位共同合作完成的“浙南生态公益林建设关键技术研究与示范”和“浙南沿海防护林树种选择、繁育关键技术研究及应用示范”等项目获得浙江省科技进步三等奖。

一、“十一五”林业科技发展成就

1. 科学技术研究力度加大

“十一五”期间，温州市根据现代林业发展的需求，及时调整林业科研方向，拓宽林业科研领域，先后投入2 000余万元，实施县级以上各类林业科技与推广项目350多项，在森林生态防护体系构建、林木种质资源培育、竹木制品加工等领域关键技术创新方面取得了重大突破，瑞安、苍南县(市)林业局与浙江林学院合作完成的《绿竹良种繁育及高效经营技术研究》，获得梁希林业科学技术奖二等奖；浙江省亚热带作物研究所和温州市林业局等单位共同合作完成的“浙南生态公益林建设关键技术研究与示范”和“浙南沿海防护林树种选择、繁育关键技术研究及应用示范”等项目获得浙江省科技进步三等奖；全市共有200多名科技人员参加相关专业的学术研讨，交流论文100多篇，多篇论文获优秀论文奖。

2. 科技下乡活动成效明显

温州市十分重视林业适用新技术的推广工作，以提高林业建设中的科技含量。近年来，侧重开展了马蹄笋、油茶、猕猴桃、板栗、红柿、杨梅等良种和无性繁育，容器育苗、速生丰产栽培、病虫害综合防治等 10 多项适用新技术的推广普及工作，5 年共组织送科技下乡 703 次，组织专家 1 047 人次，送科技入户 14 071 户次，举办专题讲座 445 次，参加人数 31 407 人次，达到一定学时的规范化培训林农 42 589 人，组织广播电视及网络媒体讲座 72 次，印发资料 22.55 万份，累计培育省级林业科技示范户 447 户，示范面积 21.15 万亩，经济效益 4.73 亿元，取得明显的社会和生态效益。

3.“林业科技周”连续开展

“十一五”期间，连续举办了不同主题、形式多样、内容丰富、成效明显的五届“温州市林业科技周”活动。2006 年、2007 年分别以“建富裕新村，送科技下乡”和“创新创业、兴林富民”为主题。2008 年第五届温州林业科技周活动在文成县全面启动，邀请中国林业科学研究院亚热带林业研究所、浙江省亚热带作物研究所等 20 名专家深入石垟林场千亩厚朴基地和上洋乡毛竹林基地进行零距离、手把手指导；在苍南县举办“马蹄笋高效栽培技术培训暨示范基地现场观摩会”，全市马蹄笋种植大户、马蹄笋专业合作社负责人共 100 多人参加培训和现场观摩；科技周活动期间，全市各地共举办各类培训班 8 期，受训 1 400 人次，分发各种技术资料 1 万多份。2009 年，温州第六届林业科技周活动期间，向 11 个县（市、区）发放《兴林富民实用技术丛书》500 多册，省、市、县三级联动，以“科技服务林改”为主题，为全市花卉苗木龙头企业负责人作花卉（苗木）产业发展培训辅导。2010 年第七届林业科技周活动期间，邀请国家林业局、中国林业科学研究院等专家为全市林业技术骨干作“平原绿化树种选择和营造技术”、“桉树引种技术和浙江适宜引种桉树树种”、“桉树丰产栽培与轻基质环保育苗技术”等方面的培训。

4. 林技推广队伍水平提高

为提高林业科技水平，多次组织科技人员赴北京、广东、上海、大连、南京等地实地考察学习。通过对外交流，学到了经验，拓宽了思路，开阔了眼界，更新了知识。市县级举办大小培训班 445 多次，受训人员 30 000 多人次，全市林业职工的科技水平与文化教育素质有了明显提高，全市有 7 人获得浙江省人民政府授予的“浙江省农业科技成果转化推广奖”。全市林技推广网络进一步健全完善，全市有首席林技推广专家 34 人、林技指导员 109 人、责任林技员 511 人，在林业技术推广工作中发挥了较好的作用。林学会重新恢复，广泛联系林业科技人员，发挥着纽带与桥梁作用，为科技兴林作出了贡献。

5. 科技帮护对接扎实有效

温州市充分发挥各级林业科技推广机构的作用，积极推广科技特派员制度、林业技术骨干与各乡镇村协作制度等新型的科技成果转化的有效形式。2009～2010年全市累计超过165位林业工程师职称以上的专家挂钩到223个高效生态林业基地，与龙头企业、重点基地、专业大户结对帮扶、开展技术咨询服务、专家联基地大户等活动。并明确任务，落实责任，为兴林富民提供科技服务，大力推广林业先进实用技术和林业生产经营标准，2年来共实施省、市、县三级林业标准化推广示范项目和中央财政项目等30多项，争取各级财政的科技兴林扶持资金500多万元，林业技术骨干下派担任乡镇科技特派员，推广实施林业新技术。如文成县18名林技人员挂钩结对18户林业科技示范户；洞头县连续多年做好绿化示范村和森林城镇科技服务挂钩结对，指导村庄花卉树木栽植及日常养护管理等工作，努力提高村庄绿化建设质量和档次；苍南县进一步完善科技干部联村制度，每年委派科技特派员入驻乡镇进行科技帮扶工作，扶持发展乡镇油茶、马蹄笋、毛竹、杨梅、黄栀、冬枣、中药材等主导产业。

6. 林产品质量监管高度重视

温州市高度重视林产品质量安全监管，召开专题会议进行部署，切实加强食用林产品安全监测和管理。“十一五”期间全市有50个、24.985万亩林业基地被认定为浙江省森林食品基地。林业标准化工作取得新进展，新制定省级地方标准1项、市级地方标准3项。狠抓产品质量安全，着重提高林产品知名度。全市建成50多个省、市、县三级标准化推广示范项目基地。近3年来，全市有15个林产品入选温州名牌产品，2010年有4个林产品入选浙江省名牌产品，分别为浙江利众竹木有限公司的“利众”牌竹筷，乌岩岭猕猴桃专业合作社的“乌岩岭”牌猕猴桃鲜果，浙江泰星儿童玩具有限公司“小木郎”牌儿童家具套装，温州士福梅花鹿养殖有限公司的“君福全顺”牌梅花鹿茸。积极培育省级林业科技挂钩示范户，发展绿色有机食品，大力推广林业先进实用技术和林业生产经营标准，不断提高林产品质量安全。

7. 科技帮护救灾行动迅速

近年来，温州市遭受了特大雨雪冰冻灾害性天气或台风灾害天气影响，特别在2008年初的特大雨雪冰冻灾害，由于灾害持续时间长，影响范围广，危害程度深，全市林业直接经济损失高达6.18亿元。针对灾情，全市林业系统干部职工振奋精神，积极应对，迅速研究部署抗冻御寒和灾后恢复重建工作，深入实施“百项技术百名干部进百乡”灾后恢复重建行动，即将100项林业生产灾后恢复重建技术，组织全市100名林业专家、技术骨干和林技人员，深入100个重点受灾乡(林场)和基层一线，开展指导帮助，通过技术、干部、资金、政策、信息五进乡村，帮助开展灾后恢复重建，防止各类次生灾害的发生。全市各地也积极开展，文成县组织32名林业技术骨干和技术人员，深入到全县26个受灾乡镇143个村、国有场圃举办培训班，开展技术指导，指导灾后重建，累计举办培训班31场，培训人数1 500多人。永嘉县林业局制订实施《林业抗灾重建实施方案》，科技人员到受灾林区，指导林农种新树、救护老树并及时清除受冻枯死木和预防森林病虫害。据统计，全市共组织林业技术人员下乡累计483人次，累计天数814天，联系乡镇累计163个，联系村累计919个，联系农户数累计7 932个，解决问题累计1 123个。

8. 林业碳汇研究全国领先

2008年11月28日，温州市在全国地级市中，第一个成立了中国绿色碳汇基金温州专项。该专项基金运行以来，已获得政府、广大企业、社会团体和市民群众的大力捐助，筹集款项达8 000多万元，在温州市苍南、瑞安、文成、瓯海等县(市、区)落实碳汇造林和森林经营增汇项目。由于碳汇造林项目不同于普通的植树造林，有着严格的一整套方法学要求，科技含量高。温州市特别重视林业碳汇科技工作，加强学术交流，强化林业碳汇科技支撑。多次派出技术人员参加了在北京、大连等地由国家部委局举办的林业碳汇和低碳经济培训，学习林业碳汇相关政策、管理模式、碳汇交易市场规则，林业碳汇项目管理与实施的相关规则及程序，碳汇生产、计量、评估和监测的有关方法和技术等。2009年11月，温州市与浙江省林学会等单位联合举办"森林碳汇高级研讨会"，邀请国内外专家就"政府对森林碳汇管理"、"林业应对气候变化与国际碳贸易"、"森林碳汇交易平台构建及运行机制、碳汇核算评价机制、公益林与森林碳汇、森林减排增汇技术"等方面进行交流，与会专家学者为温州碳汇事业发展提出了相关建议和对策。先后与浙江农林大学、浙江林业科学研究院、中国林业科学研究院等单位合作开展碳汇造林项目的碳汇计量与长期监测，提高计量精度。与有关高等院校、科研机构合作，开展碳汇造林树种选择配置、营造技术、增汇调控技术，探索完善森林碳汇计量、监测和评估的方法学体系等方面的课题研究。

虽然，温州市林业科技发展取得了较大成绩，但仍与先进地区存在差距。目前尚无市级专门林业科研机构，科技创新能力不强，优秀科技人才缺乏；林业科技投入不足，各级财政和林业机构预算中科研和技术推广的投入支出普遍偏少。

二、"十二五"林业科技发展思路

1. 总体目标

以应用技术开发为核心，以前沿技术研究为引导，以基础理论创新为基础，以条件平台建设为保障，到2015年，在林业碳汇、新品种引选、森林经营、生物资源综合利用及生态防护等研究领域取得重大突破，建设一支高层次、高水平的科技队伍，完善科技推广、标准和质量监控体系，建成一批具有省内领先或先进水平的科技创新与服务平台，显著提高温州市林业科技创新能力和发展水平，科技贡献率达62%，成果转化率达65%，为推进"森林温州"建设提供强大的科技支撑。

2. 重点项目

(1)林业碳汇研究。抓住中国碳汇研究院落户温州的有利条件，在温州市打造一个国家级培养碳汇林业人才基地和碳汇林业科技示范、开展对外国际合作交流、探索碳汇市场交易机制的重要平台。先行开展碳排放权交易试点和相关研究，重点开展碳汇林业应用基础研究、战略高技术研究、社会重大公益型碳汇研究、技术开发和软科学研究，着重解决全国碳汇林业发展和生态建设中带有全局性、综合性、关键性和基础性的重大科技问题。

(2)林木种苗研究。①引进推广速生工业原料林树种的优良种源、优良无性系、优良家系和珍贵树种优良种源；选育马蹄笋、油茶、猕猴桃等具有地方特色的经济林(竹林)抗性、丰产、优质优良品种、板栗加工专用品种和适宜温州市沿海、平原种植的，具有抗风、抗盐、抗湿、深根的并有一定经济效益的乔木树种。②加大容器育苗、全光照喷雾扦插育苗、ABT生根粉、组培育苗、工厂化育苗、脱毒育苗等苗木繁育技术推广力度；开展主要经济林、竹林良种无性繁殖技术和珍稀树种、森林蔬菜、野生花卉人工驯化繁殖和培育技术的研究。③利用引进、选育的优良品种和先进的繁育技术，建立林木良种容器育苗基地，加快林业良种化和种苗产业化进程。

(3)商品林培育技术研究。①进一步推广油茶、绿竹、板栗、柿子、猕猴桃、杨梅等高效丰产栽培技术和劣质品种经济林的高接换种技术。在用材林方面重点推广桉树、杉木、泡洞、国外松等各种用途工业原料林定向丰产配套培育技术。竹林重点推广毛竹低改、毛竹笋材两用林、一竹三笋和毛竹覆盖等丰产培育技术、雷竹笋用林早出高效培育技术，完善马蹄笋早出丰产高效配套培育技术，推广竹笋专用肥。②大力引进推广生物肥料、生物农药、生物固氮等技术，促进森林无公害食品、绿色食品、有机食品基地开发。

(4)森林资源开发利用和林副产品加工技术研究。①加强质量标准化和林产品优质化研究。组织制修订竹笋、杨梅、油茶、猕猴桃、板栗、四季柚、野生蔬菜等无公害林产品质量标准以及与质量标准相配套的标准化生产技术规范。②研究推广蛇类、鸟类、兽类、昆虫类等特种野生动物的驯养繁殖和加工利用技术。③森林景观资源开发利用方面，重点研究全市森林公园旅游资源的景观特色、市场定位、市场容量和开发途径。④竹木制品加工方面，重点发展人造板新板种、新型建材、装饰用材、包装用材、家具制造用材等，开发节省原料消耗和无污染生产工艺、利用小径材枝桠材和木材加工剩余物的人造板工艺，引进利用丛生竹竹材加工人造板的生产工艺技术。⑤研究推广猕猴桃、马蹄笋、毛竹、油茶等经济林、竹笋产品的深加工系列产品开发及保鲜贮运技术，重点突破马蹄笋、柿子、猕猴桃等鲜笋、鲜果保鲜储运技术。

(5)林业生态工程经营技术研究。①抓好生态公益林林分改造和扩面提质调控技术研究。②以景观生态学原理为基础，研究风景区风景林、通道景观绿化、城镇绿地系统建设的树种配置、林分结构和种植技术。③封山育林技术重点研究天然次生林人工促进生态恢复技术和低郁闭度林分封育补播补植技术。④迹地更新重点研究不同立地条件、植被类型的火烧迹地、采伐迹地的人工造林更新、人工促进天然更新的方法途径，研究山区公路边坡、较大面积采石场、取土场植被恢复技术。

(6)森林资源管理和保护技术研究。①加大其他无公害农药的应用比例，继续应用白僵菌防治松毛虫、柳杉毛虫，走以生物防治为主可持续控灾的综合防治。②开展主要名特优经济林树种和主要造林树种的主要病虫害防治技术研究；应用引诱剂诱杀松材线虫病传播媒介——松褐天牛；研究对策，有效地防止了松材线虫等危险病虫害的传播扩散。③开展温州区域内野生动植物资源的调查研究，对重要珍稀和濒危物种的保护生物学、生态学、环境适应能力、就地、迁地保护技术，人工繁殖技术进行研究。④开展自然保护区、天然林遗传种质资源保护和古树名木保护的技术研究。

第四章

嘉兴市

“十一五”期间，嘉兴市的林业科技工作在市委、市政府的正确领导和省林业厅的关心指导下，依靠全市科技人员和广大干部群众的共同努力，围绕建设“水乡绿城、生态嘉兴”目标，创新机制，加大投入，强化管理，把科技兴林作为加快嘉兴市林业发展的一个重要举措，坚持把科技进步和创新作为林业发展和生态建设的首要推动力量，林业科技各项工作取得了较大进展。

一、“十一五”林业科技发展成就

1. 科技项目建设成果较为突出

“十一五”期间，嘉兴市各级林业部门共取得科技成果奖项 13 项，其中省林业厅、省林学会授予的科技兴林奖 7 项，省林业厅授予的兴林富民奖 2 项，嘉兴市人民政府授予的科技进步奖及农业丰收奖分别为 3 项、5 项；“十一五”期间省级以上重大科技项目共 6 项。获奖项目内容涉及苗木繁育、花卉栽培、果树改良、病虫防治等。嘉兴市林业工作站与嘉兴市农科院等有关单位合作，开展了浙江省科技厅科研项目——《杨树危险性有害生物的监测与治理》，掌握了杨树的有害生物种类和主要病虫害的发生规律，总结出了一套以无公害防治为主的综合防治技术，从 2006 年起在全市得到了推广和应用。桐乡市林业工作站主持实施的《绿色通道建设示范与推广》，为全市通道绿化建设树立了典型。海盐黄沙坞柑橘是嘉兴市重要经济林果，2010 年产量达 14 465 吨，通过《柑橘标准化栽培技术推广》项目研究，柑橘质量得到进一步提高，为打响“黄沙坞”品牌做出了积极贡献。

2. 兴林富民能力显著提升

“典型示范，辐射带动，全面推进”是林业科技成果推广和标准实施的基本经验，也是提高科技显示度的有效途径。根据嘉兴市区域经济发展的特点和林业产业的布局，开展科技示范行动，引导农民走科学致富的道路。目前全市花卉苗木面积达到 10.98 万亩，水果经济林面积达到 12.4 万亩。已形成了南湖区水蜜桃、嘉善县黄桃、海盐县柑橘，秀洲区、海宁市、桐乡市花卉苗木等重要林业产业。在“十五”发展基础上，经过“十一五”的深化发展布局更加合理，市场的导向性也更强，示范区的辐射效应和范围也进一步加大，群众也从中获得更大的收益。据统计，全市在“十一五”期间被命名为省级兴林富民示范镇共有14个、示范村57个。2010年兴林富民镇、村人均林业收入占农业收入的比重达到54.12%，林农人均林业收入五年增长67.16%，林业成为当地农民重要的经济增长点。

3. 科技下乡服务继续深入

组织林业科技人员深入生产第一线，开展多种形式的科技下乡行动，是提高林农素质、推广适用新技术、帮助林农脱贫致富奔小康的最有效手段。通过科技下乡的形式，有力地推进各项林业使用技术的推广和应用。“十一五”期间，全市共开展送科技下乡活动256次，组织专家301人次；举办专题讲座263次，培训林农28 455人次，印发资料110 740份。嘉兴市农经局制定了《百名高级专家千名农技人员服务进乡村实施方案》，并成立了以局领导为组长的行动领导小组，相关的高级工程师还与苗木大户签订了林技专家结对服务协议书，建立长期服务关系。积极响应省林业科技周活动安排，每年都开展相应的林业科技周嘉兴分会场活动。嘉善县开展“百姓课堂”教育活动，通过农经局与科技局、科协等部门组织有关人员组成农村实用技术和科普知识讲师团，培养造就了一批懂技术、善经营、会管理的适应新农村建设需要的新型农民。

4. 标准化推广力度明显加大

为提高生产管理水平，提高产品质量，做大做强嘉兴市林业产业，进一步加大林业标准化推广力度，促进林业增效、林农增收。根据省质监局、省林业厅有关文件精神，“十一五”期间嘉兴市实施了浙江省农业标准化推广示范项目4项（嘉兴市优良花卉标准化推广示范、嘉兴市苗木标准化栽培推广示范、嘉兴市蜜梨标准化推广示范、浙江省海宁市苗木标准化栽培推广示范），通过建立项目实施指导小组，制订实施方案，组织标准化培训，建立标准化推广模式等工作，分别通过了省林业、质监、发改等单位联合组织的评估验收。通过实施，共建立标准化示范区800亩，示范带动农户444户，辐射面积18 570亩，带动增收2 784万元。

5. 珍贵树种下乡行动积极推进

为贯彻落实中央和全省林业工作会议精神，积极推进嘉兴市林木良种（珍贵树种）下乡行动，各级林业部门加强技术培训和指导，强化种苗质量监管。嘉兴市林业局制定了《林木良种（珍贵树种）行动实施方案》，结合嘉兴地区平原水乡的实际情况，将编制发展规划、建设示范基地、营造示范样板、培训指导林农作为主要工作内容，分年度明确了各阶段的进程安排。各县（市、区）也积极行动起来，结合春季造林，积极应用林木良种（珍贵树种），使全市的林木良种（珍贵树种）使用率进一步提高。全市共推广林木良种（珍贵树种）主要包括香樟、银杏、榉树、浙江楠等19种，开展培训10期，培训人员达562人次，媒体宣传24次，总结典型8个，共培育示范户80户。

6. 市场知名度进一步扩大

“十一五”期间，嘉兴市着力拓展林业产业市场，产业知名度进一步扩大。目前，全市有各类林业产业合作社38家，注册了商标、品牌26个，占全部合作社的68.4%。“石湾三杉”苗木、“黄沙坞”柑橘、“海昌”蜜梨、“康艺”鲜切花等已成为嘉兴市重要林业产业著名商标，形成了秀洲“梅花节”、海宁“梨花节”、嘉善“黄桃节”等一批知名的产业文化活动品牌，在社会上形成了良好反响。南湖区为做大做强水蜜桃产业，团区委联合区教文体局、凤桥镇政府主办了“桃花仙子”评选活动，通过活动，为桃花节添上了一道别样的风景，也为宣传南湖区水蜜桃品牌起到了较好的推动作用。同时，嘉兴市还积极采取政府搭台、企业唱戏的方式，组织各地参加中国义乌（国际）森林产品博览会、浙江省农展会等，通过展示、展销，提高了产业市场影响力。

二、“十二五”林业科技发展思路

林业是生态文明建设的主体，在应对气候变化、维护生态安全、促进农村经济社会发展等方面，林业肩负着重大的历史使命。“十二五”期间，林业建设、保护、改革发展任务更加艰巨繁重。加强科技支撑，为林业发展夯实基础，通过各种形式，千方百计地加大林业宣传力度，提高全社会生态意识和生态责任，努力营造林业改革发展的良好氛围。

1. 指导思想

以邓小平理论和“三个代表”重要思想为指导，全面落实科学发展观，紧紧围绕全面建设小康社会的奋斗目标和相持阶段林业发展对科技的迫切要求，坚持把科技进步和创新作为林业发展和生态建设的首要推动力量，加快建设林业科技创新体系，全面提升林业科技整体水平，推动科技兴林、科技富林、科技强林，为推动嘉兴市林业持续快速协调健康发展提供强大的科技支撑，为建设“水乡绿城、生态嘉兴”做出新贡献。

2. 基本思路

围绕一个目标，实现两大任务，强化三项保障，推进四项科技兴林活动。

一个目标：为嘉兴市林业发展和生态建设提供强大的科技支撑。

两大任务：一是围绕生态建设重点工程和花卉苗木产业，组装配套科学实用技术；二是健全林业科技推广体系，推进林业技术成果转化和推广，加快林业科学技术普及。

三项保障：林业科技推广投入保障、林业科技推广人才保障、林业科技推广体系保障。

四项行动：科技人员素质提升；科技示范户建设；技术下乡进村入户；林业先进实用技术培训。

3. 工作重点

(1)沿海防护林体系建设。建立科学的沿海防护林营造技术和造林模式，优化树种结构，阔叶林和针阔混交林的面积比重达到40%以上。林分生态功能明显提高，平均郁闭度达到0.5以上。从而进一步推进沿海防护林体系建设，提高沿海地区抗灾减灾能力，保护生态安全。

(2)珍贵树种、乡土树种推广。进一步加强珍贵树种、乡土树种示范推广研究，遵循适地适树原则，扩大珍贵树种、乡土树种在绿化造林上的应用面。市、县(市、区)各营建一片珍贵树种示范基地，基地面积达到100亩以上，为珍贵树种的推广培育优质壮苗。全市建设珍贵树种特色示范村10个，珍贵树种示范防护林带10条。

(3)现代林业园区建设。按照“示范规模化、设施现代化、生产标准化、经营产业化、环境生态化、效益最优化”的要求，以花卉种苗业和水果经济林为重点，加快林业先进技术和实用技术在现代农业综合园区、现代林业主导示范区、现代林业精品园建设中的推广和应用。

(4)林业有害生物防控。重点开展主要林木病虫害发生规律及综合防治技术研究，筛选推广抗病虫品种，充分发挥海盐国家级中心测报点的优势，加强对灾害发生的中、长期预测预报，提高预报可靠性，建立1～2个病虫害综合防治示范区。

(5)林业产业发展壮大。做强林业龙头企业，培育优势林产品，以创“名、特、优”产品为中心，加快科技创新，提高质量，增强品牌意识，将现有“凤桥水蜜桃”、“锦绣黄桃”等品牌做大、做优、做响。

4. 保障措施

(1)加强组织领导。要深刻领会“科学技术是第一生产力”，加大宣传推广力度，使林业科技深入人心；加强组织领导，成立林业科技推广领导小组，把加强林业科技工作作为全面提高林业生产技术水平的一项战略性工作来抓，强化林技推广工作。

(2)提高队伍素质。要加强林技队伍建设和科技人员自身素质提高，采取多种形式和办法，全面提高林业科技人员的专业技能，充分调动他们的积极性、创造性，做到人尽其才、才尽其用、多出成果、多出效益。

(3)加大科研攻关。引导和鼓励全社会增加对林业科技的投入，建立多渠道、多层次、多形式的科技推广投入体制。加强与高等院校、科研机构的合作力度，形成和健全由林业科技推广机构与科研教学系统的密切联系、优势互补的林业科技服务体系。

(4)强化信息宣传。健全市、县、乡三级林业科技推广组织，构筑专业、快速、有效的推广平台；广泛采用电视、广播、报纸等媒体宣传林业科技信息，充分利用嘉兴市林业局“农民信箱”、“农业信息网”、“嘉兴现代农业”等平台，宣传、发布林业科技信息，畅通信息渠道。

第五章

湖 州 市

“十一五”期间，湖州市林业科技工作在省林业厅及有关科研院所的帮助指导下，以“三个代表”重要思想和党的十七大、中央林业工作精神为指导，认真落实科学发展观，围绕建设和谐社会的总目标，以湖州国家现代林业示范市建设和创建湖州国家森林城市为契机，以效益林业为突破口，深入贯彻各级农村工作会议、农业科技工作会议精神，深化开展“科教兴市”活动，走科技兴林之路，积极推广先进适用技术，发展效益林业，加快了标准化生产体系建设步伐，为林业增效、林农增收提供了强有力的技术支撑，取得了较好的经济、社会和生态效益。

安吉县率先开展国际森林认证，成立了竹产业联盟，并被国家林业局授予林业科技示范县称号；德清德华集团第一次主持了科技部“863”计划项目，成为全国38个科技联盟中唯一的林业创业联盟；1人获得全国优秀工程咨询成果三等奖；2人获得省委、省政府抗击冰冻雪灾先进个人奖，1人获得浙江省农业科技先进工作者奖，2人获得省政府省农业科技成果转化推广先进个人，1人获得国家林业局林业优秀工程咨询成果二等奖；2人获得湖州市突出人才贡献奖；1人获得省林业厅毛竹覆盖技术应用突出贡献奖；市林业局连续3次被湖州市委、市政府评为科技特派员工作先进单位，5人获得湖州市优秀科技特派员称号。2010年全市林业产值达到267亿元，比2005年净增124.53亿元。

一、“十一五”林业科技发展成就

2006年以来，在全市林业科技工作者的共同努力下，以建立比较完备的林业生态体系和比较发达的林业产业体系为抓手，开拓进取，勇于创新，组织申报并实施了省、市、县(区)科技、市校合作、科技特派员及农技推广等项目61个，建立科技示范园区，带动农户12万余户，为促进山区农民致富奔小康做出了积极贡献。特别是在生态竹林经营、毛竹覆盖高效可持续经营技术及竹制品精深加工、全竹利用等方面取得明显成效。

1. 认真开展应用研究

围绕生态和湖州国家现代化林业示范市建设，市、县(区)林业部门的广大科技工作者，积极创造条件，采取“外引内联”、“引智借技”等办法，加大应用技术的研究力度。在研项目18个，涉及经济林生态修复、生态公益林生态效益评价、速生用材树种培育、彩叶乔木树种引种快繁技术、梅花大树快繁速成技术、毛竹低产林改造、毛竹笋用林覆盖技术、青梅病虫害防治、绿化苗木病虫害防治等。同时，湖州以国家现代林业示范市建设为切入点，围绕湖州社会主义新农村实验示范区建设，加强市校(院)合作，与浙江省林业科学研究院、浙江农林大学开展了多层次、全方位的合作与交流。湖州市林科所与浙江省林业科学研究院完成市校合作项目4项，市科技特派员项目16项，市农技推广项目9项。

2. 扎实推进园区建设

紧紧围绕“转型升级、改革创新、统筹协调、好中求快”的总体要求，以规模化、组织化、科技化、市场化和生态化为发展目标，强化林业基础和装备设施建设，进一步优化产业结构，推广先进适用技术，创新经营管理机制，集中力量建设一批规划布局合理、生产要素集聚、科技和设施装备先进、经营机制完善、经济效益和示范带动效应明显的现代林业示范园区。德清莫干山、长兴泗安、安吉天荒坪3个现代林业综合园区已经省政府批准实施，3个综合区计划总投资68 088.2万元。组织指导各县(区)开展林业主导产业示范区和林业特色精品园建设方案的编制和申报，全市共申报林业主导产业示范区11个、林业特色精品园22个，规划建设面积134 687亩，计划总投资31 731万元，经省现代农业园区建设协调小组办公室评定，10个林业主导产业示范区、11个特色林业精品园分别列入省级林业主导产业示范区和省级特色林业精品园创建点。安吉县制定下发了《关于下达2010年度林业科技示范园区工程建设计划的通知》，下达了8个乡镇9个林业现代科技园区建设项目，总面积47 000亩，总投资超过1 200万元。长兴县泗安现代农业综合区已累计投入各项资金4 694万元。德清县莫干山现代农业综合区亿丰花卉中国红玫瑰项目已完成种植面积300亩。吴兴区重点建设一个毛竹主导产业示范区和4个精品园区，投入100余万元分别在埭溪镇联山村和妙西镇关山村毛竹示范小区核心区建造的蓄水池、输水管道等基础设施已建设完成，示范区水泥道路及示范小区设施灌溉区建设稳步推进。

3. 积极推广先进技术

据不完全统计，2006年以来，全市申报推广、应用课题61项，推广应用新技术10项，新品种36个，产生效益达30亿元，林农增收达5亿元，有12个课题获得各级奖励。一是林业推广体系建设更加完善。根据省、市有关文件精神，建立了湖州市农业技术推广中心林业分中心，并成立了竹子、经济林、有害生物防控、林业生态(森林资产评估)、林业标准化(花卉苗木)等5个专家组，各县区责任林技推广制度建设基本完成，全市62个乡镇已有48个落实了乡镇责任林技员，共聘任首席林技推广专家10人，其中市本级聘任首席专家5人。聘任林技指导员34人，聘任乡镇责任林技员89人。长兴县以兴林富民示范工程为契机，设立林业工作站18个，共有林业科技人员74名，积极实施林业科技“一、百、千、万”工程，举办《毛竹笋用林丰产高效培育技术》等各类实用技术培训班。二是毛竹覆盖可持续经营技术推广应用，创造了亩年产值3.2万元的历史新高，得到省林业厅领导的高度关注。2009年在长兴、安吉县和吴兴区开展试验性推广，共有25个重点示范户，覆盖面积56.6亩，平均亩产值达到10 999.1元，最高亩产值达2万元。该技术应用的杰出代表，吴兴区埭溪镇山背村村民、湖州市农民专家孙士明受到省林业厅的通报表彰，获得一次性奖励10万元。2010年11月，全省毛竹覆盖“双百万”行动现场会在吴兴区召开。

4. 群策群力搞好服务

坚持走效益林业发展之路，认真开展科技下乡和服务工作，全市每年有110名科技人员与138位农民结对，有重点、有针对性地开展帮扶活动，把技术送到农民家中和田间地头。据不完全统计，5年中科技下乡达千余人(次)，进户近2万人(次)，送科技资料达5万份。同时，省、市、县(区)上下联动，省林业厅在安吉县成功举办了第六届林业科技周启动仪式，开展送“容器苗栽培技术”、“大规格绿化苗木造型”、“杨梅丰产技术”、“绿化苗木病虫害防治”、“毛竹笋用林丰产技术”、“毛竹笋用林覆盖技术”、“香榧栽培管理技术”、“经济林生态修复技术”、“果树培育技术”等方面的培训班，共举办各种培训和科技下乡共83期，培训人员15 200余人次。一是兴林富民，结对帮扶，服务到家。认真开展“三个年”、“两争创”活动，广泛开展为百家企业、百名科技示范户的“双百联系服务活动”，由局领导分工负责，对口包干，开展走访服务，为企业发展和科技示范户排忧解难。按照省林业厅科技人员与示范户结对的有关精神，组织各单位落实技术人员实施走村入户，进行面对面、一对一的科技服务活动。长兴县结合“泗安现代林业园区建设”、“全县星级绿色村庄创建”等系列创建活动，到相关乡镇、村庄、企业进行技术指导。二是组织严密，形式多样，工作有序。结合省林业科技周活动，组织有关专家和县(区)，认真开展科技支撑平原绿化座谈会，为加速湖州平原绿化建言献策。三是科技引领，典型示范，辐射带动。2010年湖州市政府表彰了10位突出贡献人才，林业系统有湖州林科所所长、教授级高工、竹子专家朱志建，长兴东方梅园董事长、梅花产业领头雁吴晓虹两人摘得殊荣，每人获奖10万元；吴兴区山背村村民、湖州市农民专家、毛竹覆盖技术应用突出代表孙士明获省林业厅奖励10万元。

5. 竹木加工长足发展

从传统林业到林业现代化，高新技术支撑是一道新的瓶颈。这几年，本着用工业理念经营林业的可持续发展的理念，在省林业科学研究院、浙江农林大学、南京林业大学等科研院所的大力支持下，运用高新技术深层次开发、研究林产品加工取得进展，技术含量高、市场竞争力强、发展前景看好。我国首个竹产业知识产权联盟——南林竹产业知识产权联盟在安吉成立。这个联盟由南京林业大学竹材加工研究中心等32家国内竹产业领军企事业单位组成，将集体维护我国竹产业产品有效知识产权合法利益，抵制国外的侵权行为，并提升竹产业的整体竞争力。湖州久盛地板有限公司成立了院士专家工作站。院士专家工作站主要负责为公司制定发展战略提供技术咨询和决策指导；围绕公司急需解决的重大关键技术难题及行业共性问题，开展联合攻关；引进院士专家及创新团队的技术成果，在公司实施成果转化和产业化，培育自主知识产权和自主品牌；与院士专家共建人才培养基地，培养企业创新人才。

6. 行业标准趋于完善

为进一步提高林产品品质和市场竞争能力，稳步推进林业标准化建设。为提高林产品质量，县(区)林业局在这几年中，以市场为导向，加强了森林食品安全监管和各类林业标准建设，相继制定了青梅、早园笋等标准，德清县制定了《有机早园笋》标准，长兴县制定了《无公害青梅》系列标准，长兴县梅源食品有限公司制定了《话梅》、《脆梅》行业标准。注重品种改良和新品种引进，更加注重产品质量和标准化、品牌化建设，科技示范户为新技术的推广和应用起到了积极的带动作用，也为农民增收和新农村建设做出了一定贡献。

7. 森林食品有序推进

经浙江森林食品认定委员会认定，并经省林业厅审定，湖州市有10个基地被认定为2010年度浙江省森林食品基地，基地总面积为58 723亩，其中复认基地4个，面积27 300亩；新认定基地6个，面积31 423亩。开展2010年省级农业标准化推广示范项目现场考评工作，由吴兴区笋竹协会承担的《吴兴区无公害毛竹笋标准化推广实施示范》和德清县林业技术推广站承担的《早园笋标准化栽培推广示范》项目，顺利通过现场考评。开展省级农业标准化推广示范项目现场考评工作，由吴兴区笋竹协会承担的《吴兴区无公害毛竹笋标准化推广实施示范》和德清县林业技术推广站承担的《早园笋标准化栽培推广示范》项目，顺利通过现场考评。

二、“十二五”林业科技发展思路与举措

1. 工作思路

认真贯彻落实党的十七届五中全会精神，以科学发展观为统领，按照“森林浙江”建设的总体要求和“建设国家级湖州现代林业示范市”的奋斗目标，积极开展科技兴林活动，提高为基层服务的水平，着力创新，扎实研究，强化科技支撑，努力为促进全市林业经济又好又快发展做出新贡献。

2. 发展举措

一是在加快建设“生态湖州”的新形势下，以森林城市(城镇)创建为契机，不断为平原绿化建设提供科技支撑和服务，做好各项科学研究和推广工作，努力提高林业机械和装备的开发研究与应用。

二是积极组织开展科技调研、科技周和科技下乡活动，努力探讨解决当前林业生态建设面临的新情况、新问题，着力解决林下经济发展的技术瓶颈，为林业生态建设出谋划策。

三是继续加强林业科技普及与推广工作，重点加强竹林生态高效培育技术的指导和毛竹覆盖高效可持续经营等技术的推广和应用工作，为竹农增收致富创造条件。

四是进一步加强学术交流活动，拓宽交流领域，提升自身水平。

第六章 绍兴市

"十一五"期间，绍兴市林业局在市委、市政府的领导下，组织带领全市林业系统的同志，依靠全社会的力量，着重围绕实现林业现代化这一目标，按照服务于林业生态建设，服务于林业产业发展，服务于兴林富民等中心工作，为林业发展提供有力的科技支撑，在林业重点工程先进技术推广、科技成果转化、科技支撑体系建设、科技园区建设、科技下乡等方面取得了明显的成绩，促进了林业事业的发展。

一、"十一五"林业科技发展成就

1. 林业科技成果转化

科技成果和先进适用技术的推广应用，使一批林业主导产业和传统产业的科技含量得到了提升，经济效益显著提高。

(1)花卉苗木产业科技成果转化情况。绍兴市花卉苗木产业结构通过调整日趋完善，转型升级步伐加快，抵御自然和市场风险能力加大。近年来，绍兴市花卉产业科技投入不断加大，设施栽培、容器育苗等先进生产方式被广泛运用。全市共有花卉设施花卉保护地栽培120多万平方米，其中温室12万多平方米(包括节能日光温室0.4万平方米)，大(中、小)棚79.9万平方米，遮荫棚33.7万平方米，容器育苗达1 400多万株。我市花卉苗木企业在引进新品种的同时，特别注重利用现代科学技术进行设施栽培，依靠先进的生产设施培育高档盆切花，提高产品档次、质量。如浙江美林园艺科技开发有限公司在诸暨陶朱街道拥有2万多平方米的连栋温室，5万平方米的钢架大棚，10多万平方米的自动喷灌设施，15万平方米的遮荫网架。年产高档盆花10万盆。同时，利用设施引进了大批新品种，在有效抵御自然灾害和提高产品质量的同时带动了苗木生产者共同致富，加速了我市花卉品种结构调整。抗水湿和耐盐碱苗木引种栽培获显著进展，上虞世纪阳光园林绿化有限公司从国内外引种80多个品种，其引种的美国弗吉尼亚栎常绿海防林树种获得成功，并得到了国家400多万元的项目支持。绍兴东方百合组培研发有限公司的百合花脱毒组培技术已达到全国领先水平。传统花卉兰花也用上了设施栽培，如中国春兰样品园投资2 100万元建成了8个全自动温室，实行光、温、水、肥、气调控，利用温室技术提高分蘖率，增强产品品质。

(2)笋竹产业科技成果转化情况。全市通过推广笋竹高产模式栽培，标准化生产，不仅大大提高了毛竹林的效益，增加了林农的收入，还满足了人们生活水平提高后对于绿色食品的需求。一是改造提升竹笋基地。目前全市已有竹笋科技示范基地26个。二是按照《笋用林丰产栽培技术规程》继续大力推行标准化生产，重点抓好"二改"，即：改材用林为笋竹两用林，改生产春笋为主为生产"四季笋"。嵊州崇仁镇坑口村通过与浙江农林大学合作，利用砻糠覆盖技术，使得原本在春季出笋的雷竹，生产期提前到了头年10月份，经营水平大大提高。去冬今春以来，绍兴市在嵊州高湖头村和绍兴县同康村等开展毛竹笋砻糠覆盖技术示范行动，取得了初步成功，亩产值达到2万元左右，除去成本，收益为1万多元。

(3)干果产业科技成果转化情况。重点抓好香榧科技化管理和生产。一是扩大基地良种面积，每年新造林中有80%是香榧等经济树种；二是提高科技含量，除对缺少雄榧树的香榧林采用人工授粉，提高香榧产量效益外，还对有条件进行嫁接的榧树进行雄枝高接，以利于稳产高产；三是科学肥培及病虫害防治，促进香榧健康生长；四是推广标准化生产。全市各地依托产品优势，顺应绿色消费需求，积极打造森林食品等绿色无公害林产品基地，如诸暨市东白湖镇娄东村通过发展高效生态香榧基地，香榧人均收入从过去的300多元增加到现在的5 000多元。

(4)林产加工业科技成果转化情况。绍兴市林产加工企业十分注重林业科技的研发应用。如诸暨市目前已有浙江冠军集团有限公司、诸暨市光裕竹业有限公司、浙江兴荣门业有限公司、诸暨市顺满红竹炭制品有限公司、浙江赛银将军门业有限公司等5家企业成立了科学研究所、研发中心、实验室、实验基地。浙江冠军集团有限公司成立的"诸暨市枫桥香榧综合研究所"，主要研究方向为香榧苗木培育、丰产栽培技术、香榧加工、香榧假种皮利用研究等，承担过国家级星火项目、《省无公害香榧标准》制订，省科技厅《香榧栽培规范化及产品标准化技术研究》等科技项目，开发出香榧精油、香榧酒等新产品；诸暨市光裕竹业有限公司成立了"诸暨市光裕竹业技术研究开发中心"，现有科技人员38人，其中高中级科技人员15人，研究方向为毛竹、竹木箱地板生产技术，承担过国家级星火项目、国家"九五"科技攻关项目和多项省市科研项目，开发出了多只新产品，获得4项国家专利；多个项目获省市科技奖；浙江兴荣门业有限公司建有与浙江农林大学合作的“浙江省木材工程研究中心实验基地”，现有科研人员19人，基中高中级技术人员11人，研究方向为木材边角料的利用开发，承担过多个省市级科研项目，并获数项科技奖，并获国家专利多项。

2. 林业重点工程先进技术推广

全市林业重点工程先进技术覆盖率95%，市本级在独立承担林业重点工程项目建设过程中，大力推广先进技术，取得了显著成效。积极引进和繁育优良品种，努力推广林业主导产业丰产高效技术，运用先进的喷滴灌设施、温室大棚设施和林产品加工保鲜设备，不断提高林业生产的机械化水平。

在实施百万亩阔叶林工程中，为优化山区森林结构，提高林分质量和森林生态效益，绍兴市通过封山育林、封育改造、补植造林、人工造林等多种技术，将针叶林建成阔叶林和针阔混交林。在退耕还林建设中，做好树种的选择与搭配，如种植时香榧、香樟、枫香等阔叶树种进行搭配，造林时应用推广保水剂，造林成活率普遍较高，不但改善了生态环境，同时又增加农民收入，调动了农民退耕还林积极性。

3. 森林生态安全科技保障体系建设

全市建立森林病虫测报点65个，各级测报点严格按照测报技术规程进行操作，对全市的松材线虫病、马尾松毛虫、日本松干蚧等主要危害生物和对竹子、花卉、香榧、板栗等经济林林业有害生物开展监测、预报并及时向农户提供病虫害防治信息。发现病虫害及时向农户提供病虫危害信息和防治技术，避免农户盲目使用农药。5年来，市本级印发《森防简报》近100期。

加强新形势下森林防火工作，积极探索科学防火的机制，努力将森林防火的科技水平提高到新层次。一是结合生态公益林工程建设，调整林种结构，积极营造生物防火林带，提高森林自身抵御森林火灾的能力。二是积极推进林火微波监测工程建设，不断提高快速处置能力，市本级汤浦水库和绍兴县、诸暨市、新昌县等林火微波监测工程已竣工投入使用；三是加强防火通信设施、指挥系统、交通工具，特别是扑救工具等装备建设，建立和完善与扑救森林火灾相配套的物资贮备，并做好日常维护和更新，做到一旦发生火灾，能做到科学指挥，快速扑救，降低森林火灾损失。

4. 林业科技下乡和普及

“十一五”期间绍兴市健全了林业科技示范体系，建立了以责任林技员、首席林技专家、林技指导员为核心的林技推广责任制度，利用市、县两级林业信息网和农村党员远程教育网等现代网络技术，搭建林业信息服务平台。

一是下乡宣传抓引导。按照省厅、市科委、市科协的统一部署，组织参加林业科普宣传活动，以绿化美化家园(家庭养花知识咨询)和野生动物保护知识等为重点进行宣传，到各县林业重点乡镇开展林业适用技术现场咨询。全市“十一五”期间进村入户数约15 000次，发放《毛竹笋用林丰产栽培模式图》、《名特优经济林丰产栽培技术》、《家庭养花知识》、《沿海防护林主要造林树种及营造技术》等各类资料约19万份。

二是搞好培训抓辅导。市、县、镇(乡)三级共举办各类林业技术培训班800多期，采取多种形式共培训林农6.5万人次。为提高广大林农掌握和运用林业适用技术的能力，提高林业生产科技含量，组织林业部门的有关专家，编写了5万字的《常见花木病虫害实用图典》，30多万字的《最新家养花木1000问》和16.3万字的《林业适用技术》。在浙江省林业科技活动周期间，市林业局各处(室)、站分头行动，落实好经费、人员、场地，积极组织科技人员、广大林农参与科技周活动，把科技周活动与农民培训很好地结合起来。把培训内容与绍兴市林业主导产业发展结合起来，同时，我们还举办香榧高效栽培技术培训、花卉种苗管理业务培训、营林技术培训、森防测报培训、林政管理培训、森林防火专业知识培训、家庭养花知识咨询及野生动物保护宣传活动。通过培训，有效地提高了林技干部的业务水平、林农的种植水平及应用先进科学技术的能力，从而更好地带动周边地区林业的发展。取得了很好的效果。

三是深入现场抓指导。“十一五”期间市林业局始终坚持做好林业科技人员“五个一”结对联系活动，全局10名技术骨干与10个林业特色镇、10个林业效益村、10个林业特色基地、10个林业龙头企业、10个科技示范户实行结对联系制度，送科技到基地、到山头、到企业、到农户，在技术上给予重点指导。

四是与媒体协作，扩大林技科普面。如上虞市为加大送林技下乡力度，每年都与县广播台合办“希望田野”讲座专题节目。根据绿化造林、经济林培育管理的季节特点，适时地安排有针对性的林技讲座，安排12名林技人员推出6期讲座，广播讲座的开设大大增加了林技知识的普及面。

5. 科技示范促致富

通过近几年的科技示范，逐步培育了一批具有较高知名度的产业发展典型，如：漓渚花木、同康竹笋、赵家香榧、坑口雷竹等等，它们已经成为绍兴市山区兴林富民奔小康的样板，在带动周边地区发展林业生产上发挥着重要作用。“十一五”期间全市新建改建竹笋、香榧等优质高效林业特色基地5.6万亩，新认证无公害林产品基地和森林食品基地 11 万亩，已建成竹笋、香榧、花卉等林业特色基地 165 万亩（“十一五”新增 45 万亩），省级森林食品基地 74 个，为提高山区农民收入增添了发展后劲。农民的林业收入有了很大的提高，如嵊州市坑口村 2010 年全村雷竹产值达到 1 010 万元，竹笋收入已占全村人均收入的 70% 以上。

绍兴市立足山区林业资源优势，以加强林业基础设施为重点，以推进林业科技进步为支撑，以健全林业服务体系为保障，组织实施“兴林富民 百村示范”工程，取得了较好成效：一是涌现了一批兴林富民的先进典型。截至目前，全市已建成市级以上兴林富民示范村 107 个，这些村通过因地制宜发展林业特色产业，运用林业适用先进技术，林业综合生产能力明显提高，林农收入不断增加，走出了一条脱贫致富奔小康的新路子。二是带动了全市山区经济发展。在兴林富民示范村的辐射带动下，绍兴市面上的林业产业也得到稳步发展，经济效益不断提高。仅竹笋、香榧、花卉三大产业的总产值就达 86. 7 亿元，占林业总产值的 52. 3% 。林业产业已成为绍兴市山区经济的重要支柱。

6. 科技支撑体系建设

5 年来，全市建立健全林业标准体系，围绕竹笋、香榧、板栗、桃形李等林业主导产品，积极推广标准化生产，实施了 10 个省级林业标准化生产项目。共承担 19 项市级以上林技推广、标准化推广项目。其中获得省科技进步奖 5 项。市本级获得全省第七届、第九届“科技兴林奖”组织奖。

二、主要做法

1. 注重认识提高，摆正科技工作位置

作为全市林业工作的主管部门，市林业局坚持把加快林业科技进步放在重要位置上，做到三个到位。首先是思想认识到位。牢固树立“科学技术是第一生产力”的思想，把科技兴林作为提高林业生态、经济、社会三大效益的根本措施来抓。其次是组织领导到位。按照一把手抓科技的要求，由局长陈功苗任组长，副局长董才任副组长，明确绿化造林（林业产业）处为职能处室，做到主要领导亲自抓，分管领导具体抓，职能处室专门抓。再次是工作措施到位。把林业科技工作纳入市对县（市、区）林业工作责任状考核内容和局对各处（室、站）年度工作目标责任制考核内容，做到任务明确，责任落实，力求各项工作取得实效。

2. 注重资金投入，确保林业科技工作

林业科技要进步，资金投入是基础。我们千方百计多渠道筹集资金，保证林

业科技投入。一是争取项目引资金。积极与省林业厅、市科委等有关部门联系，争取科技项目，引进资金。二是内部挖潜挤资金。想方设法从本部门的经费中挤出资金搞科技，用于林业科学研究、适用技术推广和科技示范建设。三是专款专用保资金。凡林业科技资金，一律由项目组掌握使用，先由项目负责人根据项目组的意见提出使用方案，再由局长审批开支，严格做到专款专用，从而确保了科技工作的顺利开展和圆满完成。据不完全统计，“十一五”期间，全市投入林业科技的资金达2 000 万元。

3. 注重宣传推广，提供林业发展科技支撑

通过科普宣传、科技培训和示范等形式，推广林业适用先进技术，提高林农科技素质。加强花卉、香榧、笋竹等新品种引进和推广。以点带面，加强林业标准化的实施和推广。做好产前、产中、产后技术服务。

4. 注重人才培养，加强科技队伍建设

一是严格要求管好人，实行处(室)、站科技人员工作目标责任制，将工作职责分解落实到每个科技人员，年终进行考核评比。二是注重培养用好人，共选送56 人(次)到浙江农林大学、浙江省林业科学研究院等参加各类业务培训，共有11 名科技人员参加研究生和大学本科学历教育，为鼓励和支持在职人员参加学历教育，积极推动学习型组织和学习型单位建设，我局出台了“关于鼓励在职学历学习的意见”，大大提高了科技人员进一步深造的积极性，加快了科技人员的知识更新和业务水平的提高。三是工作上大胆用人，有3 名政治素质好、工作能力强的科技人员被提拔到了中层领导岗位。5 名科技人员到村任村指导员。四是排忧解难关心人。注重关心科技人员生活，对有生活困难的科技人员，尽最大努力，想方设法为他们解决实际问题。

三、“十二五”林业科技发展思路

为实现科教兴林的目标，“十二五”期间绍兴市将着重抓好林业科技发展的4 个方面工作。

(1)进一步提高技术创新能力。加强林业企业与林业高等院校科研机构联合协作，做到优势互补、利益共享，走产、学、研有机结合、共同发展的道路；支持有条件的企业建立林业技术研发中心，提高林业企业的市场竞争力；引导林业企业树立品牌意识，集中力量打造林产品加工园区和林产品加工中心，建设区域性、综合性林产品加工基地；进一步增强林业特色产业的区域竞争力和影响力，以带动全市林业产业的发展和林农致富。

(2)着力抓好科技示范。以现代林业科技示范园区(点)为基础，加强科技成果组装集成，积极引进和繁育优良品种，努力推广林业主导产业丰产高效技术，运用先进的喷滴灌设施、温室大棚设施和林产品加工保鲜设备，不断提高林业生产的机械化水平。搞好管理创新、机制创新和科技创新，着力提高林业科技的示范、辐射效应，全面提升全市林业科技对经济增长的贡献率。

(3)大力推进标准化建设。强化林业标准的实施，推进林业标准化生产，加强林业质量检验人员队伍建设，建立健全林业质量监督体系，提高质量监督检验能力；加大对林产品、林木种苗和森林食品，特别是涉及人的生命安全的林产品加工生产质量监督力度，确保森林食品质量安全。

(4)进一步加强林业科技推广体系建设。建立以市、县级推广站为主，区域特色林技推广中心和专业合作社、专业协会、民营研究所等为补充的多形式、多元化的新型林业技术推广体系建设。结合绍兴市林业产业的特点，搞好林农的技术培训，为林业生产建设提供强有力的技术支撑；加强林业科技示范区、示范基地、示范点建设，通过人才、技术、资金等资源的有效整合，强化技术优势集成升级，提高林业科技显示度。

第七章 金华市

科学技术是第一生产力。“十一五”是我们林业实现跨越式发展的重要历史时期，也是林业科技事业发展的重要战略机遇期。面对新形势、新任务和新要求，金华林业科技工作在市委、市政府的正确领导和省林业厅的具体指导下，依靠全市科技人员和广大干部群众的共同努力，紧紧围绕实现一个目标、抓好三大任务、发展十大林业科技领域、推进六项科技兴林行动、强化四项保障措施的林业科技工作基本思路，经过5年努力，大批科技成果得到推广应用，林业生产建设的水平和质量得到提高，森林资源持续增长，森林生态建设、森林产业建设和森林文化建设取得重大进展，林业地位和社会影响力显著提高，为加快林业发展起到了重要的支撑作用。

一、“十一五”林业科技发展成就

1. 科技服务营林，确保森林资源持续增长，森林质量与生态状况明显改善，林业生态建设成效显著

“十一五”期间，完成重点工程人工造林3.83万亩，更新造林15.69万亩，低效林改造7.07万亩，中幼林抚育22万亩，全民义务植树完成850多万株。建设绿色通道180千米，河道绿化530千米。围绕提高林分质量，增强生态、防火和景观功能，完成针叶林阔叶化改造3.55万亩、生物防火林带466.22千米。

加大重点生态公益林投入与建设力度。省级以上公益林新增79.77万亩，总面积达到380.38万亩，生态效益补偿标准从每亩10元提高到每亩17元，全市1 100个村、5万个农户由此享受补偿经费达6 502多万元。全市省级以上公益林优质林分面积达到238.4万亩，林分质量明显提高，生态质量位居全省前列。

据统计，全市森林面积、森林蓄积量稳定增长，森林覆盖率保持相对稳定。与“十五”相比，全市森林面积达到912.9万亩，净增71.6万亩；活立木总蓄积量达到2 502万立方米，净增1 026万立方米；森林覆盖率达到60.44%。森林质

量与林分单位面积蓄积量由 1.75 立方米/亩增加到 2.74 立方米/亩，毛竹单位面积株数由 126 株/亩增加到 148 株/亩，林分质量明显提高；森林结构渐趋合理，林分年龄结构优化，近成过熟林面积比例从 12.0% 提高到 34.0%。森林自然度逐步增加，森林生态功能指数大幅上升，生态环境状况明显改善。

2. 科技服务林业产业升级，大力推进兴林富民工程，林业产值不断增长，林业发展实力不断壮大

围绕林业产业转型升级，采取了六大举措：实施“十乡百村兴林富民”示范工程、提高典型带动和辐射功能，举办中国苗木交易会、打造中国第一苗市，实施科技兴林战略、提升林业服务能力，发挥专业合作优势、积极培育林业主体，依法开发野生动物利用业、培育林业经济增长点，实施品牌发展战略、加快现代产业发展，推进了林业产业转型升级，实现了兴林富民。

通过举办中国苗木交易会、中国义乌国际森林产品博览会及其他林业会展，组织参加第七届中国花卉博览会、第二届中国绿化博览会和南方绿博会，加强了对外宣传、市场拓展、互利协作，加快了产销对接水平，结构调整以及新品种、新技术的引进、开发和利用，扩大和提升了金华林业特别是主导特色产品的知名度，促进了市场化、规模化、标准化、品牌化建设。

5 年来，建成竹子现代示范区 3 个，竹林改造 10 万亩；发展香榧 4 万亩、杨梅 8 万亩、高产油茶基地 0.5 万亩，改造油茶低产林 3 万亩。花木年产值从 2005 年的 8 亿元增长到 2010 年的 12 亿元，实现了花木产业的持续、健康发展。以木雕竹编、红木家具、玩具工艺品、木线板材等为特色优势的林产品加工业快速发展。林业二产 98.2 亿元，其中木材加工产值 31.3 亿元、木竹藤家具制造 25.5 亿元、木竹制工艺品和文教体育用品制造 38.5 亿元。建设省级以上森林公园 13 个、省级林业观光园区 5 个，年接待旅客达 200 万人次以上、森林旅游收入达 10 亿元。林业专业合作社达 168 个(其中省级林业示范性专业合作社 11 个)。2010 年底，全市林业年总产值达 225 亿元，实现了跨越式发展。

3. 科技服务资源与林政管理，森林资源及生物多样性得到有效保护

认真执行森林资源管理法律法规，加强林地、林木、野生动植物及湿地资源保护与管理。在林地管理工作中，严格落实征占用林地定额管理制度，加大对违法使用林地案件的查处力度，开展森林资源动态监测，建立森林资源消长预警机制。同时，牢固树立依法行政、准确高效、热情服务、廉洁自律的观念，做到提前介入、主动告知、规范服务。在林木采伐限额管理工作中，把好采伐设计、材料审查、监督检查、公开公示关，强化源头管理和群众监督，有效制止盗伐、滥伐、超伐等违法现象发生。在野生动物驯养繁殖和经营利用业方面，做到依法保护和科学管理并重，在维护生物多样性的同时，积极培育林业经济增长点。建立省级以上野生动物疫源疫病监测站1个，初步建立全市野生动物疫源疫病监测体系，积极开展濒危物种的抢救性保护工作，救助保护野生动物5万多只(条)，其中省级以上重点野生动物671起、2 956只(条)。

自然保护区建设得到加强，基础设施有了较大改善，管护能力提高。编制了《金华市湿地资源保护与利用规划》，对湿地资源保护做出了全面部署，计划建设湿地利用工程16个，保护湿地面积8 849亩。林木种质资源保护工作稳步推进。完成了全市林木种质资源清查，建立省级油茶良种采穗圃3个、主要林木良种基地2个。

强化林业有害生物防控工作目标责任制考核，着力工程综合治理，突出松材线虫病联防联控，大力推广无公害防治，在落实防控信息相互交流、防治措施相互配合、检疫检查相互支持等措施的基础上，积极开展“服务世博，绿盾护林”执法专项行动、重点林业有害生物防控、林业有害生物普查、检疫签证便民服务等工作，实现了无重大检疫对象发生、无严重有害生物危害等目标，特别是松材线虫病防控工作成效显著，实现了“四率”达标的工作目标(成灾率0.02‰、无公害防治率92.91%、测报准确率95.46%、种苗产地检疫率98.74%)。

4. 科技服务森林消防工作，森林消防步入现代化、专业化、法制化轨道

金华市森林防火工作继续落实行政领导负责制，坚持“预防为主、积极消灭”的森林防火方针，并做到由季节性防火向常年防火转变，各地防火工作立足于防范，常抓不懈，把森林火灾消灭在萌芽状态。尤其是在春节、元宵节、清明节、冬至等野外用火高峰到来前，各县(市)党委、政府都专门抽调人员组织森林防火督查组，进山入林，到森林防火第一线，督查并有效地促进了森林防火工作。强化了管理措施，全面实施“百县千支万人扑火队伍建设工程”，全市已组建了近万人的市、县、乡三级专业森林消防队伍，森林火灾扑救实现由过去依靠临时组织群众参加扑救向以森林消防队伍为主，群众参与，专群结合的转变。坚持24小时值班，及时核实反馈林火热点信息，逐级报告森林火灾动态，确保火情动态、蔓延趋势、扑救指挥等信息及时准确地上传下达。尤其是“森林火灾远程视频预警监控系统”的建成使用，促进了科学防火，森林防火工作取得了明显的成效。据统计，5年来全市共发生森林火灾火警176起，过火森林面积3.75万亩，受害森林面积2.5万亩，因森林火灾重伤3人(其中当场死亡1人)，轻伤3人，森林火灾受害率0.40‰，控制在省指标1‰以内，每150万亩森林火灾发生3起。

5. 科技服务林改，建立健全责任林技推广体系，组织开展实用新技术推广示范和送科技下乡活动，为林业现代化建设提供技术支撑

“科技服务林改”行动是贯彻党的十七大精神，全面落实科学发展观，推动社会主义新农村建设的重要内容，是加快推进现代林业建设、促进林区繁荣和农民增收的重大举措。“十一五”期间，全市9个县(市、区)均建立责任林技推广的长效机制，制订了首席林技推广专家、林技指导员和责任林技员管理考核办法，并建立了林技推广信息报送员制度，充分发挥科技的重要支撑作用。截至2010年底，全市共聘任首席专家128人、林技指导员603人、乡镇责任林技员1 488人。

围绕金华林业主导产业，大力推广惠及广大林农的实用新技术，主要有毛竹现代示范区建设的实用技术集成、名特优经济林复合生态栽培技术、油茶品种改良及低产林改造技术、珍贵用材树种和大径材高效培育技术、ABT生根粉、保水剂等新材料在困难地造林中的应用技术等。全市开展了《东榧1、2、3号良种的繁育与推广》、《油茶良种无性系繁殖技术推广》、《浙江省农家品种小柿的挖掘及推广研究》、《青枣种质资源收集与保存》和《毛竹灾后恢复重建技术研究与推广》等54个林业特色产业项目，争取项目经费3 697万元，建立毛竹、油茶、柿、香榧、花卉等科技示范园基地123个，面积98 500亩。

认真贯彻落实国家林业局“关于深入开展送科技下乡活动”和省厅“百项技术千名干部进万村行动”的精神，通过送科技下乡、实用技术培训、进村入户结对等多种形式，送林业技术进村入户、到山头地块。全市共计举办林业技术培训班571期，培训人数4.55万人次；科技下乡557次，受训人数2.69万人次；印发技术资料89 500份。

二、主要措施

(1)领导重视。科学技术是第一生产力。金华市历届党委、政府高度重视林业科技工作，2009年事业单位改革时，专门核定7个编制单独设立金华市林业技术推广站(纯公益类事业单位)，切实加强对林业科技工作的领导。2010年5月，召开了全市林业科技工作会议，讨论布置全市林业科技工作。

(2)项目带动。“十一五”期间，积极对接上级产业政策，根据本地产业发展情况，将毛竹、油茶、香榧、木业加工、花卉苗木等五大产业作为科技服务的重点内容。如在市本级全面启动毛竹低产林改造项目，市区两级财政每年拿出专项资金200万元直补到户，完成低产低效竹林改造5万多亩，完全改变了以往单一培育竹材的生产方式，项目实施后亩均产值由原来的400多元提高到1 000元左右，增长1倍多。

(3)强化服务。建立了由省市专家领衔的“林技服务网络”，深入开展“百项技术千名干部进万村行动”活动，真正有效地为广大林农服务并把林业实用技术推广开来。

(4)搭建平台。林业科技基层工作的重点就是技术成果的转化、应用和推广，坚持以群众需求为第一信号，以具体项目的实施辐射带动面上林业科技的推广应用。“十一五”期间，我们整合各方面的资源，充分依托中国林业科学研究院、浙江农林大学、浙江省林业科学研究院等科研院校，通过项目合作，让一批先进科技成果“落地生花”。

三、“十二五”林业科技发展思路

1. 指导思想

以邓小平理论和“三个代表”重要思想为指导，深入贯彻落实科学发展观、省委“推进生态文明建设的决定”，市委“加快林业改革发展、全面推进‘森林金华’建设的意见”，紧紧围绕“创业富民、创新强市”总战略，以支撑“双增”、引领发展为核心，以推动现代林业可持续发展为目标，突出创新、强化应用、升级产业、服务林改。

2. 基本原则

坚持自主创新、需求导向、优化配置、统筹兼顾、继承发展的原则。

3. 主要目标

(1)科学创新，加强林业科技支撑和实用技术的集成推广应用。加强林业应用技术研究，提高林业科技创新能力，加快林业科技成果转化应用，林业科技进步贡献率达到60%以上。坚持林业科研与生产相结合，鼓励和支持林业科研单位、大专院校和科技人员，通过创办科技型企业，开展技术咨询服务和科技承包等形式，推动科技成果转化。积极推广林业新品种、新技术和新材料，建设一批科技示范户、示范点、示范片、示范园区。进一步加强基层林业站建设，健全林业技术推广体系。积极开展森林认证工作，建立健全林业质量标准和检验检测体系，推进林业标准化工作。加强对林农的培训，增强农民经营林业的能力。

(2)科学规划，服务城市、城镇和村庄森林化建设。按照政府组织、统一规划、多元投入、社会参与、因地制宜、讲求实效的原则和林木主体、树种多样、景观优美、生态功能较强的要求，加快城市森林、河道、交通干道绿化和城郊生态防护林林带建设，完善城镇森林分布，开展森林城市创建活动。力争城市建成区绿地率达到35%以上，并有4个以上县(市、区)林木覆盖率达到30%以上。把林业列入社会主义新农村建设的重要内容，与新农村建设同步设计，同步实施，同步验收和考核。继续推进千里绿色通道和千里清水河道岸绿化工程建设。力争建成2个以上省级森林城市、10个以上省级森林城镇、50个以上省级森林村庄。

(3)科学营林，着力提高森林质量。加快大径材、珍贵用材林和速生丰产林基地建设，增加木材资源贮备。加快推进以松、杉等针叶林为重点的中幼林抚育改造和林相改造步伐，推动森林阔叶化进程，提高针阔混交林和阔叶林的比重，优化林分结构，不断提高森林质量和效益。

(4)科学建设，改造提升林业产业。以竹林、油茶、花卉苗木、香榧等珍稀干果和山地精品水果为重点，以经济林基地建设为抓手大力实施品质提升工程，增强林产品竞争力。加快推进林业标准化建设，加强林产品质量安全监管工作，推进森林食品品牌建设。以现代林业示范园区建设为抓手，大力推广喷微灌、大棚等设施栽培技术和林区作业机械，不断提高林业设施化、机械化水平。大力发展林下经济，推广种养结合、农林结合的新型种养模式，提高林地综合产出率。结合新农村建设，鼓励农民发展珍贵树种和名特优果树经济林，发展庭院经济。积极发展野生动植物驯养繁殖利用产业，完善野生动植物合理开发利用政策，引导科学养殖、合理利用，促进规模化发展。

(5)科学引领，发展林产品精深加工业。支持各类林产品专业市场建设。培育和壮大林产品加工龙头企业，积极引进有实力的大企业、大集团兴办大型林产品加工企业。扶持重点品牌、重点产品，运用政策引导企业综合利用林业各类资源，提高产品的科技含量、附加值和资源利用率。实施林产品品牌战略，鼓励企业争创著名商标、驰名商标和名牌产品。鼓励企业采取"公司+农户"的方式，实行"订单"生产的办法，发展速生林木、经济林木等原料基地。

(6)科学集聚，推进现代林业园区建设。按照《浙江省人民政府办公厅关于开展现代农业园区建设工作的意见》(浙政办发〔2010〕6号)的要求，围绕促进农民增收和农业转型升级，启动林业现代园区建设，使之成为全市林业主导产业集聚的功能区、先进科技转化的核心区、生态循环农业的样板区、体制机制创新的试验区，以推动全市现代林业又好又快的发展。建成相对集中连片、产业布局合理、要素高度集聚、多功能有机融合、循环清洁生产、第一第二第三产业联动发展的现代林业主导产业示范园11个；建成产品特色鲜明、竞争优势明显、品牌效应突出、经济效益领先的特色林业精品园14个以上。

(7)科学利用，继续实施林木种苗工程。加强林木种质资源保护和良种繁育基地建设，提高林业生产的良种使用率。改善种苗生产的设施条件，加快应用推广容器育苗等新技术，提高良种和容器苗的种植面积。加强林木种质资源的保护和管理，逐步建立有金华特色的种质资源库。

第八章 台州市

"十一五"期间，台州市林业科技工作以科学发展观为指导，深入贯彻中共中央、国务院《关于加快林业发展的决定》，按照市委、市政府《关于全面推进台州林业现代化建设的实施意见》的要求，以"林业增效、林农增收"为目标，围绕台州林业发展的重点、热点和难点，积极组织开展科技攻关，致力推进林业科技创新，组织开展技术培训、科技下乡等活动，大力推广先进适用技术，加快科技成果转化步伐，着力提高林农科学素质和林业生产科技含量，加强林业科技推广体系建设，努力为林业科技发展提供组织和人才保障。科技对林业发展的支撑作用更加凸显，效益十分明显。

一、"十一五"林业科技发展成就

1. 主要成效

林业科技成果硕果累累。全市承担完成的各类林业科技项目 42 项，其中省林业科技重点项目 10 项，获奖 21 项，其中获省林业厅"科技兴林奖"15 项(一等奖 2 项、二等奖 6 项、三等奖 7 项)，获省科学技术奖三等奖 1 项，获台州市科学技术进步奖 12 项，其中一、二等奖各 1 项；参加完成的林业科技项目 11 项，其中获省林业厅"科技兴林奖"二等奖 7 项、三等奖 1 项。科技对林业发展的支撑作用明显增强，通过推广应用先进适用技术，促进林业增效 30 多亿元。林业标准化生产程度不断提高，标准覆盖面积 65 万亩，累计认定森林食品基地 100 个，基地面积 20 万亩。科技服务有声有色，全市已建立科技示范基地 91 个，面积 4.18 万亩，送科技下乡 1 410 次，举办各类培训班 789 场次，培训林农 12.08 万人次，发放技术资料 32.67 万份。

2. 主要经验和做法

(1)加强领导是林业科技工作的组织保障。科学技术是第一生产力，为了使这一科学论断真正贯彻落实到林业科技工作当中，台州市采取了三项措施，以切实加强对林业科技工作的组织领导。一是进一步健全了领导机构，建立了目标考核制度。根据林业发展的新形势、新任务和新要求，及时制定林业科技发展计划，出台了林业科技投入政策，将林业科技组织机构、科技经费保障、科技下乡活动、林业标准化推广应用、森林食品基地认定、科技项目及成果等列入市对县年度林业工作考核内容，实行量化考核，要求科技经费逐年增加，其中重点工程建设经费中用于提升工程建设科技含量的相关科技经费不得少于5%，对通过鉴定的科技项目或获奖的科技成果以及在省级以上林业专业学术刊物上发表论文在考核中实行加分制。二是不断完善科技推广机制。建立科技人员激励机制，将科技人员的工作绩效与年度考核和职称晋升相结合。林业重点工程建设全面推行专业队承包制和招投标制，并在每年开展专业队承包造林优良工程评选活动，凡被评为优良工程的由市林业局颁发证书，该证书成为专业队参加今后招投标的重要名片。通过招投标和专业队承包造林以及质量评优活动，进一步激励了造林专业队应用林业适用新技术、提高造林质量的自觉性和积极性。着力培育现代林业经营主体，充分利用专业合作社实行统一生产标准、统一操作规程、统一产品质量标准、统一农贸供应等“四个统一”的运行机制，把林业专业合作社作为林业标准化生产的重要载体予以推进，每年的农业标准化推广项目重点推荐专业合作社来承担。三是组织了一系列的林业科技活动。紧密结合林业中心工作，及时组织开展送科技下乡、林业科技周、科普周、科普日等活动。特别是2008年，针对我国出现历史罕见的雨雪冰冻极端气象灾害的特殊情况，及时组织实施“百项技术千名干部进万村”灾后恢复重建行动，全市组织了90多个灾后重建指导组进村入户，指导林业生产灾后恢复重建工作。

（2）服务林农是林业科技工作的永恒主题。县、乡是林业生产的最基层单位，而林农又是群体最为庞大、文化素质普遍较低、对林业科学知识需求最迫切的林业生产经营者，是广大林业科技工作者最主要的服务对象。如何为林农服务，台州市重点抓牢三个环节。一是建立科技人员联系科技示范户制度。有150多名林业科技人员与182户农户挂钩，实行一对一服务，示范户经营面积1.8万亩，年亩产值达到3 780元，效益比结对前增60%以上，带动农户1.5万余户，辐射面积10.8万亩。二是送科技下乡。紧扣林情，及时组织林业科技人员深入到村、到户、到山头地块，采用多种形式，传授林业实用技术。如现场讲解、技术指导；利用集市科技摆摊，开展技术咨询服务，发放技术资料和栽培模式图；举办专题讲座等。三是编印科普资料。为配合科技下乡、满足农民和基层林技人员对林业实用技术的新需求，各县（市、区）立足当地林业产业特色，编印栽培技术资料和栽培模式图，尤其是栽培模式图，图文结合，技术要点简洁易懂，操作性和实用性强，深受农民欢迎。市林业局还组织有关专家编写了《台州特色农业实用技术丛书》和《台州市乡土树种识别与应用》，分别于2007年4月、2010年4月正式出版。《台州特色农业实用技术丛书》包含了柑橘、杨梅、枇杷、梨、桃、果桑、茶叶、葡萄、毛竹、板栗、森林蔬菜等11个单行本，各单行本系统介绍了树种的生物学特性、生长习性、种苗繁育、造林地选择、培育管理、病虫害防治、采收、包装和运输等各个环节的基础知识和技术措施，成为全市林业科技下乡的主要技术资料。《台州乡土树种识别与应用》系统介绍了台州乡土树种资源及其保护与开发利用概况、树木分类基础知识与常用术语，收录了乡土树种727种，并附有彩色图片459幅。该专著立足科学性与实用性，树种的编排不以常规教科书所采用的植物分类系统为序，而采用树木生活型、枝叶形态为依据进行类群划分，并根据树木生活型和营养体特征编排成具有检索功能的章节目录，方便初学者在不具备花、果等器官的条件下快速检索，识别常见的乡土树种。

(3)创业创新是林业科技工作的不竭动力。按照创业创新的要求，台州市针对林业建设的热点、难点问题，及时组织技术力量，开展科技攻关。例如，针对台州市乃至全省总体绿化水平不高、针叶林多阔叶林少、森林生态功能脆弱，并面临着森林火灾和松材线虫病的重大威胁等严峻的实际问题，以优化林种树种结构、提高森林生态安全和景观效能为主要目标，开展了“针叶林阔叶化发展集成技术的研究与推广”，全面系统地提出了针叶林阔叶化改造的5种途径(封育改造、疏伐改造、更新改造、补植改造、套种改造)30种模式，并制定了相应的技术规范，提出了相应的质量评价体系和评价指标。该成果获台州市科学技术进步奖一等奖，填补了林业在这一奖项上的空白。针对台州市坡耕地资源状况，从生态建设和经济发展的需要出发，开展“退耕还林生态治理模式推广与示范”，重点选择了乔灌草、多林种配置的12种生态治理模式和30种适宜树种，优化集成了退耕还林技术，尤其是杨梅、茶柿混交模式，较好地解决了生态治理与农民增收的问题，生态效益和经济效益显著，深受农民欢迎。针对经济林生产上存在的树种单一、生态功能脆弱、林产品存在安全隐患等问题，开展“经济林生态栽培模式技术集成与推广”，提出了经济林生态高效经营的基本概念，首次将林产品质量安全纳入其范畴，拓展了经济林生态栽培的内涵，集成了高产栽培、复合经营、水土保持、病虫害防控、无公害栽培等主要成果与技术，系统地提出了杨梅生态栽培、马尾松—乌药、茶—柿等3种典型的经济林生态高效栽培模式可持续经营技术。针对沿海防护林建设和平原绿化缺乏优良树种的现状，开展“落羽杉属和刺葵属、丝葵属植物引种试验与配套造林栽培技术研究”，通过长期的观察，掌握了引种树种在台州的生长习性，并从抗台风暴雨、抗水湿与干旱、抗环境污染和耐盐碱、耐低温能力等5个方面分析了引种树种的抗逆性，总结出了落羽杉属和刺葵属、丝葵属等引种树种的采种、育苗以及造林技术。

(4)抓点办方是林业科技工作的有效措施。抓好示范点、办好样板方，始终是推动林业发展的一种行之有效的工作方法，同时也是抓好林业科技工作必须坚持的有效措施。因此，无论是在林业重点工程建设方面，还是在新品种、新技术的推广应用和科学试验方面，台州市都坚持先抓好示范点，以点带面。在多年实践的基础上，系统地提出了示范点建设“八个有”的要求，即有前瞻性、有一定规模、有明确的责任领导和技术负责人、有完整的技术方案和档案、有具体的建设目标、有较高的科技含量、有醒目的标志牌、有明显的示范辐射效果，力求把示范点建成先进适用技术应用的先导区、生产经营模式和机制方法的创新地、现代林业的示范方、高效林业的样板块。以“八个有”要求各地抓好林业科技示范点建设。“十一五”期间，全市共建立各类林业科技示范基地91个。如市林业局及下属单位主持实施的省林业重点科技项目“针叶林阔叶化发展集成技术示范推广”、“经济林生态栽培模式技术集成与推广”以及“退耕还林生态治理模式推广与示范”项目，共建立示范点35个，面积14 250亩，示范辐射面积达120多万亩。天台县林特局主持完成的“茶柿混交退耕还林生态治理模式研究与示范”，以该县雷峰乡西山头村为示范，带动了周边10多个村采用茶柿复合经营模式，目前，这一模式在该县推广面积达1.5万亩，雷峰乡成为该县万亩茶柿复合经营基地乡。

(5)合作交流是林业科技工作的活力所在。在坚持自主创新的同时，台州市积极寻求林业科技合作，加强横向合作、纵向联手，并积极做好借梯上楼、借力发展的文章。主动加强与科研院所和高等院校合作，借助他们的科研优势，搭建新的更高的科技创新平台，从而提升台州市的林业科研能力和水平，推进林业科技工作上台阶、上层次。如与中国林业科学研究院亚热带林业研究所合作，开展短周期工业原料林树种选择对比试验和东南纵深防御型沿海防护林体系构建技术研究等；与浙江农林大学(原浙江林学院)签订了林业科技全面合作协议书，并合作完成了“经济林高效复合栽培模式及配套技术研究”等课题。与省林业科学研究院合作，开展林业生态工程构建—生态系统修复关键技术研究与示范、沿海防护林树种优化配置技术研究；与台州学院联合，开展“濒危植物七子花种质资源保护及开发应用研究”；还分别与台州市盐碱地研究所、台州市珍稀植物研究所和金林名木研究所合作，开展沿海防护林树种选择和新品种引种、珍稀植物繁育和色叶树引种试验等。同时，积极搭建平台，大力营造学术氛围，促进知识更新。邀请有关专家作“林业现代化发展战略”、“林权制度改革”、“森林抚育经营”等学术报告。此外，积极鼓励林业科技人员撰写学术论文和科普文章，“十一五”期间，全市林业科技人员在省级以上刊物上发表论文212篇。并大力支持市、县二级林学会及相关专业协会开展学术交流和考察活动，鼓励科技人员参加各级专业协会举办的学术交流活动。为方便科技人员相互交流学习，编辑出版了《新世纪台州林业建设实践与探索》（Ⅰ）（2000～2004年），共收录全市林业工作者撰写的论文91篇。《新世纪台州林业建设实践与探索》（Ⅱ）（2005～2009年）正在编辑中。

二、“十二五”林业科技发展思路

1. 指导思想

以邓小平理论和“三个代表”重要思想为指导，深入贯彻落实科学发展观，坚持科技紧扣中心、科技服务生产，围绕现代林业建设，以科技创新为动力，积极开展科技攻关，以科技下乡为抓手，加强林业适用技术的推广应用，加速林业科技成果转化，努力提高林业重点工程建设的科技含量，为“森林台州”建设提供强有力的科技支撑。

2. 目标任务

根据上述指导思想，“十二五”台州林业科技的总体目标任务是：科技对林业建设的支撑作用更加明显，林业科技推广体系更加完善，林业科技进步贡献率达到62%以上。

3. 重点技术领域

林业生态体系建设：生态公益林效益监测，森林抚育经营，针叶林阔叶化发展质量评价，碳汇林业发展途径及碳汇计量，沿海防护林体系构建，生物多样性和湿地保护，珍贵树种培育，平原绿化模式优化，林业有害生物防控技术等，全面完成公益林地籍管理信息系统建成任务，初步建成公益林监测体系。

林业产业体系建设：现代林业园区建设，森林食品安全与标准化生产，种苗花卉、油茶、毛竹产业提升，毛竹覆盖及“一竹三笋”技术，经济林生态高效栽培技术推广应用，珍贵用材树种培育，生物质能源，林下经济，林产品深加工等。

4. 主要工作措施

（1）加强林业科技保障。真正把林业科技进步放在林业发展的首位，坚持一把手亲自抓第一生产力，健全林业科技领导机构，落实好林业科技工作责任制，建立多元化林业科技投入机制，保障林业科技经费投入。加强林业科技队伍建设，重视人才培养。

(2) 加大林业科技创新。重视原始创新、集成创新和消化吸收后再创新。针对林业建设中带有战略性、方向性、全局性和关键性的技术问题，积极开展科学试验，组织科技攻关，切实提高林业的科技含量，着力解决林业重点工程建设和林业生产中的技术难点。

(3) 加快适用技术推广。把送科技下乡作为林业科技的一项长效机制常抓不懈，强化林业科技人员联系科技示范户制度，及时组织广大林业科技人员，采取多种形式传授和普及推广林业实用新技术，为林农提供实实在在的技术服务。

(4) 加速林业标准实施。进一步健全并实施营造林技术的规程规范，大力推行营林生产的标准化。进一步实施生态林、商品林的管理和生产经营的各种标准。重视林业标准化项目的实施，加大林业标准的推广，扩大林业标准的覆盖面。

(5) 加浓林业科技氛围。注重科技兴林的宣传，及时宣传科技工作取得的新成效，宣传科技工作的先进事迹，宣传科技致富典型，精心组织好林业科技周活动，积极营造科技兴林氛围。

第九章 衢州市

“十一五”以来，在市委和市政府的领导下，在上级科技部门的支持下，衢州市的林业科技工作，按照“围绕主导产业抓好一批科研项目，推广一批技术成果，建设一批高效基地，树立一批示范样板，培训一批林业人员”的科技工作思路，认真组织实施“科技兴林”战略，为建设衢州市林业高标准的绿色生态体系、高效益的绿色产业体系、高水平的森林资源安全保障体系，提供有效的技术支撑和服务。

一、“十一五”林业科技发展成就

1. 林业科学研究在重点领域有突破，解决了许多林业技术难题

“十一五”以来，以绿色林产品的生产和钱江源生态体系的构建为重点，围绕竹子、森林食品生产加工、用材林培育、林业生态体系构建中存在技术问题开展攻关。据统计全市 5 年来共承担了市级以上科研项目 50 多项，其中：国家级项目 3 项；省级项目 14 项，获得市以上科技进步奖 18 项，解决了许多林业技术难题。

2. 林业科技成果推广成效显著

紧紧围绕衢州市生态公益林的有效管护和竹木、茶果、苗木、油料、药材等五大林业主导产业的优化升级，整合现有的林业先进技术成果，每年推出十项实用有效的林业科技成果进行重点推广。“十一五”以来，全市共承担国家级重点科技成果推广项目 3 项，省级推广项目 14 项。深入开展“亩增百元、户增千元”绿色科技行动，进一步拓宽行动面、扩大辐射面、增强带动力，充分体现林业科技在促进林农增收致富中的巨大作用。每年要根据衢州市林业主导产业，结合林业重点工程和重点项目，建立林业科技示范园区，重点推广应用浙江省地方标准《无公害竹笋标准》和《笋竹两用毛竹林》系列标准。

3. 林业科技示范、科技培训工作成绩突出

把示范基地作为林业科技工作重点，根据全市林业生产的重点和特点，建立了覆盖全面、布局合理、形式多样的林业科技示范体系；抓好省森林食品基地、省优势林产品基地和市、县(市、区)绿色特色示范基地建设；深化林农素质培训活动；提高农民科技文化素质，积极配合全市的"万名农村人才拜师学艺工程"，设计了"带联建"活动，即"带千名学徒、联千家农户(协会、合作社等)、建千片基地"的活动载体。要求以科学发展观为指导，以"兴林富民创新业、科学发展当先锋"为主题，紧紧围绕"服务林业转型升级，促林增效助农增收"为主线，以"带千名学徒、联千家农户(协会、合作社等)、建千片基地"为重点，充分发挥全市林业中级以上技术人才在林业科技推广、科技示范、科技培训等方面的引领作用，通过三年的努力，培养1 000名具有初级营林工以上技能的农村林业实用技术领头人，使1 000个农户(协会、合作社)较好地掌握符合自身实际的特色林业经营技术，建成1 000片生态安全高效的林业示范基地，从而辐射带动林业经营水平的整体提升，为推进衢州市林业转型升级、实现林业的科学发展提供强有力的人才支撑和智力保障。通过举办各类培训班、印发技术资料和开展电视广播讲座等形式，对10 000名农民进行林业科技的系统培训，对10 000名农民进行林业实用技术培训，为实施科技兴林战略奠定良好的基础。建立市、县两级科技示范点141个，推广标准化项目7项，建设森林食品基地8.2万亩、优势特色林产品基地3.65万亩、省市级绿色农产品基地1.3万亩。共培训"保绿工"11 067名，培训发证10 967本，发证率99.1%，输出"保绿工"到外地园林、绿化等企业就业8 876名，培训输出率80.6%。开展科技培训1 020期，开展科技咨询25期，培训林农50万余人次；科技人员下乡1万余人次，印发技术资料60余万份。

4. 科技合作出成效

根据衢州市林业生产实际，采取牵线搭桥、举办林业科技集市等措施促进林业企业、经营大户等经济主体与科研院所、科技人员合作。衢州市企业与科研院所共建研发中心3个、技术创新服务中心3个，联合开发新产品16个，合作项目达到18项。通过多层次、宽领域、多形式的科技合作，提高衢州市的林业科技水平。2004年市政府与浙江农林大学联全面科技合作启动后，各县(市、区)政府、林业局也与浙江农林大学签订了科技合作协议书或意向书，浙江腾龙竹业制造有限公司等9家企业与浙江农林大学签订了10个项目科技合作协议书。目前，双方已落实签约项目17项，总投资约1.2亿元，项目建成后，预计可新增经济效益6亿多元。

5. 深化林业科技体制改革取得初步成果

林业科技队伍得到进一步加强，科技推广网络进一步完善。“十一五”以来，采取有效措施，推动林业科技体制改革向纵深发展，切实解决林业科研、推广、生产“三张皮”的问题。搞好现有机构和队伍的整合，合理布局科技力量，解决基层林业科技人员切身利益，落实了各级林技人员特别是乡(镇)林技组织及人员的办公经费、人员报酬、福利、养老统筹、医疗保险等待遇，使广大林业科技人员安心于基层、安心于林业，巩固和加强了林业科技队伍，加快形成一支精干高效、充满活力的林业科技工作队伍。

6. 林业科技保障体系日益完善，科研推广实力有所增强

林业科技工作在各级领导的重视下，在衢州市及各县(市、区)林业部门都建立了以局长为组长，分管局长为副组长，职能科室负责人和有关专家为成员的林业科技工作领导小组，负责林业科技规划，年度工作计划的编制，林业科技政策的制定，重大林业科技活动的组织及各项责任制度的落实，形成了第一把手抓第一生产力的领导体制。林业科技工作列入了市政府对各县(市、区)政府、市林业局对各县(市、区)林业局的年度林业考核责任状，增强各级领导对林业科技工作的重视。增加了林业科技投入，确保林业科技项目的顺利实施。一是把林业科技投入纳入各级林业部门的林业基金支出预算，并逐年有所递增。二是确保上级下达的林业科技项目配套资金足额及时到位和自选项目资金的落实。三是在林业育林基金中确定一定的比例用于科技成果的推广。

二、“十二五”林业科技发展思路

1. 指导思想

以“三个代表”重要思想和科学发展观为指导，围绕衢州“绿色发展、生态富民、科学跨越”的总体发展思路，以加快建设完备的森林生态体系、发达的林业产业体系和丰富的森林文化体系为目标，以科技成果推广和林农素质提升为重点，以科技队伍建设和增加科技投入为保障，依托项目带动、促进成果转化，为衢州市基本实现林业现代化提供强大的科技支撑。

2. 基本原则

——以创新为动力。从衢州市林业发展的实际出发，建立创新激励机制，建立科技与经济的衔接机制；建立科技人员的新型激励机制；多渠道筹措科技经费，建立新型的投融资机制等，以体制创新促进技术创新。

——以人才为根本。加大对优秀科技人才的培养力度，鼓励科技人员参加各类进修学习，有计划地选送优秀中青年科技人员到国内外考察、进修、学习、交流；制定优惠政策，吸引国内外科技人员以成果转让、技术入股、有偿服务等形式来衢州市创业；加强与高等院校的联系和交流，注重吸纳高校科研力量参与衢州市林业重点课题的研究。

——以绿色发展、生态富民为核心。坚持集中力量办大事，选择具有较好产业化前景和带动作用的重点项目，以林业科技园区建设为切入点，聚精会神，突出重点，下大力气开展相关技术的研发，真正使衢州市林业科技在生态保障、生态致富上发挥作用。

3. 主要目标

到"十二五"期末，力争使衢州市林业的科技水平、科技创新能力达到省内先进水平，某些项目领域达到国内领先水平；科技发展对林业经济增长的贡献率达到55%以上；在衢州市林业重点项目和林业的支柱产业上科技的贡献率达到60%以上；抓好先进适用技术的推广应用，林业科技成果转化率达到50%以上，技术创新增加值递增率达到20%以上。

4. 主要任务

着力实施衢州市科技兴林的"五五"工程(即建立健全五大科技推广保障体系、抓好五项科技行动、建设五大林业科技示范园区、重点推广五十项林业科技成果、系统培训五万农民)，努力提高林业生产的科技含量，促进新世纪林业跨越式发展，为衢州市与全省同步基本实现林业现代化提供强大的科技支撑。

(1)建立健全五大科技推广保障体系。

①建立健全林业科技的组织领导体系。要真正把林业科技工作放在首位，需要切实加强领导，为林业科技的发展创造良好的环境。"十二五"期间，科技兴林工作继续纳入对各市(县、区)林业主管部门的责任状年度考核；加强对全市林业科技工作的宏观指导和综合协调；继续实行领导建(联系)科技兴林示范点的制度；加强对科技体制改革的调研和领导；落实科技合作项目；寻求新的合作领域和合作方式。主要领导要抓好关键重大技术的推广，确保重点项目的资金、措施落实到位，并为改善林业科技人员的工作和生活条件办实事。

②健全林业科技队伍体系。加强林业科技队伍建设。采取多种形式、多种途径加速培养一批高素质的科研、推广人才。把人才培育与科研推广、教育培育和科技项目结合起来。要大胆选用和引进优秀中青年科技人员，优化学历结构和知识结构，提供较好的科研条件，更好地发挥科技人员的创造力。健全市、县、乡

三级林业科技推广体系，通过“实施人才战略”，发挥人才作为第一资源的战略作用，培养一支技术应用和产业化开发的科技骨干队伍。实现市、县、乡三级林业科技推广站达到“六有”：即有一定的基础设施；有一支稳定的、素质高的队伍；有一定规模的试验推广基地；有一套必要的推广设备；有稳定的经费来源渠道；有一批好的推广开发项目。尽快提高林业科技成果推广的覆盖率、转化率和贡献率。

③建立健全多元化的林业科技投入体系。要在大幅度增加对林业科技投入的同时，建立多渠道、全社会广泛参与的林业科技投入体系，形成政府为主导的多元化投入机制，从根本上改变林业科技投入不足的状况。各级林业局每年安排专项经费用于科技攻关和推广，新品种、新产品、新技术和新工艺的引进开发。各地对林业科技投入的增长速度，要高于其对林业投入的增长速度。要鼓励、吸引企业等社会力量增加林业科技投入，特别是要鼓励企业投资林业和农村经济。林业企业要将经营收入的一定比例用于研究开发工作；要鼓励大型农业龙头企业、农业科技企业建立民营科研机构；鼓励企业、个人等社会力量捐资成立林业科技基金会，专门支持林业科研、开发和推广。要在林业重大工程项目中安排不少于5%的资金，用于工程项目相关的科技工作。对林业科研单位通过技术成果转让、技术培训、技术咨询、技术服务和技术承包所取得的技术性收入要实现优惠政策。

④建立健全新型有效的林业科技推广和服务体系。要充分调动广大科技人员进行林业科技推广的积极性和创造性，使先进适用技术更多地走进农户，走出一条符合衢州市林业实际的林业科技推广道路。一是要加快建立一支由高级林业技术推广人才和企业、农民组成的多元化林业技术推广队伍，做到专业队伍和农民组织相结合。通过林业科技园区、技术市场、中介组织等形式，以及专业培训、定期进修、继续教育等途径，为林业技术推广工作创造条件。二是充分发挥政府在林业科技推广中的作用，做到政府主导与市场引导相结合。政府支持的科技推广机构，要着重抓好对林业有重大影响的、关键性的、全局性的共性技术的推广工作，以及公益性强、经济效益高、社会效益大的成果推广工作。三是要加快建立林业科学技术和林产品市场信息传播网络，尽可能在最短的时间内把科技知识和大量先进、实用的林业技术、市场信息提供给千家万户。四是要制定优惠政策鼓励采取技术开发、技术咨询、技术服务和技术转让等多种形式，从事林业科技推广和服务工作。要通过建立示范区、发挥示范效应，实行典型引路，以点带面，扩大科技成果辐射面。

⑤建立健全林业科技政策保障体系。深化科技推广体制改革，逐步完善推广

机制，提高科技成果转化率。林业科技推广是林业科技转化为现实生产力的必不可少的环节，林技推广组织和推广队伍是推进林业科技进步的一支十分重要的力量。通过改革林技推广体制，改变机构设置、服务机制、服务功能和人员素质等各方面不适应新形势的状况的新型林技推广体系。

(2)抓好五项科技活动。

①开展林业科技人员"四个一"活动。林业科技工作应以人为本，深入持久地开展林业科技人员"一师、一项目、一论文、一讲评"的"四个一"活动，不断提高林业科技人员科技兴林意识和自身工作能力。

②开展林业科技人员"四技"活动。开展"技术培训、技术交流、技术咨询、技术服务"的"四技"活动，是林业科技人员的本职，也是提高科技人员自身素质和服务水平的关键。

③开展科技宣传和送科技下乡活动。坚持开展科技宣传周活动，采用各种宣传形式，把先进适用的林业科技成果技术组装配套并送到林农手中，以提高营造林、护林和森林资源利用的科技含量。

④开展林业标准化宣传、制定和贯彻推广活动。要大力开展宣传林业标准化的重要性，积极制定和实施各项林业标准化，以提高林业各项生产质量，提高林业产出的附加值。

⑤开展林业科技成果转化推广活动。组织广大林业科技人员每年大力推广先进适用10项林业科技成果，使之尽快转化为现实生产力。

(3)建设五大林业科技示范园区。

①建立林木良种繁育科技示范园区。林木容器育苗等工厂化育基地3个，面积600亩。特色花卉苗木示范基地5个，面积2 000亩；推广优良花卉苗木品种6个以上；推广面积5万亩；珍贵乡土树种驯化和引进珍稀树种示范基地3个，面积600亩。优良林木采种基地2个，面积20 000亩。

②建立绿色特色林产品生产科技示范园区。名特优新经济林示范基地60万亩。竹林增效，毛竹"一竹三笋"基地5万亩；丰产培育示范基地40万亩；森林食品示范基地30个，120万亩；50个林产品达到省绿色农产品标准；以林木良种培育为主的实用技术和组装配套栽培技术得到大面积应用推广，生物技术和信息技术等高新技术在林业领域中的应用取得突破和推广。

③建立优质用材林科技示范园区。杉木优质大径材培育、珍贵用材林基地3个，推广面积30万亩。

④建立高附加值的森林资源加工利用科技示范园区。杉木集成材及结构用装修装饰开发利用；人造板新品种加工；木材加工园区建设；竹子和竹炭加工园区

建设；干水果贮藏保鲜、包装、运输及精深加工；森林蔬菜的开发与加工。

⑤建立高标准的林业生态保护科技示范园区

林业生态工程建设；森林生态功能评价与可持续经营；生态公益林促成栽培；造林绿化树种的选育与造林；低效能防护林改造复壮；困难立地造林；常绿阔叶林恢复和重建；马尾松、杉木等低产林阔叶化技术改造示范基地100万亩。

(4)重点推广五十项林业科技成果。

按每年有重点有针对性地推广10项林业科技成果，5年实现推广50项林业科技成果。

①林木种苗工程。阔叶绿化树种选育和快繁技术；优良乡土阔叶树种发掘利用技术；杉木无性系选育、开发应用及配套技术研究；组培苗商品化开发和利用研究；观赏植物栽培系列化技术研究。

②生态公益林建设。混交林营造技术研究；低丘红壤防护林营造技术及效益研究；低山丘陵生态脆弱区植被恢复技术；生物防火林带营造技术研究；针阔混防护林可持续经营技术研究；ABT生根粉应用技术；林业化学除草技术；退化林地改造技术和社会经济手段综合研究。

③优质林产品增效。干水果先进栽培技术及机械化选果、打蜡技术；干水果贮藏保鲜技术；山核桃、香榧引种丰产技术；高产高效叶用银杏促成栽培技术；甜柿早实优质高产栽培技术；常山胡柚丰产栽培技术；植物生长调节剂在果树中的应用；杨梅优良品种早实丰产技术。

④工业原料林培育。短轮伐期工业用材林定向培育与加工利用技术研究；马尾松造纸材定向选育及种子园丰产技术研究；火炬松、湿地松、纸浆材多性状综合选择的研究；黑杨派新无性系引种栽培与工业适用性研究；优质大径材产业化技术研究；短轮伐期菇木林培育技术；竹林丰产及综合利用技术推广；毛竹周年采伐及经营管理配套技术；竹林定向培育技术与综合利用技术开发；毛竹笋用林丰产结构调控技术研究；(毛竹)笋竹林经营对策研究；笋用竹二季高产经营技术研究；旱竹地面覆盖技术推广；毛竹专用肥配比及施肥技术。

⑤森林资源保护与管理。竹林病虫害综合防治技术；森林病虫害烟雾载药防治技术；板栗病虫害防治技术；新农药防治森林害虫试验推广。

⑥森林资源加工利用。厚朴等木本药材的开发利用；竹木复合层积材加工工艺技术；竹炭生产新技术；优质活性炭生产技术；建筑用竹胶合板模板。

⑦无公害林产品生产。无公害林产品生产技术；森林蔬菜资源开发利用技术。

(5)系统培训农民5万人。

积极配合全市的“万名农村人才拜师学艺工程”，以“带联建”活动，即“带千名学徒、联千家农户(协会、合作社等)、建千片基地”的活动载体。结合市委、市政府提出的“万名农民素质培训工程”的要求，对农民进行林业适用技术的培训、花卉种苗栽培技术系统培训，按每年系统培训1万人的谋划，5年系统培训农民5万人，对衢州市山区林农的增收致富具有重要的意义。在生产各主要环节，衢州市各级林业部门组织林业专家进入林区开展科技咨询、科技培训，并广泛开展科技下乡活动。全面提高全市林农的经营水平。

第十章

舟山市

“十一五”期间，舟山市林业科技工作在各级政府的高度重视下，在上级林业和科技部门的大力支持下，以邓小平理论和“三个代表”重要思想为指导，深入贯彻落实省委省政府《关于加快林业改革发展　全面推进“森林浙江建设的意见》和舟山市委市政府《关于加快推进绿色生态舟山建设的决定》精神，努力践行科学发展观，紧密结合海岛实际，积极开展林业科学研究和技术推广，不断创新体制机制，加快科研成果转化，推动林业科技与生产的紧密结合，各项工作取得了显著成效。

一、“十一五”林业科技发展成就

1. 科研推广硕果累累

为实现最适宜人类居住的“海上花园城市”发展目标，2006 年，中共舟山市委、舟山市人民政府做出了《关于加快推进绿色生态舟山建设的决定》，全市各级林业科研推广部门积极响应市委市政府的号召，积极争取国家、省、市和县区林业科研推广项目，大力开展生态公益性林业的基础研究和技术推广工作。由舟山市林业工作站承担完成的“海岛困难地造林技术的推广与示范项目”，成功筛选出适宜岩质海岸困难地造林的乔灌木树种 15 种，适宜海滨沙滩困难地造林的乔灌木树种 11 种，适宜盐质泥岸困难地造林的乔灌木树种 11 种；采用和推广海岛困难地造林综合配套技术措施，使造林保存率达到 85% 以上；营造示范林 1 290 亩，辐射面积4 304亩，节约造林成本 528. 5 万元，项目地区森林覆盖率提高 1 个百分点；该项目获科技兴林一等奖。

由舟山市林科所承担的“普陀鹅耳枥等海岛特有珍稀树种保存和繁育利用技术研究”项目，重点开展了普陀鹅耳枥繁殖技术研究，包括种子播种育苗、扦插育苗、嫁接育苗和组织培养，经过多种方法繁殖、探索，基本掌握了各种育苗的关键技术，并对普陀鹅耳枥进行了亲子代 RAPD 分析。该项目获浙江省第九届科技兴林一等奖。由舟山市林科所承担的“舟山群岛野生观赏植物资源调查研究及其开发利用”项目，首次引入资源系数、应用系数、特色系数和分布系数等4个因素和蕴藏量、利用方式、用途、观赏性、特有情况、珍稀情况以及分布范围等7个指标，应用于野生观赏植物开发利用的评价，确定了舟山海岛162种主要野生观赏植物优先开发序列，为全面、系统、客观地选定繁殖培育的种类提供了科学依据。建立了舟山海岛系列特色树种专用苗圃47.4亩，累计培育苗木68.88万株。在朱家尖岛、桃花岛、舟山岛等地辐射推广海岛特色树种培育苗圃954亩，累计培育苗木330万株。该项目获浙江省第六届科技兴林奖二等奖，2006年舟山市科学技术进步二等奖。舟山市林科所承担的省林业厅推广项目“浙江省林种树种结构调整技术集成与示范”，研究提出了浙江省主要森林群落不同生态位的森林植被恢复的优选树种及结构特征；总结出海岛困难立地、马尾松残次林结构调整、杉木人工林调整、次生阔叶林调整等模式技术。在舟山、丽水、永康等市(县)营建海岛困难立地、松林残次林、杉木阔叶化改造等试验示范区总面积2 010亩，人工促进效益明显。舟山市承担的科研项目“舟山海岛特色树种产业化开发关键技术研究”，首次应用逐步聚类方法对舟山新木姜子、普陀樟、铁冬青等树种1、2年生苗木进行分级研究并进行不同密度育苗试验；首次开展红楠苗木持水量，铁冬青分级移植及遮荫和去叶与否，全缘冬青、舟山新木姜子、普陀樟不同年份等移植研究；提出了培育5种海岛特色树种容器苗的容器规格和适宜基质。培育苗木28万株，其中容器苗6万株，辐射推广全市新培育苗木120万株；在定海、普陀、岱山应用海岛特色树种造林及补植90万株，面积1.8万亩，园林绿化应用0.8万株。

“十一五”期间全市共立项科研与推广项目24项，其中科研项目16项(省重大科技专项1项)，推广项目8项，“十一五”期间获奖的科研与推广项目16项，涉及11个项目，其中中国林学会梁希奖三等奖1项，浙江省林业厅科技兴林奖12项，包括一等奖2项，二等奖2项，三等奖8项，舟山市科技进步奖8项，包括二等奖2项，三等奖6项。共发表科技论文共86篇，其中一级刊物1篇，二级刊物35篇(其中林业系统14篇)，三级刊物50篇。

2. 标准化建设再上台阶

林业标准化工作作为林业科技工作的重要内容，对促进林业科技成果的推广和转化，提高林业建设质量与效益，增强市场竞争力，增加林农收入起着积极的作用。“十一五”期间，舟山市紧紧围绕林业生态工程建设和林业产业发展要求大力开展林业标准化建设工作。一是加快林业标准制(修)订步伐。全市共制(修)

定林业地方标准 10 个，其中，《柃木》、《普陀佛茶》、《皋泄香柚》为省级地方标准，《晚稻杨梅》等 7 个为市级标准。二是加大标准化推广力度。“十一五”期间，市、县区二级林业技术推广部门共实施省标准化推广项目 5 个，如《无公害晚稻杨梅标准化种植示范项目》、《无公害皋泄香柚标准化种植示范项目》、《无公害金塘李标准化种植示范项目》等，通过项目实施，共建立示范核心区 6 200 亩，辐射推广 22 000 亩，项目使 3 730 户农户受益，增加农民收入 1 200 万元。

3. 良种化进程继续推进

良种壮苗是林业建设的物质保障，是高科技、高效益的新兴产业，具有基础性、先导性和全局性的地位和作用。“十一五”期间，舟山市十分重视种苗基地建设工作，以舟山市曙光农场苗圃和舟山市林科所共裕苗圃为龙头，以培育海岛乡土树种、服务舟山林业建设为目标，通过品种筛选和育苗新技术的推广应用，5 年来共培育优质苗木 2 500 万株，其中容器苗 240 万株，主要培育品种有舟山新木姜子、普陀樟、红楠、美国红杉、全缘冬青、滨柃、红叶石楠等。同时曙光农场苗圃还开展了大规格容器苗培育，利用控根容器育苗技术，增育了 20 万株胸径 3 厘米以上的大规格容器苗，为重要地段和重要时段的绿化造林提供了苗木保障。全市现有各类苗圃 164 个，育苗面积 7 190 亩，年生产能力 1 280 万株，正发挥着巨大的社会和经济效益。

舟山市林科所继续实施“林木良种基地”建设项目，一是开展普陀鹅耳枥母树林营造。根据计划，在定海滕坑湾原有文旦园中通过挖除文旦、整地后套种普陀鹅耳枥，目前母树林长势良好。二是加强母树林和采穗圃、繁殖圃的日常抚育工作。对 300 亩的母树林、201 亩采穗圃、繁殖圃做好日常抚育管理工作，重点做好林地深翻、病虫害防治、除草施肥、整枝修剪等工作。目前，普陀樟母树已逐渐进入结实期，舟山新木姜子母树也已逐渐进入结实期，为推广应用奠定了基础。三是海岛特色树种开发应用。继续开展海岛特色新品种研究开发与推广应用，重点开发应用普陀樟、红楠、舟山新木姜子、红叶树等为海岛造林提供适宜树种。通过良种基地项目建设，首先，是直接带动育苗农户调整种苗培育结构，重点培育良好景观和适应性的海岛特色珍稀树种。其次，是为“岱山县林木种质资源收集园区”、“嵊泗县长弄堂苗圃”等海岛苗圃建设提供技术和物质支持。再次，是为上海、杭州、萧山、宁波、慈溪、温岭、瑞安、玉环、椒江等周边城市的引种应用提供适宜沿海地区生长的优质种源，为调整林种结构和丰富绿化树种和景观多样性等起到积极的作用。

基地建设存在的主要问题有：一是林木良种选育研究方面尚不足，目前推广应用的均为未经选育的种源繁育的实生苗；二是具体负责基地业务管理的技术人员配置不强。具体改进措施包括：林木良种选育研究方面，计划从2011年起，结合省、市项目研究开展以舟山新木姜子和普陀樟等树种为主的林木良种选育，加强自主创新能力；技术人员方面，已着手调动有实际经验的、具高级职称的科技人员充实基地业务管理工作，预计2012年初可到位。此外，基地内道路和沟渠由于未经硬化和修建时间较远，经常受雨水和山洪冲刷，计划分年度进行硬化和修缮。

4. 推广网络逐步健全

舟山市林科所是该市唯一的林业科学研究机构，近年来该所十分注重科技人才队伍建设，针对年轻科技人员多、年龄结构不尽合理的现状，重点围绕培养、吸引、使用3个环节，从能力建设、结构调整、制度创新3个方面入手，抓好人才队伍特别是年轻科技人才的建设。目前全所共有技术人员23人，其中正高级职称1人，副高级职称2人，中级职称11人。在林业基础科学研究水平和自主创新能力上处于全省同级林科所的前列。"十一五"期间，舟山市针对科技推广人员少，机构不健全的现状，重点加强市、县区、乡镇、村四级科技推广队伍建设，形成了比较完整的林技推广网络。根据省政府提出的"到2010年底，在全省基本建成农技推广、动植物疫病防控、农产品质量监管'三位一体'的基层农业公共服务体系"的决策部署。结合舟山特点，开展"三位一体"建设，并将林业技术推广、林业植检、林产品质量安全作为重要的一块内容，截至2010年年底，全市已基本完成"三位一体"建设。全市现有首席林技专家6名，林技指导员33名、责任林技员48名，每个乡镇明确责任林技员的职责、负责区域，并实行班主任制度和年度考核制度。

5. 科技服务不断深入

一是科技下乡，传经送宝。"十一五"期间，全市共举办大型科技下乡93次，参加林技人员652人次，印发各类科技书籍和资料70 200余份，赠送优良树种3 000余株。二是技术培训，提高素质。通过对县(区)、乡镇林技人员、科技示范户的林业科学知识和先进实用技术培训，提高了科技人员和林农的素质并极大激发了全市林农引进新品种、运用新设施、推广新技术的热情，从而提高林业科技技术的普及率。"十一五"期间，共举办林业培训班40余期，培训各类人员1 200余人次。三是示范结对，加强服务。结合全市开展的"暖促工程"、三联、三培养活动，林技人员深入生产第一线，积极开展科技服务活动，全市共有120余名林技人员联系结对林业科技示范基地150个，科技示范户300户，项目

50项，面积3 800亩，总面积4 800亩，辐射带动周边林户15 000多亩，累计增加效益1 500万元。

根据省林业厅的统一部署，“十一五”期间，每年开展“浙江省林业科技周舟山分会场”活动，主要以科普宣传和实用技术培训为主同时结合全市林业重点工作，开展营造林质量检查、绿色生态舟山建设工程督查，召开高效生态林业现场会等活动。通过开展科技周活动，进一步扩大了林业科技队伍的社会知名度和影响力，营造了学科技、用科技、靠科技的良好社会氛围。

二、“十二五”林业科技发展思路

1. 指导思想

以邓小平理论、“三个代表”重要思想和科学发展观为指导，贯彻落实中央和省林业工作会议精神，牢牢把握国家建设浙江省舟山群岛新区的战略机遇，根据“森林浙江”和“森林舟山”建设的总体部署，以深化改革和机制创新为动力，以海洋生态文明建设为出发点，大力开展林业基础科学研究、重点林业科技推广和林业科技示范园区建设，加快林业技术产业化步伐，不断提高科技成果转化率和贡献率。

2. 目标任务

进一步加大科技创新力度，培育一批林业发展急需的新成果、新品种、新技术，支撑现代林业发展；不断深化科技推广工作，逐步建立科学化、规范化、制度化的科技推广机制，不断推广先进适用技术；强力推动产业发展，在林业基地建设的良种化、规模化、集约化、标准化等方面有所突破；科技进步对林业经济增长的贡献率达到55%，主要领域研究水平跨入全省先进行列。

3. 发展重点

(1)重点生态公益林提升。以城区周边、国道、省道、水库周围等生态环境脆弱和生态地位重要地区作为重点。通过森林经营，重点改变林相结构较差、树种单一、常绿阔叶树种少等情况，应用乡土地带性常绿阔叶树种作为建群种，建成树种多样、结构合理、功能齐全、生态效益和社会效益比较稳定的生态公益林体系，使生物多样性得到有效保护，森林的生态、社会和文化公益价值得到较大提升。

(2)沿海防护林和平原绿化工程。以泥质海岸基干林带建设为重点，科学筛选抗风、耐盐碱树种，通过新造林和补植改造使未闭合的基干林带闭合并形成完整连续的基干林带体系；以增加绿量，改善平原农区生态环境，增强防护抗灾能力，改善农业生产条件为主要目的，兼顾经济观赏效益，实行多林种科学布局，多树种合理配置，带、网、片、点结合，构建适合海岛平原实际的绿化格局。

(3)森林城镇、村庄建设工程。针对一些地方绿地系统规划建设不健全、绿化模式单一、乡土树种应用不够、庭院绿化薄弱等问题。按照海岛地区不同的村庄类型，研究提出不同绿化模式，努力探索城镇、村庄绿化项目负责制、招投标制和监理制，不断提高森林城镇村庄的建设绩效。

(4)湿地建设工程。全面加强舟山湿地资源保护，改善湿地资源的围垦利用布局，提高湿地环境质量，恢复湿地功能，确保全市湿地保护区域分布合理、生态功能健全，实现湿地保护和可持续利用达到最佳平衡。

(5)特色产业提升工程。确定舟山晚稻杨梅、普陀佛茶、舟山兰花、柑橘4个特色产业，通过新建市级以上主导产业示范区、精品园和优质种质资源保护园，使林业特色产业布局和结构更趋优化，基础设施改善，资源利用率和加工水平明显提高，富民能力显著增强。

(6)林业标准化建设工程。根据重点生态工程和产业发展需要，加快地方标准制(修)订步伐，建立健全标准化体系，保障重点工程建设质量和林产品质量安全，加大标准化推广力度，不断强化林业标准实施工作，确保林业增效、林农增收。

第十一章

丽水市

为更加充分地调动广大林业科技人员的积极性和创造性，更好地推进科技进步、技术创新和成果转化，从2007年开始，设立了丽水市“科技兴林奖”，每年安排专项资金，用于表彰在推动林业科学技术进步工作中做出突出贡献的个人和集体，较好地促进了林业科技创新工作。2010年科技兴林奖升格为丽水市人民政府层面的科技奖项。“十一五”期间共有28个项目获得丽水市科技进步奖，其中一等奖5项，二等奖16项，三等奖8项。另获丽水市星火奖一等奖1项，星火奖二等奖2项。

一、“十一五”林业科技发展成就

1. 搭建平台，增强科技兴林的能力

(1)实施“市校联姻”战略，扩大科技服务林改的视野。丽水市委、市政府提出“市校联姻”发展战略。签订了《丽水市林业局与中国林业科学研究院亚热带林业研究所全面科技合作协议》、《丽水市林科所与浙江省林业科学研究院科技合作协议》、《龙泉市林科所与中国林业科学研究院亚热带林业研究所科技合作协议。丽水市林业局牵头组织全市林业系统与浙江农林大学签订了34个合作项目，并签订了《丽水市林业系统与浙江林学院开展全面科技合作协议》。2006年，丽水市林业局与丽水学院、丽水市林科所等单位承办了“浙西南生态发展战略与区域可持续发展学术研讨会”，来自国内外的150余位生态学界的专家，齐聚绿谷共商浙江生态发展大计。与会代表和专家在科学发展与生态浙江、流域管理与生态规划、自然保护与生态补偿、生物资源永续利用、生态安全与恢复生态等相关领域通过报告、座谈等多种形式进行广泛的研讨和交流。2009年，按照“一个产业聘请一名首席专家(顾问)，背靠一所高校(院所)资源，引入一个高层次人才团队，培育一支本土人才队伍，提升发展一个产业”的工作模式，深化市校联姻合作模式，全面实施竹产业和油茶产业首席专家(顾问)制度。竹产业聘请浙江农林大学

张齐生院士为首席顾问、方伟教授为首席专家、金爱武教授为岗位专家，同时确定了本地专家团队成员7人。油茶产业聘请中国林业科学研究院亚热带林业研究所姚小华研究员为油茶产业首席专家，王开良为岗位专家，整合全市科技人员组成15人专家团队。通过“市校联姻”平台，借力引智，为林业发展提供了强大的科技动力。丽水市森老大产销合作社由于板栗脱壳和保鲜难题一直没有得到彻底解决，合作社成立近8年来，只能靠原始的加工方法制作板栗食品。随着板栗市场供大于求的趋势也日益显现，面临“优质板栗贱价卖”的尴尬。2006年，合作社在浙江大学找到了理想的合作伙伴，投入15万元研发资金完成了“板栗脱壳及栗仁保鲜技术研究”项目，在1年内攻破了困扰合作社8年之久的技术难题，为合作社的发展壮大提供了技术保障。

(2)合作共建研发实体，优化科技兴林的条件。积极探索科技创新合作新模式，与高校和研究院所共建研发实体。2007年，丽水市与浙江省林业科学研究院携手共建了“浙江省林业科学研究院丽水分院”，并将“丽水市林业科学研究所”正式更名为“丽水市林业科学研究院”。并先后以市林业局为主，成立了浙江省竹产业科技创新服务平台丽水中心、浙江省林产品质量检测站丽水分站；浙江丽人木业集团和浙江农林大学强强联合，创建了首个国家级林工企业科技研发中心。这些研发实体的建立，最大程度引入和培养了产业发展所需人才和技术，优化了科技兴林的条件。

(3)构建林业信息化管理平台，提高科技兴林的水平。为全面提升林业管理服务水平，2007年丽水市林业局与浙江林学院合作，启动了林业信息化建设项目——森林资源管理信息系统建设(含7个子系统)，其中，《木材流通管理系统》、《征占用林地管理信息系统》和《林权管理信息系统》等3个管理系统已于2009年1月起在全市9县(市、区)全面推广应用，其他系统已完成开发，并逐步在全市推广应用。利用林业信息化管理，木材流通、运输，林权管理信息，竹木经营(加工)核准证的颁发与年检年审，林地征占用等林业管理环节，真正实行了“面对面、零距离、广信息”的高效服务，并实现了林业管理水平的4个提升，即通过手段的改变强化了管理；通过方法的完善优化了服务；通过程序的约束预防了犯罪；通过能力的提高改善了形象。该成果在北京通过专家评审，并被认定为在同类研究中达到了国际先进水平。在推进林权抵押贷款过程中，丽水市通过林权信息化工作，有效地优化了林农贷款服务，即把林农的林权信息和贷款信用有机结合起来，逐步实现有林权证，就有贷款信用证，方便千家万户林农贷款，促进林农创业致富。

2. 完善载体，构建三级科技服务网络

(1)以责任林技员制度为基础，构建林业技术推广体系。积极建立和完善政府主导、林农主体、科技入户型的三级科技服务网络。加强了以政府为主的林业科技推广体系建设，形成了市林业技术推广总站—县推广站—乡镇林业站的林业技术推广体系。据2010年年底统计，全市林业系统有各类专业技术人员1 414人，其中正高5人，副高55人，中级603人，初级751人。成立了丽水市农业技术推广中心林业分中心，并相应设立了竹木、林业生态、林业综合等3个专家组，负责本领域的林技推广和技术人员的知识更新培训工作。聘用首席林技推广专家64名，林技指导员178名，责任林技员752名。责任林技推广制度的实施，增强了广大林技员的服务和责任意识，充分调动了科技人员的主动性和积极性。同时，从2007年开始实施"三百一千"工程，全市下派林业科技人员150多人，入驻182个村，联系农户22 991户，制订产业发展规划和年度实施计划200个，建立示范基地206个，培训林农23 406人，解决实际问题2 298个。

(2)以兴林富民示范工程为载体，构建林业示范网络体系。以科技服务高效生态林业基地建设为主要内容，开展"兴林富民示范工程"建设工作，构建了"示范乡镇—示范村—示范户；示范园区—示范基地—示范点；农民专业合作社为纽带"的示范网络体系。自2006年以来，全市已建市级兴林富民示范乡(镇)51个、示范村201个，树立了一批兴林富民乡(镇)、村的典型；建设了一批科技含量高、经济效益好的生态林业基地，基地累计达到80余万亩，直接年产值约5.15亿元。"十一五"期间全市共开展送科技下乡活动3 575次，进村入户37 565户，送科技资料25.1万份。兴林富民示范工程为林业产业发展和林农增收奠定了坚实基础，更为山区新农村建设提供了示范和经验。庆元县隆宫乡通过实施兴林富民工程，毛竹丰产高效新技术得到普遍推广，毛竹亩立竹从原来的80株增加到现在的180株，提高了125%，2008年全乡实现农民人均竹产业经济收入4 393元，比实施前的2005年增加41%，走出了一条兴竹富民，富民兴乡之路。

(3)以林业标准化生产为抓手，构建林业质量保障体系。积极推广林业标准化生产。全市制定省级行业标准1项、市级林业地方标准3项、县级林业地方标准7项、企业标准147项。全市累计完成无公害林业标准化推广项目16个，涉及基地16.41万亩，推广辐射面积62.82万亩；带动农户4.92万户，产值35 049万元，增加产值8 299.2万元；建设森林食品基地40个，基地面积18.13万亩，辐射面积62.08万亩。通过标准化生产和品牌战略，使科技服务从生产向市场延伸，解决了千家万户各自为战造成的生产经营技术管理差异，使相应产品在质量品质上有保证，更有针对性地满足市场的需求，更好地发挥林地的经济功能。在推进标准化生产过程中，丽水市以农民专业合作社为抓手，构建林业社会化组织体系，形成有利于科技推广的组织体系。全市有林业专业合作社154家，1.2万人，带动农户 10.69 万户，经营面积 34.28 万亩，带动基地 87.58 万亩。例如，龙泉能福营造林专业合作社带动 4 000 多农户，11.3 万亩的森林经营，并相继成立了林业技术专家组、营造林专业队等，依靠科技，按照国际森林管理委员会的要求开展森林经营活动。2009 年 2 月，其经营的 11.3 万亩森林顺利通过 FSC 国际森林认证，提升了森林可持续经营水平。

3. 优化方式，建设参与式技术传播机制

以三级科技服务网络为载体，建设参与式技术传播机制。通过综合应用大众传播、人际传播等传播形式，建设和培养活跃农村的科技示范户，通过他们的人际传播将林业新技术快速在农村社区传播。

（1）通过技术的参与设计为林农提供整套经营方案。根据分类经营和定向培育的要求，在总结农户已有技术经验的基础上，对林业生产技术进行设计，为林农和广大林业经营者提供一整套技术方案，指导农户根据技术设计方案开展生产活动。在技术形式的设计上，赋予技术文化的特征，使之符合当地农户对新技术的理解和认知观，增强选择技术指向的明确性，促进农民技术的选择和应用。

（2）建立技术推广人员与农户之间互动式的伙伴关系。在进行技术推广过程中，采用多种方法和途径，积极与林农进行面对面的交流，建立起角色互动的伙伴关系。比如，在采取技术培训、座谈、现场会等形式进行技术传播时，要求使用的技术语言本土化，时间安排与农户的劳动时间没有很大冲突。在具体解决社区发展问题时，换位思考，以“当地人”的角色理解和共同解决发生的问题。

（3）广泛开展各种形式的农村培训，培育新型农民。依托产业发展，丽水市通过科技服务周、浙江中西部科技论坛、竹产业转型升级培训研讨、毛竹（笋）王大赛等活动，广泛开展各种形式的农村实用技术培训、职业培训，培养新型农民。“十一五”期间全市组织科技培训班及讲座 1 540 期，参加培训林农近 6 万余人次。对全市基层林业站的 730 多名林技员进行了一次知识更新培训，在全省率先完成了林技员的知识更新培训。2009 年 4 月在上垟镇小黄南村的丽水毛竹（笋）王擂台赛，吸引了全市四乡八邻的 3 000 多农民争相前来观看，通过比比看谁家的毛竹长的又粗又壮，比比看谁种出来的毛竹笋个头大、分量重，比比看谁种毛竹的手艺更好，既推广了高效经营技术，又分享了丰收的喜悦。活动不仅调动了竹农培育竹林的积极性，增加了竹农的收入，还活跃了农村的文化生活。2010 年遂昌还承办了浙江省毛竹（笋）王吉尼斯擂台赛。

4. 建设机制，为科技兴林提供制度保障

（1）建立重点产业管理与技术推广机构。为保证丽水市重点产业发展过程政府决策和技术行为一致性，在科技服务林改的过程中，各地根据产业发展要求，相应建立了决策的行政—技术专家制。吸收政府、非政府性组织和技术支持组织多方参与技术的推广工作，开展多元化技术服务。在龙泉、遂昌、庆元等竹产业重点县(市)成立了由有关部门和技术专家组成的竹产业领导小组，下设竹产业化办公室。县(市)竹产业化领导小组负责对竹业发展重大决策问题进行讨论研究；竹产业办公室并成立由县(市)竹业技术专业人员、县(市)政府竹业发展科技顾问、高校专家等人员组成的专家组，具体负责竹业年度计划制定和实施工作。

(2)建设林业科技创新长效机制。在积极支持科技人员参与“省级科技兴林奖”申报的同时，为更加充分调动广大林业科技人员的积极性和创造性，更好地推进科技进步、技术创新和成果转化，从2007年开始，设立了丽水市“科技兴林奖”，每年安排专项资金，用于表彰在推动林业科学技术进步工作中做出突出贡献的个人和集体，较好地促进了林业科技创新工作。2010年科技兴林奖升格为丽水市人民政府层面的科技奖项。“十一五”期间共有28个项目获得丽水市科技进步奖，其中一等奖5项，二等奖16项，三等奖8项。另获丽水市星火奖一等奖1项，星火奖二等奖2项。

(3)建设林业科技服务长效机制。为探索适应丽水市农村实际的科技富民、服务“三农”的有效途径，从2007年开展，丽水市通过整合林业科技服务的资源、活动和政策，在全市范围制定并开展了《丽水市“三百一千工程”实施办法》科技富民工程，下派科技人员开展“四个一”的科技服务。即每个行政村建立一个林业示范基地，引进推广适应当地种养业的优良品种和先进实用技术，培育特色产业；帮助组建一个农村专业合作组织或技术协会，提高农民组织化程度；落实10户科技帮扶农户，根据帮扶农户家庭实际情况，帮助制订和落实科技富民项目或计划；培训林农100人次，开展科普宣传和先进适用技术培训，提高农民科学文化素质，增强致富本领。为鼓励广大科技人员投身科技富民第一线，规定林业科技人员下派期间，其行政关系、职务、待遇等保持不变，工资(奖金、福利)由派出单位发放，其专业技术职务评聘，在同等条件下优先。同时，不仅要求各派出单位要安排资金建立林业科技人员专项经费，市林业局每年还安排20万元专项资金，补助各地用于下派科技人员的差旅费及下乡补贴、考核奖励和科技开发项目贷款贴息。丽水市还建立了对广大经营主体以奖代补、重奖示范户等激励制度；建立奖励参与技术推广与社会化服务有突出贡献的政府管理人员和技术推广人员等激励制度，建立奖励在产业发展过程引导和服务效果优良的基层乡镇的激励机制，提高广大经营主体技术致富的意识和能力，激发政府管理人员和技术推广人员的成就感和事业心。

二、“十二五”林业科技发展思路

1. 指导思想

“十二五”期间围绕林业两大体系建设，建立健全林业科技研究推广机制，通过聘林业主导产业首席专家(顾问)，组建主导产业科技团队，着力解决林业生产中的关键技术问题，推广林业先进技术和实用技术，深化林技推广体系改革，实行林业科技特派员制度，大力实施“花开山里——科技入户接力”工程项目，开展科技型农民培养，推进毛竹、油茶、干(水)果、种苗花卉、中药材等重点产业的发展。加大林业科技投入，抓好市“科技兴林奖”评选，建立科学有效的人才培养和评价体系。

2. 工作重点

加快绿色无公害林业标准体系建设；加强林业先进实用技术的研究、引进和推广；抓好林业科技示范园区建设；抓好科技培训和科技下乡活动；加强生态公益林科技管理体系建设；加快企业依靠科技进步的步伐；积极发挥学会和专业协会在科技兴林中的作用；进一步深化林业科技体制改革。在林业生态体系建设、林业产业体系建设、林业管理科学研究方面，组织一批科技项目的攻关和立项研究，建立科研、推广网络体系，基本建成满足经济增长方式从粗放型经营向集约型转变和林业生态建设中的科技支撑体系，努力走出一条科技含量高、经济效益好、资源消耗低、环境污染少的林业发展之路。

3. 具体举措

(1)强化林业科研。林业科研要继续强化手段，加强合作，提升水平，着力解决林业生产中的关键技术问题。森林资源与环境保护重点做好乡土特色观赏植物的品种化，重点开展高效生态经济竹林培育、优良竹类种质开发、竹林专用肥料研发和竹产品深度开发，油茶产业化关键技术研究、珍贵用材和大径材培育技术中药材道地种质资源库建设、药材品种选育研究等。

(2)深化林技推广体系改革。深化林技推广体系改革，促进林技推广机制和服务创新，加强基层林技人员队伍建设、技术培训及推广经费保障。开展“四个一”科技服务：即建立一个林业科技示范基地，引进推广适应当地种养业的优良品种和先进实用技术，培育特色产业；联系一个行政村，帮助组建一个专业合作组织或技术协会，提高组织化程度；争取一个林业科技项目，推进林业科技成果应用、推广；开展科普宣传和实用技术培训，有效地提高林农素质，增强林农致富本领，改善林区生产、生活条件，助推丽水市经济发展。

(3)建立林业科技特派员制度。鼓励科技人员下基层、到山头，围绕当地林业产业开展服务，指导林农科学经营山林，有利于提高林地产出率、资源利用率和劳动生产率，实现科技兴林、科技富民的目标。全市每2年选派100名林业科技特派员，派遣到100个乡(镇)，每个乡(镇)派遣1名科技人员。

(4)加大林业科技投入。林业科研、成果转化、科技推广、科技培训经费预计投资5 000万元，全市林业科技贡献率达60%以上；加快林业科技园区建设，全市新建特色林业科技示范园30个、标准化林业示范基地30个、市级科技示范点30个。

(5)大力实施“花开山里——科技入户接力”工程。工程建立三级示范和培训推广网络。示范网络为：示范乡镇→示范村→示范户；示范园区→示范片→示范基地。培训网络为：首席专家(专家团队)→责任林技员、科技特派员(林技员团队)→农民技术员(农民讲师团)→农民。每年培训农民技术员100人，以农民技术员为主体，技术推广机构为主导，科技入户培训林农10 000人次以上。

附

录

附录1 科研院校单位简介

中国林业科学研究院亚热带林业研究所

中国林业科学研究院亚热带林业研究所(简称亚林所)成立于1964年，是面向我国亚热带地区，融科学研究、科技推广和人才培养为一体的公益性林业科研机构，着重解决我国亚热带地区林业建设中综合性、关键性、基础性的科学技术问题，通过攻克区域林业生态建设、产业发展中关键性技术问题，为区域林业科技水平提升提供技术支持；为区域林业生态体系建设和产业提升提供技术支撑、为区域林业行业决策提升理论支持。研究领域涵盖林木遗传育种、经济林等六大学科20个研究方向，主攻竹林和经济林高效培育、工业用材速生丰产林定向培育、林业生态环境建设等领域的理论与实用技术。

该所现有职工172名，其中具有正高级职称13名，副高级职称36名，博士生导师5名，硕士生导师24名。可招收生态学、林木遗传育种专业的博士研究生。建有国家林业局亚热带林木遗传重点开放性实验室、国家林业局经济林产品质量检验检测中心(杭州)、国家油茶科学中心种质资源创新与利用实验室、杭州湾生态定位站、钱江源森林生态定位站等科技创新平台。中国林学会竹子分会、国家油茶科学中心办公室、全国油茶技术协作组、全国香榧山核桃产业协作组、全国马尾松良种基地技术协作组等挂靠该所。建所以来累计完成国家、省部、国际合作及其他各类研究项目600多项，获得科研成果300余项，其中主持成果获得国家级奖励11项、部省级奖励61项，发明专利8项，公开发表论文1 500余篇，出版专著40余部。制(修)订各类标准30余项，其中国际标准1项。

“十一五”期间，该所新增各类科技项目300多项，牵头组织了一批重大项目，尤其是该所牵头组织全国60多家单位，承担了国家科技支撑重点项目“油茶产业升级关键技术研究与示范”。“十一五”期间，该所合同经费约1.2亿，70%经费在浙江执行相关科研任务。“十一五”期间，该所累计获奖成果44项，其中由该所主持的“油茶高产品种选育与丰产栽培技术及推广”获2008年国家科技进步奖二等奖，获省级科技进步奖5项，通过审定的国家级和省级新品种23个，出版专著20多部。1人荣获“全国优秀林业科技工作者”称号，有2人被评为浙江省农业先进工作者，2人被评为浙江省有突出贡献中青年专家，2人被评为浙江省农业科技成果转化先进个人，2人入选浙江省新世纪“151人才工程”第二层次人选、14人入选第三层次人选。

国家林业局竹子研究开发中心

国家林业局竹子研究开发中心于1998年建成。中心占地24.22亩，科研综合楼总建筑面积有19 000平方米、总投资为8 400多万元(含自筹)。现有员工达41人，其中具有博士学位的9人，硕士学位12人，研究员职称4人，副高级职称4人、中级职称15人。初步建成一支梯队与专业布局合理、学术水平较高、老中青结合并正在蓬勃发展中的竹业研究队伍。

多年来，竹子中心争取相关科技部门、院 和院内兄弟单位领导、著名专家学者以及浙江当地业务主管部门的支持，整合社会、区位的资源和人才优势，联合院校与科研单位及业内知名企业的力量，面向国际、国内两大市场，牢牢把握发展机遇，强化研究，注重创新，以科技助推竹产业快速发展。重点研究领域有竹类资源培育、竹材科学与技术和竹产化学加工技术。自1996年以来，累计完成和在研的国家、部、省级科研项目有30余项，国际合作项目3项，重大技术援外项目1项，横向合作项目10项，申请专利10项(已授权6项)，累计获得科研及项目经费3 000余万元，还得到了美国布莱蒙基金15万美元的资助；在国内外各类学术期刊上发表论文百余篇，其中SCI论文4篇；主办了国内唯一的竹子专业综合性学术期刊《竹子研究汇刊》，并入选北大“中文核心期刊”。

自1998年以来，竹子中心承办商务部、联合国计划开发署、联合国工发组织、印度等国的国际竹业技术培训班/研讨会共30多期，培训了来自世界五大洲共100余个国家的1 000多名学员。初步实现了从TCDC向ECDC的拓展，援外技术项目累计总金额近2 000万元。通过培训这一桥梁，成功地为印度、乌干达、卢旺达等国家提供有偿技术服务和为期两年的援外国际竹业技术合作项目，较好地为我国大外交提供了服务，在提高了我国的竹业国际地位的同时，增加竹子中心国际显示度。以上援外项目的成功举办获得了受援国高层领导与当地人民及我驻外使馆众多官员的高度赞誉，该中心长期承担的国际援外竹业技术培训与官员研修工作得到了商务部魏建国副部长，援外司、经济合作局众多援外主管部门领导的多次表扬；得到了中国林业科学研究院和国家林业局领导及外事部门的长期支持，2007 年 6 月 1 日魏建国副部长为竹子中心亲笔题词：“育竹育人谋发展，生态社会促和谐”。

竹子中心通过“双赢”的合作和资源整合，以品牌、技术、策划、组织等方面的优势与企业合作，先后和浙江双枪在竹筷等小制品方面、与浙江康鑫在竹笋加工方面、与浙江中林高科在竹醋液与超级活性炭方面、与浙江三山炭业在竹质活性炭方面、与浙江南方竹木在竹纤维方面、与浙江宁波士林在竹家具方面、与杭州大庄在竹地板方面、与浙江荣事基业集团在低碳型竹质建筑新材料方面、与江西董氏竹质古典家具在全竹房屋建筑方面、与安徽重型机械的活性炭生产装备方面、与福建夏威竹业刨切竹单板方面、与台湾永光在化学染色等方面建立了紧密的合作关系。为加强竹子中心同各地的合作和促进成果的转化及应用，竹子中心除着力建设三大创新示范基地外，还在广东、四川、云南与当地合作建立了“丛生竹混生竹实验示范基地”、“竹子繁育培训基地”、“竹子加工利用基地”等。

目前，已初步建成了竹子培育实验室、竹材加工与生化利用实验室、竹笋加工利用实验室、竹林生态研究实验室等 4 个实验室，并装备了 2 000 多万的仪器设备。此外，该中心正在着力全面建设的三大基地建设：一是在长兴占地 500 亩的竹子培育实验基地（国家林业局批准立项）；二是在浙江省科技城内占地 25 亩的竹材高效利用基地（中国林业科学研究院与省发改委批准立项）；三是在云南墨江建设的特色竹种繁育基地（竹子中心与墨江哈尼族自治县政府共同批准建设的），占地上千亩，现已基本完工。再加上本部近 2 000 平方米实验室和国际合作教学条件建设的展开，开创并实现了三位一体（能力、条件、创新水平）全面建设发展的新局面。

面对新世纪的挑战，面对国家经济飞速发展的新形势，竹子中心作为我国竹子研究开发的国家队，肩负着历史的重托。竹子中心多年来为中国竹业的发展所起的作用得到了各级领导的肯定。过去的成绩虽然已成为历史，但它蕴含着先辈们和老一辈科学家艰苦创业和无私奉献的精神。正是这种精神激励着后辈更加奋进，也正是这种基础和智慧的结合，凝聚成集体的力量，推进与创造着竹子中心的未来。

浙江农林大学

浙江农林大学位于杭州西郊国家森林城市、全国优秀旅游城市——临安市，是浙江省属全日制本科院校，创建于 1958 年，时称天目林学院，1966 年更名为浙江林学院，2010年升格为浙江农林大学。经过50余年的建设，凝练了坚韧不拔、不断超越的学校精神，已发展成为一所以农林学科为特色，涵盖农、工、管、文、理、法、经、医、艺等九大学科门类，具有本科和研究生办学层次的多科性大学。

学校设有17个学院(部)，52个本科专业，其中国家级特色专业4个，省级重点专业、重点建设专业12个。现有省部级重点学科10个，有10个一级学科硕士点、覆盖二级学科硕士点40个以上、14个专业学位硕士点。学校面向30个省(自治区、直辖市)招生，现有各类在校生23 100余人，其中全日制本科生19 700余人，研究生1 100余人，留学生、农民大学生、继续教育学生2 300余人。

学校现有东湖、衣锦2个校区，占地面积2 500亩，校舍建筑面积60余万平方米，仪器设备总值逾2亿元。拥有国家工程技术研究中心、国家重点实验室培育基地各1个，省级重大科技创新服务平台2个，省部级重点实验室3个。

学校现有教职工1 600余人，其中专任教师1 000余人，高级职称470余人。拥有共享院士2人、国家级“新世纪百千万人才”2人、浙江省有突出贡献中青年专家2人、省政府特聘教授(钱江学者)5人、省“151”人才工程培养计划78人、省高校中青年学科带头人19人；省级以上创新团队、教学团队6个；全国优秀教师和师德先进个人4人。

近年来，获得国家级教学成果二等奖1项，省级优秀教学成果一等奖3项。有国家级课程3门，省级精品课程23门。建有浙江省人才培养模式创新实验区及7个省级实验教学示范中心。近五年，在校生在各类学科竞赛中获国家级奖205项、省部级奖323项，其中获全国“挑战杯”竞赛金奖2项、全国数学建模竞赛一等奖1项；4篇论文被评为“浙江省百篇优秀硕博论文”。学校积极推进创新创业教育，2010年被评为在杭高校大学生就业创业指导工作优秀单位。2009届毕业生刘霆被评为“全国道德模范”，2010届毕业生左力被评为“中国大学生自强之星”。

“十一五”期间，学校共承担包括国家级科技项目在内的科研课题2 300余项，科研经费总量近3亿元。获国家技术发明奖二等奖1项、国家科技进步奖二等奖4项，浙江省科学技术奖一等奖4项；三大检索收录论文510篇，授权专利164件，出版专(编)著206部。先后与浙江省40多个县市建立了合作关系，完成开发项目500多项，产生直接经济效益50多亿元，带动20多万人脱贫致富，促进了地区经济社会协调发展。学校连续7年被评为浙江省科技特派员优秀派出单位，2009年被评为全国科技特派员工作先进集体。

学校开门办学，积极开展国际交流与合作，先后与美国、日本、加拿大、英国、澳大利亚、韩国、瑞典等20多个国家的40余所大学和科研机构建立了校际协作关系，开展学术交流、联合办学、科学研究等活动，国际影响力逐步提高。

学校坚持以人为本，致力于以生态为特色的校园文化建设，成立了“浙江省生态文化研究中心”，“两园(校园、植物园)合一”的现代化生态校园被誉为“浙江省高校校园建设的一张亮丽名片”，“是一个读书做学问的好地方”。被教育部、国家林业局等单位授予“国家生态文明教育基地”。

“十二五”期间，学校将汇聚全校师生的智慧和力量，树立和落实科学发展观，全面贯彻党的教育方针，坚持“提升内涵，促进转型”发展主题，把提高质量作为事业发展的核心任务，把创新创业作为学校发展的战略目标，全面实施学校中长期发展规划纲要，朝着建设国内知名的生态性创业型大学的目标阔步前进！

浙江省林业科学研究院

浙江省林业科学研究院成立于1958年，是全省唯一的省级综合性纯公益类林业科研院所，综合实力位居全国林业科研院所前列。下设4个职能部门、8个研究所、3个中心和1个试验林场，开展森林培育、森林生态、林产化工、森林食品、生物技术、林业规划、林业改革发展、新材料技术等领域的研究工作。建有“浙江省竹类研究重点实验室”和“浙江省森林资源生物与化学利用重点实验室”及“浙江省竹产业科技创新服务平台——竹子加工与综合利用研发中心”和“浙江省林木种质资源保育与利用公共基础条件平台——种质检测与创新中心”。

省林业科学研究院拥有一支基础理论扎实、专业知识丰富、人才结构合理、精干高效的科研队伍。全院现有在职职工114位，离退休职工92位。在职职工中有高级专家48位，其中正高18位，副高30位；研究生学历的专业技术人员58位，其中博士22位、硕士36位。现有硕士生导师13位；浙江省“有突出贡献中青年专家”3位，浙江省“新世纪151人才工程”第一、二、三层次人才25位，享受国务院政府特殊津贴(含退休)10位；此外，6人荣获“全国星火标兵”、国家林业局“全国林业科技先进工作者”等荣誉称号。

建院53年来，承担和完成了国家重点攻关、省重大、国家自然科学基金、省自然科学基金等科研项目538项，取得科技成果275项，其中国家级奖励13项、部省级114项；获国家专利36项，其中发明专利14项，国际专利金奖1项；有67个林木良种通过省级审(认)定，制定国家及地方行业标准24项。

“十二五”期间的总体目标是：重点领域关键技术研究取得重大突破，每年研究经费投入1 000万元以上；重点研究领域实验条件明显提升，平均每年条件建设投入1 000万元以上；开发创收能力明显提高，每年创收500 万元以上；科技成果转化率达 70% 以上，每年技术推广增加效益 8 亿元以上(简称“1158”目标)。以此为契机，进一步提高自主创新能力，以创建全国一流的省级林业研究院为目标，以科技创新、开发创业为抓手，发挥优势，加强集成，建成多出成果、多出人才、社会效益与自身效益显著的省级重点研究院所，为推进“森林浙江”建设提供强大的科技支撑。

附录2 "十一五"期间部分林业科技项目名单

附表2-1 承担省级重点以上科研项目一览表

序号	项目名称	项目来源	主要承担单位
1	竹笋加工剩余物循环利用技术研究与示范	国家科技部	国家林业局竹子研究开发中心
2	马尾松遗传作图群体构建和分子标记辅助育种	国家科技部	中国林业科学研究院亚热带林业研究所
3	石漠化植被恢复技术支持体系构建	国家科技部	中国林业科学研究院亚热带林业研究所
4	薄壳山核桃新品种集成栽培技术与中试示范	国家科技部	中国林业科学研究院亚热带林业研究所
5	红豆杉容器苗规模扩繁与药用林栽培模式示范	国家科技部	中国林业科学研究院亚热带林业研究所
6	丛生笋用竹种质资源发掘利用及可持续经营技术示范	国家科技部	中国林业科学研究院亚热带林业研究所
7	锥栗优良新品种中试与产业化示范	国家科技部	中国林业科学研究院亚热带林业研究所
8	油茶高优新品种集约栽培与规模化扩繁应用示范	国家科技部	中国林业科学研究院亚热带林业研究所
9	木荷珍优工艺材良种和容器育苗技术应用示范	国家科技部	中国林业科学研究院亚热带林业研究所
10	大木竹栽培技术	国家科技部	中国林业科学研究院亚热带林业研究所
11	杂交松新品种无性扩繁技术体系应用与示范	国家科技部	中国林业科学研究院亚热带林业研究所
12	石漠化植被恢复技术应用示范	国家科技部	中国林业科学研究院亚热带林业研究所
13	沿海防护林课题(副主持)	国家科技部	中国林业科学研究院亚热带林业研究所
14	油茶高产优质新种质创制	国家科技部	中国林业科学研究院亚热带林业研究所
15	茶油精加工及产品深度开发集成与示范	国家科技部	中国林业科学研究院亚热带林业研究所
16	沿海陆地防台风防护林体系研究与示范	国家科技部	中国林业科学研究院亚热带林业研究所
17	油茶产业升级关键技术研究与示范	国家科技部	中国林业科学研究院亚热带林业研究所
18	纸浆用传统竹种竹林速生丰产培育关键技术	国家科技部	中国林业科学研究院亚热带林业研究所

（续）

序号	项目名称	项目来源	主要承担单位
19	纸浆用大生物量优良竹种速生丰产培育关键技术	国家科技部	中国林业科学研究院亚热带林业研究所
20	速生丰产竹林的病虫害生态控制技术	国家科技部	中国林业科学研究院亚热带林业研究所
21	不同类型竹藤林健康评价技术	国家科技部	中国林业科学研究院亚热带林业研究所
22	竹藤资源的病虫害综合防治技术	国家科技部	中国林业科学研究院亚热带林业研究所
23	高产优质多抗马尾松新品种选育	国家科技部	中国林业科学研究院亚热带林业研究所
24	高产优质油茶香榧新品种选育	国家科技部	中国林业科学研究院亚热带林业研究所
25	典型湿地可持续综合利用技术试验示范	国家科技部	中国林业科学研究院亚热带林业研究所
26	杭州富春江水源区水源涵养林构建技术试验示范	国家科技部	中国林业科学研究院亚热带林业研究所
27	长江口淤泥质海岸防护林结构优化与经营技术试验示范	国家科技部	中国林业科学研究院亚热带林业研究所
28	高产优质多抗杂交松新品种选育	国家科技部	中国林业科学研究院亚热带林业研究所
29	东南纵深防御型沿海防护林体系构建技术试验示范	国家科技部	中国林业科学研究院亚热带林业研究所
30	典型红壤坡地水土流失治理与植物恢复技术	国家科技部	中国林业科学研究院亚热带林业研究所
31	长江中下游低山丘陵生态退化区植被技术试验示范	国家科技部	中国林业科学研究院亚热带林业研究所
32	新农村绿色家园建设技术试验示范	国家科技部	中国林业科学研究院亚热带林业研究所
33	耐寒木麻黄新品种选育	国家科技部	中国林业科学研究院亚热带林业研究所
34	浙江省油茶优质高产培育技术研究	国家科技部	中国林业科学研究院亚热带林业研究所
35	竹子地下害虫防治	国家科技部	中国林业科学研究院亚热带林业研究所
36	优良竹种定向培育	国家科技部	中国林业科学研究院亚热带林业研究所
37	笋用竹促成栽培和设施栽培技术	国家科技部	中国林业科学研究院亚热带林业研究所
38	楸树珍贵用材林培育关键技术研究与示范	国家科技部	中国林业科学研究院亚热带林业研究所

（续）

序号	项目名称	项目来源	主要承担单位
39	竹林筛胸梳爪叩甲无公害防治技术	国家科技部	中国林业科学研究院亚热带林业研究所
40	高产优质多抗杉木新品种选育	国家科技部	中国林业科学研究院亚热带林业研究所
41	黄河三角洲地区风沙蝗灾多发滩地生态修复与综合治理技术示范	国家科技部	中国林业科学研究院亚热带林业研究所
42	耐水湿树种筛选与快繁技术研究	国家科技部	中国林业科学研究院亚热带林业研究所
43	石漠化综合治理与植被恢复技术研究	国家科技部	中国林业科学研究院亚热带林业研究所
44	杉木与马尾松林径材料速生丰产林培育关键技术研究与示范	国家科技部	中国林业科学研究院亚热带林业研究所
45	竹林耦合施肥技术与专用矿渣肥施用技术研究与示范	国家科技部	中国林业科学研究院亚热带林业研究所
46	茶油绿色高效加工和质量安全控制技术研究	国家科技部	中国林业科学研究院亚热带林业研究所
47	沿海防护林体系空间格局优化研究	国家科技部	中国林业科学研究院亚热带林业研究所
48	滨海城市防台风防护林体系研究与示范	国家科技部	中国林业科学研究院亚热带林业研究所
49	基于多源遥感信息的松材线虫病综合监测预警系统研究	国家科技部	浙江农林大学
50	浙江山区特色经济林高效经营技术开发与示范	国家科技部	浙江农林大学
51	浙江省非公有制林业发展政策及应用研究	国家科技部	浙江农林大学
52	雷公藤优良种源中试及栽培示范	国家科技部	浙江农林大学
53	雷竹低产低效林改造关键技术集成与示范	国家科技部	浙江农林大学
54	新农村园林产业培育技术与应用	国家科技部	浙江农林大学
55	金华山区肉牛产业关键技术集成与示范	国家科技部	浙江农林大学
56	山核桃、香榧高效栽培与加工技术集成示范	国家科技部	浙江农林大学
57	夏秋季笋用竹高效经营与综合开发关键技术集成示范	国家科技部	浙江农林大学
58	毛竹低产低效林综合生产能力提升关键技术推广	国家科技部	浙江农林大学
59	基于无线传感器网络的设施农业环境监控系统	国家科技部	浙江农林大学
60	沿海防护林体系构建技术试验示范	国家科技部	浙江省林业科学研究院
61	中密度竹木复合板转化	国家科技部	浙江省林业科学研究院
62	新型轻质覆盖材料的筛选应用与示范推广	国家科技部	宁波市林特科技推广中心

（续）

序号	项目名称	项目来源	主要承担单位
63	国家水体污染控制与治理科技重大专项：太湖流域苕溪面源污染河流综合治理技术集成与示范工程项目	国家科技部	浙江森禾种业股份有限公司子公司——杭州森禾花卉园艺有限公司
64	山地油茶高产栽培技术集成示范	国家科技部	浙江省林业技术推广总站
65	濒危石斛菌根抗旱生物学基础研究	国家自然科学基金委	中国林业科学研究院亚热带林业研究所
66	覆盖栽培对笋用竹林衰退的生化他感效应	国家自然科学基金委	中国林业科学研究院亚热带林业研究所
67	用新疆野生郁金香远缘杂交结合胚救创新国产郁金香种质的探索性研究	国家自然科学基金委	中国林业科学研究院亚热带林业研究所
68	主要造林树种对土壤营养异质性的适应性反应和觅养机制研究	国家自然科学基金委	中国林业科学研究院亚热带林业研究所
69	华东南稀有濒危冷杉属植物分子分类及保护遗传学研究	国家自然科学基金委	中国林业科学研究院亚热带林业研究所
70	中国特有杜鹃红山茶遗传变异及其进化潜力研究	国家自然科学基金委	中国林业科学研究院亚热带林业研究所
71	马尾松材性遗传变异、基因作用方式及环境影响	国家自然科学基金委	中国林业科学研究院亚热带林业研究所
72	实生幼竹根系构型及其对水养供应的响应	国家自然科学基金委	中国林业科学研究院亚热带林业研究所
73	耐盐关键基因的生物学整合效应研究	国家自然科学基金委	中国林业科学研究院亚热带林业研究所
74	石漠化裸岩引发小尺度异质性及其对植被恢复的影响	国家自然科学基金委	中国林业科学研究院亚热带林业研究所
75	石蒜属（*Lycoris*）植物 rDNA 基因结构及系统发育的研究	国家自然科学基金委	浙江农林大学
76	亚洲平藓属（*Neckera* Hedw.）的分类修订	国家自然科学基金委	浙江农林大学
77	纤毛虫核决定的分子生物学机制的研究	国家自然科学基金委	浙江农林大学
78	强度经营经济林土壤水溶性有机氮的演变特征及其调控机制	国家自然科学基金委	浙江农林大学
79	竹子废弃物蒸爆制板无胶粘结机理研究	国家自然科学基金委	浙江农林大学
80	毛竹林土壤微生物群落结构特征及其演变规律	国家自然科学基金委	浙江农林大学
81	基因与环境互作的高维作图方法	国家自然科学基金委	浙江农林大学
82	动态数据驱动的林火行为建模及其可视化	国家自然科学基金委	浙江农林大学
83	鸡蛋蛋壳强度相关基因克隆及其分子机制的研究	国家自然科学基金委	浙江农林大学
84	以竹材高温热银气态冷凝物为分散介质的生物防腐剂机理研究	国家自然科学基金委	浙江农林大学
85	竹林碳储量及碳动态评价遥感信息模型研究	国家自然科学基金委	浙江农林大学

（续）

序号	项目名称	项目来源	主要承担单位
86	火炬树单优群落形成机制与拓殖效应	国家自然科学基金委	浙江农林大学
87	集约经营毛竹林土壤温室气体排放特征及其与土壤水溶性碳氮的关系	国家自然科学基金委	浙江农林大学
88	基于面向类技术的高分辨率遥感图像森林信息提取方法研究	国家自然科学基金委	浙江农林大学
89	印迹数量性状位点定位的一般策略及在林木遗传中的应用	国家自然科学基金委	浙江农林大学
90	竹类植物 mariner-like 功能转座子的开发与转座特性的研究	国家自然科学基金委	浙江农林大学
91	蝴蝶兰成花"温敏"现象特异基因的鉴定及表达调控研究	国家自然科学基金委	浙江农林大学
92	三环唑—稻瘟病菌—水稻三者互作中小分子化合物的获得及其诱导寄主防卫反应的初步研究	国家自然科学基金委	浙江农林大学
93	基于模型和规约的无线传感器网络应用系统验证方法	国家自然科学基金委	浙江农林大学
94	典型环境污染重金属与高丰度血清蛋白质组的相互作用机制研究	国家自然科学基金委	浙江农林大学
95	松墨天牛交配定位的通讯机制研究	国家自然科学基金委	浙江农林大学
96	UV-B 辐射变化对中国亚热带主要树种凋落物分解影响的研究	国家自然科学基金委	浙江农林大学
97	木麻黄共生固氮菌 Frankia 的根际行为特征研究	国家自然科学基金委	浙江农林大学
98	利用模式植物功能基因组信息开发杉科 ACGM 标记及利用其发掘优异基因资源	国家自然科学基金委	浙江农林大学
99	基于 Q2 技术、计算机图像处理技术研究林木种子活力快速测定方法	国家自然科学基金委	浙江农林大学
100	中国眼蕈蚊科分类及其系统发育研究	国家自然科学基金委	浙江农林大学
101	外源茉莉酸调控小白菜硫代葡萄糖苷生物合成的分子机制及诱导抗虫性的研究	国家自然科学基金委	浙江农林大学
102	基于 GIS 的森林空间结构调控研究	国家自然科学基金委	浙江农林大学
103	用于纤维素乙醇生产的超临界 AFEX 预处理及其作用机理	国家自然科学基金委	浙江农林大学
104	CcLFY 基因启动子核心元件鉴定及其调控蛋白研究	国家自然科学基金委	浙江农林大学
105	我国山核桃属（Carya Nutt.）植物油香气形成规律及其增香调控机理的研究	国家自然科学基金委	浙江农林大学
106	覆盖栽培雷竹林退化机理研究	国家自然科学基金委	浙江农林大学
107	毛竹林生态系统碳汇功能及其调控机制	国家自然科学基金委	浙江农林大学

（续）

序号	项目名称	项目来源	主要承担单位
108	白菜类蔬菜中硫代葡萄糖苷对斑痣悬茧蜂发育和繁殖策略的影响	国家自然科学基金委	浙江农林大学
109	仔猪肠壁优势乳酸杆菌黏附相关 S 蛋白功能与结构域解析	国家自然科学基金委	浙江农林大学
110	高温胁迫下无柄小叶榕 Rubisco 活化酶超量合成的机制和作用	国家自然科学基金委	浙江农林大学
111	松材线虫伴生细菌的分离鉴定及与宿主互作的分子机制	国家自然科学基金委	浙江农林大学
112	竹类植物中开花“开关”基因的生物学功能解析	国家自然科学基金委	浙江农林大学
113	中亚热带森林凋落物对酸雨缓冲的生化机制研究	国家自然科学基金委	浙江农林大学
114	自组装构建有机木材防腐剂纳米载药控释系统及其控释机理研究	国家自然科学基金委	浙江农林大学
115	基于 ENVIS 监测技术系统的柳杉古树茎干液流时空变异性研究	国家自然科学基金委	浙江农林大学
116	毛竹林集约经营过程中碳生存、稳定性及其调控机制	国家自然科学基金委	浙江农林大学
117	基于卫星影像和连续清查数据的森林碳模拟及其空间不确定性分析	国家自然科学基金委	浙江农林大学
118	基于信息联动的森林资源安全监管新模式研究	国家自然科学基金委	浙江农林大学
119	苏云金杆菌伴胞晶体蛋白对松材线虫的毒杀机制及基因克隆	国家自然科学基金委	浙江农林大学
120	解析毛竹茎秆叶绿体结构与其高效碳同化的关系	国家自然科学基金委	浙江农林大学
121	木材无损检测中的应力波传播模型与缺陷识别方法研究	国家自然科学基金委	浙江农林大学
122	可计算视觉显微结构与木材指纹研究	国家自然科学基金委	浙江农林大学
123	超声促进酸性离子液体中木质纤维绿色催化转化为模块合物乙酰丙酸的研究	国家自然科学基金委	浙江农林大学
124	高功率超短自相似脉冲和巨脉冲的特性研究	国家自然科学基金委	浙江农林大学
125	低剂量毒死蜱—乙草胺复合污染对中华蟾蜍 DNA 损伤及基因差异表达	国家自然科学基金委	浙江农林大学
126	水稻驯化相关 miRNA 基因的鉴定、分子进化与功能研究	国家自然科学基金委	浙江农林大学
127	竹子成花逆转体系的建立	国家自然科学基金委	浙江农林大学
128	‘无子瓯柑’雄性不育的细胞及分子机理研究	国家自然科学基金委	浙江农林大学
129	大白菜 BrAOP2 基因克隆及萝卜硫苷代谢工程研究	国家自然科学基金委	浙江农林大学
130	中国平藓科(Neckeracera)分类学研究	国家自然科学基金委	浙江农林大学

（续）

序号	项目名称	项目来源	主要承担单位
131	UV-B 辐射增强和氮沉降增加的复合作用对森林凋落物分解的影响及其微生物学机制	国家自然科学基金委	浙江农林大学
132	木材酸性蒸汽高压蒸煮热磨分离中细胞壁物质的化学反应机理研究	国家自然科学基金委	浙江农林大学
133	毛竹林冠层参数定量反演及其高效固碳响应遥感信息模型	国家自然科学基金委	浙江农林大学
134	转 Bt 蛋白基因灰葡萄孢菌构建及对松材线虫毒杀机制研究	国家自然科学基金委	浙江农林大学
135	超活性 mariner-like 转座子的构建及在基因标签技术应用的探讨	国家自然科学基金委	浙江农林大学
136	生长素响应因子 ARF 对山核桃嫁接成活的调控机理研究	国家自然科学基金委	浙江农林大学
137	光与热胁迫下杨梅叶片 D1 蛋白周转的分子调控机理研究	国家自然科学基金委	浙江农林大学
138	普通小麦遗传背景下野生二粒小麦控制抽穗期基因的分解、定位与遗传分析	国家自然科学基金委	浙江农林大学
139	灰霉病菌啶酰菌胺抗药性突变体对甲氧基丙烯酸酯类杀菌剂表现负交互抗药性的机制	国家自然科学基金委	浙江农林大学
140	纤毛原生动物减数分裂产物凋亡机制的研究	国家自然科学基金委	浙江农林大学
141	中国瘿蜂科昆虫分类及其系统发育研究	国家自然科学基金委	浙江农林大学
142	中国南方集体林区森林碳汇供给潜力及政策工具	国家自然科学基金委	浙江农林大学
143	竹子鞭芽发育基因调控的新研究模型建立及其实例分析	国家自然科学基金委	浙江省林业科学研究院
144	PpHB1、生长激素和 microRNA 在竹笋期维管组织发育过程中的分布规律研究	国家自然科学基金委	浙江省林业科学研究院
145	茶花特异新品种选育及产业化示范	国家林业局	中国林业科学研究院亚热带林业研究所
146	南方林源多用途药用植物种质保护和选育技术	国家林业局	中国林业科学研究院亚热带林业研究所
147	油茶精深加工利用关键技术研究	国家林业局	中国林业科学研究院亚热带林业研究所
148	麻栎炭用林定向培育与高效利用关键技术	国家林业局	中国林业科学研究院亚热带林业研究所
149	皂素植物资源产业化利用技术体系研究与示范	国家林业局	中国林业科学研究院亚热带林业研究所
150	油桐抗病高产良种选育技术研究	国家林业局	中国林业科学研究院亚热带林业研究所

（续）

序号	项目名称	项目来源	主要承担单位
151	特产珍稀筇竹人工繁育及可持续开发利用技术	国家林业局	中国林业科学研究院亚热带林业研究所
152	竹林笋期重大害虫——竹笋夜蛾生态控制技术研究	国家林业局	中国林业科学研究院亚热带林业研究所
153	优良材用竹种撑绿杂 3 号和大木竹区域化试验及其经营技术体系开发	国家林业局	中国林业科学研究院亚热带林业研究所
154	珍优阔叶材树种木荷木制工艺用材新品种选育和栽培技术应用开发	国家林业局	中国林业科学研究院亚热带林业研究所
155	高产优质干鲜果的新品种选育(香榧新品种选育)	国家林业局	中国林业科学研究院亚热带林业研究所
156	Bt 高优菌株生产及产量化开发技术引进	国家林业局	浙江农林大学
157	中国森林认证标准的 PEFC 认可	国家林业局	浙江农林大学
158	竹林固碳能力及碳储量遥感估算技术引进	国家林业局	浙江农林大学
159	浙江临安毛竹林碳汇研究	国家林业局	浙江农林大学
160	国家森林认证形象设计的研究	国家林业局	浙江农林大学
161	切枝杨桐高效培育技术规程	国家林业局	浙江农林大学
162	松墨天牛引诱剂及其应用关键技术引进	国家林业局	浙江农林大学
163	多功能林果采摘设备研制与示范	国家林业局	浙江农林大学
164	山核桃新品种生态高效培育技术推广与示范	国家林业局	浙江农林大学
165	中国森林认证体系与 PEFC 体系互认进程研究	国家林业局	浙江农林大学
166	刨切薄竹	国家林业局	浙江农林大学
167	香榧良种快繁和早实丰产栽培技术推广示范	国家林业局	浙江农林大学
168	毛竹笋竹林测土推荐施肥技术的推广与示范	国家林业局	浙江农林大学
169	楠木类等珍贵树种资源培育关键技术推广示范	国家林业局	浙江农林大学
170	香榧良种快繁和早实丰产栽培技术推广示范	国家林业局	浙江农林大学
171	林业产权交易中心建设研究	国家林业局	浙江农林大学
172	刨切薄竹国家林业局行业标准	国家林业局	浙江农林大学
173	中国森林认证体系国际认可评估研究	国家林业局	浙江农林大学
174	竹炭包	国家林业局	浙江农林大学
175	森林抚育补贴试点社会经济效益监测	国家林业局	浙江农林大学
176	毛竹笋竹林测土推荐施肥技术的推广与示范	国家林业局	浙江农林大学
177	浙江临安毛竹林碳汇研究	国家林业局	浙江农林大学，临安市林业局
178	沿海防护林体系综合配套技术推广示范	国家林业局	浙江省林业科学研究院
179	毛竹冬笋和鞭笋丰产技术推广与示范	国家林业局	浙江省林业科学研究院

（续）

序号	项目名称	项目来源	主要承担单位
180	利用果蓬等废弃生物质原料生产机制炭技术引进	国家林业局	浙江省林业科学研究院
181	食药用菌活性多糖生物酶法提取与检测技术引进	国家林业局	浙江省林业科学研究院
182	亚热带特色阔叶树种工厂化容器育苗技术示范	国家林业局	浙江省林业科学研究院
183	竹加工剩余物生产竹炭竹醋液的新工艺推广	国家林业局	浙江省林业科学研究院
184	森林食品——油茶生产技术规程	国家林业局	浙江省林业科学研究院
185	森林食品——银杏生产技术规程	国家林业局	浙江省林业科学研究院
186	毛竹冬笋和鞭笋丰产技术推广与示范	国家林业局	浙江省林业科学研究院
187	浙江省沿海防护林体系优化配置技术	国家林业局	浙江省林业技术推广总站
188	森林食品——青梅生产技术规程	国家林业局	浙江省林业技术推广总站
189	浙江省油茶丰产栽培集成技术推广示范	国家林业局	浙江省林业技术推广总站
190	杨桐高效培育与利用技术推广示范	国家林业局	浙江省林业技术推广总站
191	竹资源综合利用技术示范	国家林业局	浙江省林业技术推广总站
192	竹资源培育与综合开发利用技术集中示范	国家林业局	浙江省林业技术推广总站
193	森林食品高效安全培育技术示范推广	国家林业局	浙江省林业技术推广总站
194	有机生态型栽培基质的研究与产业化开发	国家林业局	浙江森禾种业股份有限公司
195	红叶石楠绿化苗木生产标准化示范区	国家林业局	浙江森禾种业股份有限公司
196	全国早园笋林业标准化示范区	国家林业局	浙江省德清县林业局
197	全国柿树生产标准化示范区建设	国家林业局	浙江省兰溪市林业科学研究所
198	香榧高效栽培技术示范与南扩推广	国家林业局	浙江省丽水市林业科学研究院
199	优良菜竹四季出笋高效可持续经营	国家林业局	浙江省临安市林业技术服务总站
200	杉木优质大径材培育技术推广与示范	国家林业局	浙江省衢州市林业技术推广站
201	海岛困难地防护林造林技术推广示范	国家林业局	浙江省舟山市林业技术推广站
202	诸暨市香榧标准化示范区建设	国家林业局	浙江省诸暨市林业技术推广中心
203	竹木复合结构装饰板应用技术示范	国家林业局	浙江大庄实业集团有限公司
204	太阳能圆竹结构预制房屋屋面导热系统开发	国家林业局	浙江大庄实业集团有限公司
205	拟南芥固醇载体蛋白 scp-2 调控种子萌发的分子机理研究	教育部	浙江农林大学
206	松材线虫与其伴生细菌 $1N_{21}$ 菌株的互作模型建立	教育部	浙江农林大学
207	糖酵解关键调控枇杷果实糖酸代谢机制研究	教育部	浙江农林大学
208	毛竹林高产空间结构研究	教育部	浙江农林大学
209	制造风电叶片的高性能竹质复合材料开发	教育部	浙江农林大学
210	棉花纤维突变体候选基因的克隆与功能验证	农业部	浙江农林大学

（续）

序号	项目名称	项目来源	主要承担单位
211	南方集体林区农户林权抵押贷款需求行为研究	全国哲学社会科学规划领导小组	浙江农林大学
212	石漠化地区能源与生物质材料专用油桐新品种产业化示范	国家发改委	中国林业科学研究院亚热带林业研究所
213	林源植物脂肪酸合成酶基因工程菌株的开发	浙江省科技厅	中国林业科学研究院亚热带林业研究所
214	油茶油桐乌桕三种木本油料能源树种新品种选育及中试	浙江省科技厅	中国林业科学研究院亚热带林业研究所
215	林木种质资源收集保护与利用关键技术及基因库建设——用材资源	浙江省科技厅	中国林业科学研究院亚热带林业研究所
216	生态林抗逆植物材料筛选与快繁关键技术研究与应用	浙江省科技厅	中国林业科学研究院亚热带林业研究所
217	植物源新型抗氧化剂番茄红素研制与中试	浙江省科技厅	中国林业科学研究院亚热带林业研究所
218	经济竹类新品种选育与快繁关键技术研究与示范	浙江省科技厅	中国林业科学研究院亚热带林业研究所
219	马尾松非木质资源的综合利用及新产品的研究开发	浙江省科技厅	中国林业科学研究院亚热带林业研究所
220	林木非木材生物质的开发利用及产业化技术研究	浙江省科技厅	中国林业科学研究院亚热带林业研究所
221	油茶加工利用关键技术研究与产业化示范	浙江省科技厅	中国林业科学研究院亚热带林业研究所
222	短周期工业用大径竹材的培育技术集成与示范	浙江省科技厅	中国林业科学研究院亚热带林业研究所
223	优质珍贵用材树种新品种创新及高效培育关键技术研究与示范	浙江省科技厅	中国林业科学研究院亚热带林业研究所
224	甜柿产业化提升关键技术研究与示范	浙江省科技厅	中国林业科学研究院亚热带林业研究所
225	林木生物质液化及其在模塑材料中的应用研究	浙江省科技厅	中国林业科学研究院亚热带林业研究所
226	浙江省名优柿种质资源评价与开发利用	浙江省科技厅	中国林业科学研究院亚热带林业研究所
227	块菌液体发酵技术及发酵产物开发利用的研究	浙江省科技厅	中国林业科学研究院亚热带林业研究所
228	竹子优质、抗逆转基因新品种创制	浙江省科技厅	中国林业科学研究院亚热带林业研究所
229	优质用材树种高效育种关键共性技术研究及应用	浙江省科技厅	中国林业科学研究院亚热带林业研究所
230	山桐子能源品种选育	浙江省科技厅	中国林业科学研究院亚热带林业研究所

（续）

序号	项目名称	项目来源	主要承担单位
231	油茶、油桐、乌桕、薄壳山核桃能源品种选育	浙江省科技厅	中国林业科学研究院亚热带林业研究所
232	竹林自然灾害防控及快速恢复重建技术集成研究与应用示范	浙江省科技厅	中国林业科学研究院亚热带林业研究所
233	材油两用优良树种东京野茉莉引种繁育和利用	浙江省科技厅	中国林业科学研究院亚热带林业研究所
234	低木质素含量纸浆材林木转基因新品种育种技术	浙江省科技厅	中国林业科学研究院亚热带林业研究所
235	马尾松花粉专用林经营技术研究	浙江省科技厅	中国林业科学研究院亚热带林业研究所
236	竹可溶性硅的制取和利用	浙江省科技厅	中国林业科学研究院亚热带林业研究所
237	油茶精深加工与利用关键技术研究	浙江省科技厅	中国林业科学研究院亚热带林业研究所
238	马尾松抗松材线虫病优良种质选择、测定和评价	浙江省科技厅	中国林业科学研究院亚热带林业研究所
239	农村城镇抗逆绿化树种分子育种研究	浙江省科技厅	中国林业科学研究院亚热带林业研究所
240	优新树种弗吉尼亚栎的生态适应性和快繁技术研究	浙江省科技厅	中国林业科学研究院亚热带林业研究所
241	分子标记辅助高效选育文心兰新品种	浙江省科技厅	中国林业科学研究院亚热带林业研究所
242	特种经济高档用材红豆树培育技术研究	浙江省科技厅	中国林业科学研究院亚热带林业研究所
243	珍稀濒危林木种质资源保育	浙江省科技厅	中国林业科学研究院亚热带林业研究所
244	短周期工业用大径竹材的培育技术集成与示范	浙江省科技厅	中国林业科学研究院亚热带林业研究所
245	油茶新品种新技术应用集中示范	浙江省科技厅	中国林业科学研究院亚热带林业研究所
246	锥栗优良新品种中试与产业化开发	浙江省科技厅	中国林业科学研究院亚热带林业研究所
247	松花粉超临界萃取及软胶囊制备	浙江省科技厅	中国林业科学研究院亚热带林业研究所
248	水源区生态修复关键技术研究	江苏省科技厅	中国林业科学研究院亚热带林业研究所
249	经济竹类新品种选育及快繁关键技术研究与示范	浙江省科技厅	浙江农林大学
250	人工林速生材改性与高效利用关键技术和设备	浙江省科技厅	浙江农林大学

（续）

序号	项目名称	项目来源	主要承担单位
251	速生优质高抗林木新品种选育及快繁营建技术研究与示范	浙江省科技厅	浙江农林大学
252	农村废弃物资源化循环利用关键技术研究与示范	浙江省科技厅	浙江农林大学
253	木材加工剩余物高效利用关键设备及木丝集成材料研制	浙江省科技厅	浙江农林大学
254	高性能 MPF 共聚树脂合成及在木质复合材料中应用关键技术研究	浙江省科技厅	浙江农林大学
255	林木种质资源收集保护与利用关键技术及基因库建设	浙江省科技厅	浙江农林大学
256	浙江特色城镇人居生态林构建关键技术研究与示范	浙江省科技厅	浙江农林大学
257	针叶树加工剩余物超强吸水新材料及其系列产品研制	浙江省科技厅	浙江农林大学
258	竹材生物质气化液用于农业杀虫剂增效减毒关键技术研究与应用	浙江省科技厅	浙江农林大学
259	林业重大有害生物预警及综合防治关键技术研究及应用示范	浙江省科技厅	浙江农林大学
260	森林灾害远程视频预警监控关键技术研究与应用	浙江省科技厅	浙江农林大学
261	梅兰菊竹传统名花种苗快繁配套技术研究及基地建设	浙江省科技厅	浙江农林大学
262	生物改性竹炭处理城乡污水关键技术研究及示范	浙江省科技厅	浙江农林大学
263	低产低效竹林综合生产能力提升关键技术研究与示范	浙江省科技厅	浙江农林大学
264	天然竹纤维制备关键技术研究及产业化开发	浙江省科技厅	浙江农林大学
265	滨柃等高抗植物抗盐机理及产业化关键技术研究	浙江省科技厅	浙江农林大学
266	林果等森林食品中重金属含量速测的 ELISA 技术开发研究	浙江省科技厅	浙江农林大学
267	杨桐优新品种选育及产业化示范	浙江省科技厅	浙江农林大学
268	香榧优质高效促成栽培技术研究	浙江省科技厅	浙江农林大学
269	肿节风种质资源开发利用的研究	浙江省科技厅	浙江农林大学
270	丽水市竹材精加工关键技术及新产品研制与中试	浙江省科技厅	浙江农林大学
271	优质硬阔叶材集约型利用技术研究与产品开发	浙江省科技厅	浙江农林大学
272	浙江重要木本药材品种选育与资源培育	浙江省科技厅	浙江农林大学

（续）

序号	项目名称	项目来源	主要承担单位
273	山核桃新品种培育及生态经营关键技术研究与示范	浙江省科技厅	浙江农林大学
274	毛竹林吸收温室气体 CO_2 关键技术研究与应用示范	浙江省科技厅	浙江农林大学
275	天然竹纤维高效加工成套技术装备研究与开发	浙江省科技厅	浙江农林大学
276	林化产业培育关键技术研究与示范	浙江省科技厅	浙江农林大学
277	基于多源遥感信息的松材线虫病综合监测预警系统研究	浙江省科技厅	浙江农林大学
278	观赏竹新品种推广及配套技术培训	浙江省科技厅	浙江农林大学
279	木材加工新产品推广和职工上岗培训	浙江省科技厅	浙江农林大学
280	优质用材树种高效育种关键共性技术研究及应用	浙江省科技厅	浙江农林大学
281	木材边板去皮与竹材整形设备创制与中试	浙江省科技厅	浙江农林大学
282	新型生物农药创制与中试——植物源新型杀虫剂的创制和产业化	浙江省科技厅	浙江农林大学
283	环境友好型蔬菜种子处理关键技术的研究与示范	浙江省科技厅	浙江农林大学
284	食用油料与能源植物定向培育及开发利用研究（草本）	浙江省科技厅	浙江农林大学
285	利用竹笋加工废弃物开发吸附材料和燃料酒精关键技术研究与产品研制	浙江省科技厅	浙江农林大学
286	生物基净水关键技术研究与产品研制	浙江省科技厅	浙江农林大学
287	竹林自然灾害防控及快速恢复重建技术集成研究与应用示范	浙江省科技厅	浙江农林大学
288	浙江森林碳生存与储量计量模型研建及应用评估系统开发	浙江省科技厅	浙江农林大学
289	新农村中心镇园林绿化关键技术及产业化研建与示范	浙江省科技厅	浙江农林大学
290	浙江省森林火险预测预警关键技术研究及预报系统建设	浙江省科技厅	浙江农林大学
291	水处理竹纤维生物载体新产品制备和应用关键技术研究与示范	浙江省科技厅	浙江农林大学
292	铁皮石斛真伪优劣鉴别及质量控制关键技术研究	浙江省科技厅	浙江农林大学
293	兰花杂交新优品种选育及工厂化生产关键技术研究	浙江省科技厅	浙江农林大学
294	毛竹林水分高效管理关键技术研究与示范	浙江省科技厅	浙江农林大学
295	珍贵树种容器苗快速成型关键技术研究与示范	浙江省科技厅	浙江农林大学
296	光皮桦、巨桉转基因新品种育种及中试	浙江省科技厅	浙江农林大学

（续）

序号	项目名称	项目来源	主要承担单位
297	高油脂小球藻株系引进、高效培养及产业化研究	浙江省科技厅	浙江农林大学
298	净化室内有害气体植物品种的筛选与开发利用	浙江省科技厅	浙江农林大学
299	竹子杂交育种关键技术研究及新品种选育与中试	浙江省科技厅	浙江农林大学
300	山区农业废弃物能源化资源化实用技术集成与推广示范	浙江省科技厅	浙江农林大学
301	沿海防护林重大有害生物灾害预防预警与防控体系研究与示范	浙江省科技厅	浙江农林大学
302	低产低效毛竹林综合生产能力提升关键技术研究与示范	浙江省科技厅	浙江农林大学
303	短周期工业用大径竹材培育技术集成与示范	浙江省科技厅	浙江农林大学
304	中密度竹木复合板转化	浙江省科技厅	浙江省林业科学研究院
305	茶柿混交退耕还林生态治理模式中试与示范	浙江省科技厅	浙江省林业科学研究院
306	速生优质工业用材林新品种选育及中试	浙江省科技厅	浙江省林业科学研究院
307	生物防火林带树种选择与良种选育及中试	浙江省科技厅	浙江省林业科学研究院
308	木本油料树种种质资源收集保存与利用关键技术研究及基因库建设	浙江省科技厅	浙江省林业科学研究院
309	利用林副产品废弃物制造清洁炭的关键技术研究及中试	浙江省科技厅	浙江省林业科学研究院
310	特种工艺用材新品种选育及定向培育研究与中试	浙江省科技厅	浙江省林业科学研究院
311	竹炭聚氨酯泡沫复合材料的研制与新产品的开发	浙江省科技厅	浙江省林业科学研究院
312	竹产业提升重大关键技术研究与示范——竹地板加工产业提升关键技术研究与产业化	浙江省科技厅	浙江省林业科学研究院
313	优质用材林高效育种技术研究与新品种创制——珍贵用材林树种优良品系快繁中试与容器苗工厂化生产技术集成示范	浙江省科技厅	浙江省林业科学研究院
314	食用油料与能源植物定向培育及开发利用研究（草本）	浙江省科技厅	浙江省林业科学研究院
315	小径竹液化发泡制备轻质高强度墙体工程材料研究及示范	浙江省科技厅	浙江省林业科学研究院
316	全天然可降解竹基生物复合塑料的研制	浙江省科技厅	浙江省林业科学研究院
317	功能性全营养山茶油及软胶囊制备新技术研究及产业化开发	浙江省科技厅	浙江省林业科学研究院
318	香榧产品和野生榧资源开发利用关键技术研究	浙江省科技厅	浙江省林业科学研究院
319	珍贵楠木种质资源收集保存与创新利用研究	浙江省科技厅	浙江省林业科学研究院

（续）

序号	项目名称	项目来源	主要承担单位
320	竹子废弃物无胶粘剂蒸爆板技术与产品开发	浙江省科技厅	浙江省林业科学研究院
321	森林生态防火体系和扑火器械研究	浙江省科技厅	浙江省林业科学研究院
322	林果菌废弃物资源化利用研究与示范	浙江省科技厅	浙江省林业科学研究院
323	马蹄笋、两柚一柑产业提升关键技术研究与示范	浙江省科技厅	浙江省亚热带作物研究所
324	名贵兰花产业化关键技术集成与示范推广	浙江省科技厅	浙江省亚热带作物研究所
325	浙江省乡土彩叶树种开发、彩叶林营建技术研究及示范	浙江省科技厅	浙江省亚热带作物研究所
326	温州花卉产业科技创新服务中心创建	浙江省科技厅	浙江省亚热带作物研究所
327	浙南绿竹新品种选育与高效栽培技术示范	浙江省科技厅	浙江省亚热带作物研究所
328	基于生态园林城市建设的花境植物引选及其应用技术研究	浙江省科技厅	浙江省亚热带作物研究所
329	金枣柿良种选育与开发利用研究	浙江省科技厅	浙江省丽水市林业科学研究院
330	中药材产业提升关键技术研究与示范	浙江省科技厅	浙江省丽水市林业科学研究院
331	浙西南特色经济林木种质资源收集、保存与利用研究	浙江省科技厅	浙江省丽水市林业科学研究院
332	浙西南特色乡土观赏植物品种选育与示范	浙江省科技厅	浙江省丽水市林业科学研究院
333	江山木材加工产业集群提升重大关键技术研究与示范	浙江省科技厅	浙江省江山市林业局
334	海岛困难立地植被恢复关键技术研究与示范	浙江省科技厅	浙江省舟山市林科所
335	新型环保多层木地板生产技术研究与产业化	浙江省科技厅	德生木业公司
336	桂花种质创新及促成栽培关键技术研究与示范	浙江省科技厅	杭州市园林绿化工程有限公司、浙江理工大学、杭州市林木种苗管理中心
337	日本葡萄新品种的引进及优质高产栽培技术的研究	浙江省科技厅	南湖区林业与蚕桑站
338	浙南生态公益林主要造林树种种苗产业化开发	浙江省科技厅	温州市景山亚热带园林工程有限公司
339	中高档盆花产业化关键技术集成与示范推广	浙江省科技厅	温州市景山亚热带园林工程有限公司
340	榕树种苗工厂化生产技术集成与示范推广	浙江省科技厅	温州市景山亚热带园林工程有限公司
341	姬松茸质量安全关键技术及 GAP 基地建设研究	浙江省科技厅	浙江千草堂生物工程公司
342	彩化木本花卉新品种引育繁及栽培技术研究与示范	浙江省科技厅	浙江森禾种业股份有限公司
343	国内外名优木本花卉和绿化新品种的引育与产业化开发和推广	浙江省科技厅	浙江森禾种业股份有限公司
344	春石斛新品种规模化生产与示范	浙江省科技厅	浙江森禾种业股份有限公司

（续）

序号	项目名称	项目来源	主要承担单位
345	高档盆花兜兰良种选育与产业化关键技术研究与示范	浙江省科技厅	浙江森禾种业股份有限公司
346	环保功能型纳米改性装饰贴面板的制备及应用技术	浙江省科技厅	浙江升华云峰新材股份有限公司
347	新型环保无醛木塑复合胶合板	浙江省科技厅	浙江升华云峰新材股份有限公司
348	低效生态阔叶化改造与营建技术转化	浙江省科技厅	浙江省富阳市林业技术推广中心
349	处红柚良种中试与示范推广	浙江省科技厅	浙江省丽水市处州林业珍贵种苗有限公司
350	菌根技术人工培育牛肝菌研究	浙江省科技厅	浙江省丽水市大山菇业研究开发有限公司
351	野生灌木地被植物种质资源库构建及开发利用研究	浙江省科技厅	浙江省丽水市绘景园林发展有限公司
352	无籽瓯柑产业化技术集成与示范	浙江省科技厅	浙江省丽水市莲都区山水果树研究所
353	柿子良种选育与软腐病防治及产品加工技术研究与示范	浙江省科技厅	浙江省永康市林业技术推广中心
354	濒危铁皮石斛菌根抗旱机理的研究	浙江省自然科学基金委	中国林业科学研究院亚热带林业研究所
355	利用天麻抗真菌蛋白 GAFP 基因遗传转化改良热带兰抗病性研究	浙江省自然科学基金委	中国林业科学研究院亚热带林业研究所
356	竹林地下系统生物力学与坡面稳定研究	浙江省自然科学基金委	中国林业科学研究院亚热带林业研究所
357	杉木×侧柏远交杂种的分子应证及遗传变异研究	浙江省自然科学基金委	中国林业科学研究院亚热带林业研究所
358	利用冷特异诱导表达启动子培育超耐寒木麻黄新品种	浙江省自然科学基金委	中国林业科学研究院亚热带林业研究所
359	基于物理分组的竹林土壤有机碳调控技术研究	浙江省自然科学基金委	中国林业科学研究院亚热带林业研究所
360	调控能源植物油桐 TAG 含量关键基因分离及功能研究	浙江省自然科学基金委	中国林业科学研究院亚热带林业研究所
361	马尾松杂种优势模式和分子辅助聚合杂种优势研究	浙江省自然科学基金委	中国林业科学研究院亚热带林业研究所
362	杭州湾湿地景观格局变化对水鸟多样性的影响	浙江省自然科学基金委	中国林业科学研究院亚热带林业研究所
363	镉胁迫下柳树根系的生理生态适应机制研究	浙江省自然科学基金委	中国林业科学研究院亚热带林业研究所
364	黄脊竹蝗“趋泥”行为的生理及化学机制研究	浙江省自然科学基金委	中国林业科学研究院亚热带林业研究所

（续）

序号	项目名称	项目来源	主要承担单位
365	马尾松感知异质低磷胁迫环境的根构型研究	浙江省自然科学基金委	中国林业科学研究院亚热带林业研究所
366	卓仁英研究团队	浙江省自然科学基金委	中国林业科学研究院亚热带林业研究所
367	山核桃种子油脂合成过程基因表达谱研究	浙江省自然科学基金委	浙江农林大学
368	浙江农林主要害虫寄生天敌——茧蜂科不同寄生方式幼虫的形态学研究	浙江省自然科学基金委	浙江农林大学
369	木麻黄共生固氮菌 Frankia 的 GFP 标记及侵染机理研究	浙江省自然科学基金委	浙江农林大学
370	山核桃成花机理及其调控技术研究	浙江省自然科学基金委	浙江农林大学
371	基于多源信息融合的林火蔓延动态预测模型	浙江省自然科学基金委	浙江农林大学
372	光皮桦 ACGM 标记的开发及遗传图谱的构建	浙江省自然科学基金委	浙江农林大学
373	竹笋快速纤维化的分子机理研究	浙江省自然科学基金委	浙江农林大学
374	蔬菜、花卉病毒蛋白芯片检测技术研究	浙江省自然科学基金委	浙江农林大学
375	雷竹 LFY 同源基因的克隆及功能研究	浙江省自然科学基金委	浙江农林大学
376	高温胁迫下杨梅叶片 D1 蛋白周转机理研究	浙江省自然科学基金委	浙江农林大学
377	马尾松单优群落下芒萁层片发育机制	浙江省自然科学基金委	浙江农林大学
378	畜禽养殖废弃物污染关键过程与控制机制研究	浙江省自然科学基金委	浙江农林大学
379	基于多特征优化组合的木板材表面缺陷检测技术方法研究	浙江省自然科学基金委	浙江农林大学
380	毛竹快速拔节过程特异表达基因的捕获及功能分析	浙江省自然科学基金委	浙江农林大学
381	蔬菜病害对多菌灵——乙霉威双重抗药性的分子机制及其实时定量检测技术	浙江省自然科学基金委	浙江农林大学
382	基于 GIS 的毛竹林高产空间结构分析与优化调控模型研究	浙江省自然科学基金委	浙江农林大学
383	长期强度经营雷竹林土壤氨氧化细菌群落的演变特征	浙江省自然科学基金委	浙江农林大学
384	基于显微构造指纹特征的木材智能识别方法研究	浙江省自然科学基金委	浙江农林大学
385	沼肥施加影响下土壤——果蔬系统硅的迁移转化机制	浙江省自然科学基金委	浙江农林大学
386	木材酸性蒸汽蒸煮热磨制造无胶纤维板的胶合机理研究	浙江省自然科学基金委	浙江农林大学
387	杭白菊形态特征与活性成分的相关性及其遗传基础研究	浙江省自然科学基金委	浙江农林大学
388	可计算木材体视构造和识别技术研究	浙江省自然科学基金委	浙江农林大学

（续）

序号	项目名称	项目来源	主要承担单位
389	山核桃体细胞胚发生期 DNA 甲基化/去甲基化研究	浙江省自然科学基金委	浙江农林大学
390	龟象亚科昆虫系统发育研究	浙江省自然科学基金委	浙江农林大学
391	水稻响应砷胁迫特异 miRNA 的克隆及其在砷吸收与积累中的作用研究	浙江省自然科学基金委	浙江农林大学
392	热等离子体促进竹木生物质气化及其裂解机理研究	浙江省自然科学基金委	浙江农林大学
393	水稻中不同铁吸收机制相互关系的分子机制研究	浙江省自然科学基金委	浙江农林大学
394	竹子热——力耦合可控开纤技术应用基础研究	浙江省自然科学基金委	浙江农林大学
395	高温下无柄小叶榕 RCA 含量上升的机理和调控作用	浙江省自然科学基金委	浙江农林大学
396	森林火灾监测远程视频同步跟踪器研究	浙江省自然科学基金委	浙江农林大学
397	白菜类蔬菜中硫代葡萄糖苷对寄生蜂发育策略影响的研究	浙江省自然科学基金委	浙江农林大学
398	山核桃脂肪氧合酶基因克隆及其功能分析	浙江省自然科学基金委	浙江农林大学
399	低剂量毒死蜱——乙草胺复合污染对中华蟾蜍分子生态毒理效应	浙江省自然科学基金委	浙江农林大学
400	‘无核瓯柑’无核的细胞及分子机理研究	浙江省自然科学基金委	浙江农林大学
401	南方型紫花苜蓿耐盐突变体盐胁迫特异蛋白及相关基因筛选与鉴定	浙江省自然科学基金委	浙江农林大学
402	材性相关的杉木 MYB 基因克隆、功能研究及关联分析	浙江省自然科学基金委	浙江农林大学
403	马铃薯块茎花色素苷代谢相关转录因子的分离与功能分析	浙江省自然科学基金委	浙江农林大学
404	小白菜吲哚硫苷代谢工程及其抗虫效应研究	浙江省自然科学基金委	浙江农林大学
405	面向精准农业的高效节能的无线传感器网络关键技术研究	浙江省自然科学基金委	浙江农林大学
406	黄连汤有效部位防治鸭疫里氏杆菌病的分子与抗炎免疫机理	浙江省自然科学基金委	浙江农林大学
407	氮沉降和紫外辐射复合作用对森林凋落物分解的影响及其机理	浙江省自然科学基金委	浙江农林大学
408	纤维素基接枝氨基酸类新型功能材料的制备及应用性能研究	浙江省自然科学基金委	浙江农林大学
409	自然保护区建设对周边社区与农户家庭的经济影响评估：基于浙江省的实证分析	浙江省自然科学基金委	浙江农林大学
410	丛生竹遗传转化体系的建立	浙江省自然科学基金委	浙江农林大学
411	无线传感器网络层次型拓扑结构控制技术	浙江省自然科学基金委	浙江农林大学

（续）

序号	项目名称	项目来源	主要承担单位
412	木材内部缺陷无损检测中的若干关键问题研究	浙江省自然科学基金委	浙江农林大学
413	园林绿化废弃物堆肥化处理关键技术研究	浙江省自然科学基金委	浙江农林大学
414	硫丹微生物降解关键基因克隆及其功能研究	浙江省自然科学基金委	浙江农林大学
415	竹笋木质化过程中乙烯信号转导元件基因表达调控	浙江省自然科学基金委	浙江农林大学
416	膨胀型阻燃剂修饰木质素协同阻燃高分子材料及原位增容研究	浙江省自然科学基金委	浙江农林大学
417	Mariner-like 转座酶的人工定向进化	浙江省自然科学基金委	浙江农林大学
418	蜡梅科植物传粉者转换及其与花部性状的相关性	浙江省自然科学基金委	浙江农林大学
419	森林防火资源配置模型及其评价方法研究	浙江省自然科学基金委	浙江农林大学
420	柳杉幼苗对酸雨和春季土壤回干复合干扰凋落物化感物质释放的响应	浙江省自然科学基金委	浙江农林大学
421	无线传感器网络在精准灌溉中的关键技术应用研究	浙江省自然科学基金委	浙江农林大学
422	物联网及其关键技术在林业信息化中的应用研究	浙江省自然科学基金委	浙江农林大学
423	非寄主植物挥发物对小菜蛾性信息素雄蛾定向行为的调节作用	浙江省自然科学基金委	浙江农林大学
424	石蒜花色形成的机理及其相关基因克隆和表达的研究	浙江省自然科学基金委	浙江农林大学
425	棉花蔗糖合成酶基因 GaSS5 和 GaSS6 的克隆与功能解析	浙江省自然科学基金委	浙江农林大学
426	多传感器信息融合的山核桃嗅觉信息与新鲜度关联机理研究	浙江省自然科学基金委	浙江农林大学
427	竹林冠层生物物理参数光谱响应及高光谱反演模型研究	浙江省自然科学基金委	浙江农林大学
428	香榧雌花芽孕育特异蛋白筛选及其编码基因表达分析	浙江省自然科学基金委	浙江农林大学
429	雷竹林集约经营措施对土壤甲烷排放及其相关微生物群落结构的影响	浙江省自然科学基金委	浙江农林大学
430	双孢蘑菇 PPO 基因反义抑制及抗褐变种质材料创制	浙江省自然科学基金委	浙江农林大学
431	森林生态资产的会计确认、计量及信息披露研究	浙江省自然科学基金委	浙江农林大学
432	香榧天然群体遗传多样性研究与优异种质创新利用	浙江省自然科学基金委	浙江省林业科学研究院
433	竹纤维超微结构特征及纺织应用特性研究	浙江省自然科学基金委	浙江省林业科学研究院

（续）

序号	项目名称	项目来源	主要承担单位
434	银杏内生真菌与银杏细胞共培养产生银杏内酯的研究	浙江省自然科学基金委	浙江省林业科学研究院
435	利用表达序列标签分离耐寒型桉树抗性相关基因	浙江省自然科学基金委	浙江省林业科学研究院
436	竹子真菌侵染模型——竹黑粉菌侵染体系的建立及基础研究	浙江省自然科学基金委	浙江省林业科学研究院
437	共生菌侵染林木的全程分子检测体系建立及侵染相关基因分离	浙江省自然科学基金委	浙江省林业科学研究院
438	ZC001 蝉拟青霉（*P. cicadae*）靶向多糖与 DNA 作用的机理研究	浙江省自然科学基金委	浙江省林业科学研究院
439	基于多基因序列研究缘盖牛肝菌 *B. appendiculatus* 与近缘种的系统发育关系	浙江省自然科学基金委	浙江省林业科学研究院

附表 2-2　省林业厅科技计划项目一览表

序号	项目名称	主要承担单位
1	毛竹林配方施肥及水分管理技术研究与推广	安吉县林业局营林总站
2	安吉县一竹三笋丰产栽培技术推广示范	安吉县林业科学研究所
3	油茶低产林改造技术集成示范	常山县林业技术推广中心
4	常山胡柚新品种初选	常山油茶研究所
5	主要阔叶树种容器苗和造林技术应用示范	淳安县富溪林场
6	名优玫瑰新品种引进与标准化生产技术推广	德清县林业技术推广站
7	毛竹分类经营技术研究	德清县林业局
8	毛竹高效经营技术研究与推广	德清县林业局
9	无公害早园笋标准化推广实施示范	德清县林业局
10	早园竹丰产培育技术研究与推广	德清县林业局
11	早园竹林复壮技术研究	德清县林业局
12	东榧 1 号 2 号 3 号等良种的繁育与推广	东阳市香榧研究所
13	浙江省凤阳山自然保护区昆虫分类及区系研究	凤阳山管理处
14	红豆杉容器苗规模化扩繁及高效药用林栽培技术示范	富阳南方红豆杉生物科技有限公司
15	湖州现代林业示范园区建设关键技术研究与示范	湖州市林业技术推广站
16	毛竹春笋冬出高效可持续经营技术示范与推广	湖州市林业科学研究所
17	毛竹高效培育技术示范与推广	湖州市林业科学研究所
18	梅花大树速成技术及产业化研究	湖州市林业科学研究所
19	毛竹笋竹两用林无公害栽培技术推广	黄岩区林业技术推广总站
20	铁皮石斛组培苗生产和设施栽培技术研究	建德市林科所
21	桂花山地栽培技术示范推广	建德市严州果类专业合作社

（续）

序号	项目名称	主要承担单位
22	桂花优良无性系选育研究	建德市严州果类专业合作社
23	缙云县毛竹高效丰产经营技术示范推广	缙云县林业技术推广总站
24	大径级工业原料林培育技术集成与示范	开化县林场
25	菇耳林速生丰产技术推广	开化县林业开发公司
26	两次结实板栗新品种推广应用	开化县特产（茶叶）局
27	经济型生态公益林场杨梅退耕还林高效栽培研究项目	开化县特产局
28	开化县山地茶园测土配方施肥技术推广	开化县特产局
29	香榧复合栽培模式筛选及早实丰产栽培技术推广	兰溪市林科所
30	经济林生态高效复合经营技术集成与示范	兰溪市林业科学研究所
31	南方枣区枣树稳产栽培技术研究	兰溪市林业科学研究所
32	山地老果园改造技术研究及示范推广	丽水莲都怡园种业公司
33	处红柚良种标准化生产示范与推广	丽水市林业科学研究院
34	森林蔬菜栽培和利用技术推广	丽水市林业科学研究院
35	特色山野菜有机化栽培示范与推广	丽水市林业科学研究院
36	无籽瓯柑良种示范与推广	丽水市林业科学研究院
37	黄甜竹高效栽培技术研究与推广	丽水市林业科学研究所
38	山核桃优良品种早栽培技术集成推广	临安山核桃产业省级区域科技创新服务中心
39	FSC 森林认证技术推广	临安市昌化临场
40	高效复合林业经营模式示范与推广	临安市林业技术服务总站
41	"一竹三笋"毛竹林配方施肥管理技术研究与推广	临安市林业科学研究所
42	日本莽草引种及产业化开发	临安市林业科学研究所
43	笋壳减量化及资源化肥料利用与开发	临安市林业科学研究所
44	经济林生态高效经营技术集成与示范	临安天则山核桃有限公司
45	珍贵树种无纺布容器育苗繁育与示范推广	临海市林技总站
46	杉木龙 15X 闽 33 高生产力双系良种及配套栽培技术推广	龙泉市林科所
47	珍贵树种红豆树优良亲本选择及应用研究	龙泉市林科所
48	整合枇杷套袋技术提高品质示范推广	路桥区林特总站
49	油茶优良品种选育推广	青田县林业技术推广站
50	锥栗优良新品种高效栽培示范与推广	庆元林业技术推广站
51	毛竹林配方施肥及水分管理技术研究与推广	衢江区林业技术推广中心
52	毛竹林配方施肥与水分管理技术研究与示范	衢江区林业技术推广中心
53	衢江区竹林有害生物工程治理	衢江区林业局
54	生物防火林带营造技术示范与推广	衢州市林科所
55	浙江珍贵用材树种育苗及栽培技术示范与推广	衢州市林科所
56	三门县翠冠梨矮化抗风优质栽培示范与推广	三门县果树特产总站

（续）

序号	项目名称	主要承担单位
57	林业化学控草技术系列研究	嵊州市林业技术推广站
58	成年香榧树丰产稳产技术推广项目	嵊州市林业技术推广中心
59	松阳县香榧种苗标准化培育示范与推广	松阳县湖溪林场
60	竹林灾后恢复及林地增效关键技术集成与示范	遂昌县林业技术推广总站
61	遂昌特色经济植物浙江腊梅产业化关键技术与示范	遂昌县牛头山林场
62	白砂枇杷高效生态栽培技术示范与推广	台州市林科所
63	利用集成技术减少柚类品种裂果示范推广	台州市林科所
64	浙江省柿种质资源发掘和开发利用研究	台州市林科所
65	经济林生态栽培模式技术集成与推广	台州市林业技术推广总站
66	高节竹冻雨雪灾低产林改造技术应用项目	桐庐县康源菜竹专业合作社
67	加工型板栗新品种引进、栽培技术集成与示范推广	桐庐县林业科技推广中心
68	毛竹丰产森培育技术推广与示范	仙居县林业技术推广总站
69	油茶优质高效栽培技术推广与示范	仙居县林业技术推广总站
70	新昌毛竹低效林改造	新昌县林业技术推广中心
71	杨桐柃木速生丰产技术研究	新昌县林业技术推广中心
72	结合次生松林火烧迹地改培的五金工艺材人促更新培育技术推广项目	永康市林科所
73	名优柿优质高效栽培技术推广与示范	永康市林业技术推广中心
74	大花六道木引种与繁育	浙江虹越花卉有限公司
75	花叶女贞的引种和繁育	浙江虹越花卉有限公司
76	新优藤蔓树种黄金锦络石示范与推广	浙江虹越花卉有限公司
77	香榧生态栽培模式研究与推广	浙江丽水天则林果开发有限公司
78	薄壳山核桃优新品种引进、繁育与示范推广	浙江农林大学
79	城市园林植物病虫害防治	浙江农林大学
80	带壳烘炒山核桃品质检测技术应用与推广	浙江农林大学
81	利用果梅改造观赏梅关键技术示范与产业化应用	浙江农林大学
82	林木重大检疫害虫数字鉴定系统构建与应用研究	浙江农林大学
83	林业就业效应的统计研究	浙江农林大学
84	木材消耗结构的统计分析研究	浙江农林大学
85	木麻黄优良杂交类型的生态应用推广	浙江农林大学
86	木竹加制造企业品牌建设与管理创新机制研发	浙江农林大学
87	日本珍稀观赏竹类引种驯化与快繁关键技术研究	浙江农林大学
88	山核桃推广引种示范	浙江农林大学
89	杉木优质木材新品种选育及定向培育技术研究	浙江农林大学
90	生态公益林建设绩效评价及其激励机制研究	浙江农林大学

（续）

序号	项目名称	主要承担单位
91	铁皮石斛新品种"黑节1号"推广	浙江农林大学
92	香榧实生苗造林改造关键技术中试与示范	浙江农林大学
93	以昆虫为指示生物的浙江公益林生态效益评价体系的构建与应用	浙江农林大学
94	浙江森林树种的高光谱识别研究	浙江农林大学
95	浙江山区现代化林业发展推进新农村建设的案例研究	浙江农林大学
96	浙江省高森林火险天气预警系统研究	浙江农林大学
97	浙江省林权抵押贷款研究	浙江农林大学
98	浙江省林业产业化发展战略研究	浙江农林大学
99	浙江省林业产业化建设研究	浙江农林大学
100	浙江省林业融资创新研究：林权抵押贷款	浙江农林大学
101	浙江省木竹资源产品效能评价办法	浙江农林大学
102	浙江省山林纠纷研究	浙江农林大学
103	浙江省竹材产品碳储量的计测与应用	浙江农林大学
104	浙江优良乡土园林植物选育及快繁技术研究	浙江农林大学
105	浙江重要林业中药种子资源评价与利用研究	浙江农林大学
106	装饰纸木纹图案智能设计与木材自动识别系统研发	浙江农林大学
107	清凉峰华南梅花鹿种群生存力及扩繁技术研究	浙江清凉峰华南梅花鹿研究所
108	国内外名优木本花卉和绿化新品种的引育与产业化开发和推广	浙江森禾种业股份有限公司
109	国内外名优木本花卉和绿化新品种的引育与产业化开发和推广	浙江森禾种业有限公司
110	浙江省山地水果质量安全现状及限量标准研究	浙江省林产品质监站
111	浙江省乡土用材树种木材性质及加工利用适应性研究	浙江省林产品质检站
112	国外松优良家系选择示范	浙江省林业技术推广总站
113	农作制度创新模式(林业)示范推广	浙江省林业技术推广总站
114	油茶丰产栽培技术集成与示范推广	浙江省林业技术推广总站
115	"3S"技术在沿海防护林体系建设中的推广应用	浙江省林业科学研究院
116	茯苓多糖提取与羧甲基化关键技术研究	浙江省林业科学研究院
117	居室木本观赏植物矮化盆栽培技术研究	浙江省林业科学研究院
118	科技在"兴林富民"中的作用研究	浙江省林业科学研究院
119	林业高新技术储备项目研究	浙江省林业科学研究院
120	人工林木材表面性能改造技术的研究	浙江省林业科学研究院
121	山体滑坡和泥石流易发区生态防护林树种选择	浙江省林业科学研究院

（续）

序号	项目名称	主要承担单位
122	山茱萸活性成分高效提取技术集成与示范	浙江省林业科学研究院
123	速生多功能耐盐碱树种沙枣的引选研究	浙江省林业科学研究院
124	天台乌药可持续高效仿生栽培技术提升及示范推广	浙江省林业科学研究院
125	香榧精油产品开发关键技术与产业化示范	浙江省林业科学研究院
126	优质速生阔叶树种耐寒桉树、木麻黄的引选研究	浙江省林业科学研究院
127	增进城区居民健康的树种选择研究	浙江省林业科学研究院
128	针阔混交复层高效碳汇森林定向抚育技术示范	浙江省林业科学研究院
129	珍稀竹类种质资源的收集保存与开发利用	浙江省林业科学研究院
130	罹病松木及残余物除害处理关键技术的研究	浙江省林业有害生物防治检疫局
131	浙江省主要珍贵树种种苗培育技术研究	浙江省林业种苗管理总站
132	采矿废弃地脆弱生态系统植被恢复技术研究及示范	浙江省亚热带作物研究所
133	乡土彩叶树种种苗培育及应用示范	浙江省亚热带作物研究所
134	浙江省候鸟迁徙规律研究	浙江省野生动植物保护管理站
135	天目山特有植物种群特性及扩繁技术研究	浙江天目山国家级自然保护区管理局
136	自然保护区游客非生态行为的干预模式研究	浙江天目山国家级自然保护区管理局
137	乌岩岭保护区昆虫资源开发与保护研究	浙江乌岩岭国家级自然保护管理局
138	弗吉尼亚乐规模化繁育及推广	中国林业科学研究院亚热带林业研究所
139	浙北太湖水源区经济林生态功能提升技术示范推广	中国林业科学研究院亚热带林业研究所
140	海岛优良竹种筛选与培育技术研究	中国林业科学研究院亚热带林业研究所
141	林药（石蒜）生态经济型培育模式关键技术研究与示范	中国林业科学研究院亚热带林业研究所
142	山地森林质量提升关键技术研究与示范	中国林业科学研究院亚热带林业研究所
143	笋用竹林地劣变土壤生态修复技术研究与示范	中国林业科学研究院亚热带林业研究所
144	油茶有害生物无公害治理技术研究及示范	中国林业科学研究院亚热带林业研究所
145	油桐品种主要经济林性状评价及其分子识别技术研究	中国林业科学研究院亚热带林业研究所
146	浙东平原乡村人居林建设技术研究与示范	中国林业科学研究院亚热带林业研究所
147	浙江滨海盐碱地生态修复与高效利用技术研究	中国林业科学研究院亚热带林业研究所
148	柃木资源综合开发利用关键技术研究与示范	舟山市林科所
149	普陀鹅耳枥等海岛特有珍稀树种保存和繁育利用技术推广示范	舟山市林科所
150	浙江省林种树种结构调整技术集成与示范	舟山市林科所
151	舟山海岛耐水湿树种应用推广	舟山市林科所
152	舟山海岛特色树种开发利用与示范推广	舟山市林科所
153	香榧大苗造林技术推广	诸暨市环境绿化工作站
154	省《无公害香榧》标准化诸暨市推广示范	诸暨市林业技术推广中心

（续）

序号	项目名称	主要承担单位
155	诸暨市毛竹笋材两用林示范区建设	诸暨市林业技术推广中心
156	香榧优良品种早实栽培技术集成推广	诸暨市林业科学研究所

附表 2-3　省院合作科技项目一览表

序号	项 目 名 称	项目承担单位	主要合作单位
1	光皮桦强化种子园优质高产关键技术研究与应用	中国林业科学研究院	中国林业科学研究院
2	油茶品质性状变异研究及高产高油酸新品种筛选	中国林业科学研究院亚热带林业研究所	建德市林业局/缙云县油茶研究所
3	牛肝菌菌根林营造技术研究与示范	丽水市林业科学研究所	1. 热带林业研究所　2. 亚热带林业研究所　3. 浙江省林业厅种苗站
4	国外变色树种引种繁育技术研究	浙江省林业科学研究院	中国林业科学研究院热带林业研究所
5	利用竹木屑与黑液木质素开发人造木材工艺研究	浙江省林业科学研究院	林产化学工业研究所/浙江省质检站
6	木荷生物防火和优质用材定向育种技术	中国林业科学研究院亚热带林业研究所	浙江省种苗站/龙泉市林科所
7	杨梅高效固氮菌株的筛选及应用研究	浙江省林业科学研究院	中国林业科学研究院亚热带林业研究所
8	海岛林业生态安全监测、评价与预警技术研究	中国林业科学研究院亚热带林业研究所	舟山市林科所/玉环县林特局
9	浙江省森林健康经营关键技术研究	浙江省林业有害生物防治检疫局	中国林业科学研究院
10	柳树吸收、积累与清除环境污染物的应用研究	中国林业科学研究院亚热带林业研究所	上虞市农林局
11	新型 PUF 共缩聚树脂胶研制	浙江省林业科学研究院	竹子研究开发中心/西南林学院
12	浙江森林文化体系建设研究	中国林业科学研究院	浙江省林业科学研究院
13	低成本 E_0 级胶合板的开发研究	中国林业科学研究院林产化学工业研究所	浙江升华云峰新材料股份有限公司
14	毛竹定向刨花板制造关键技术研究	中国林业科学研究院木材工业研究所	浙江省林业科学研究院
15	浙江林业现代化建设保障体系研究	浙江省林业科学研究院	中国林业科学研究院
16	省院合作奖励	浙江省林业厅	
17	城市绿化有机地表覆盖物的生产与应用技术研究	林业研究所	浙江省林业科学研究院
18	竹林可持续经营认证标准和模式研究、能力建设与推广	林业科技信息研究所	浙江林学院/雨林联盟

（续）

序号	项 目 名 称	项目承担单位	主要合作单位
19	静音消声功能地板的研究	木材工业研究所	浙江久盛地板有限公司
20	杉木高世代育种群体建立和优质速生新品种选育	中国林业科学研究院亚热带林业研究所	种苗站/龙泉市林科所 /开化县林场
21	紫杉醇替代植物山榛子的开发利用技术研究	中国林业科学研究院亚热带林业研究所	富阳南方红豆杉生物科技有限公司
22	毛竹林生物量动态与碳储量研究	中国林业科学研究院亚热带林业研究所	森林资源监测中心
23	省院林业科技合作成效分析与长效机制构建	中国林业科学研究院亚热带林业研究所	浙江省林业科学研究院
24	永康五金工艺材定向培育技术研究与示范	永康市林业科学研究所	亚热带林业研究所
25	森林食品产地环境质量安全评价及控制关键技术研究	浙江省林产品质量检测站	林业研究所
26	木麻黄耐寒种质资源引种与选育	浙江省林业科学研究院	热林所/慈溪市林业技术推广中心舟山市农林局
27	松脂高效催化裂解制备液体燃料油及生物质化学品的研究	浙江省林业科学研究院	林产化学工业研究所
28	高品质精油玫瑰良种引选	浙江省林业科学研究院	热带林业研究所
29	新型重组单板饰面实木复合地板关键技术研究	浙江省林业科学研究院	竹子研究开发中心
30	建筑模板用酚醛树脂胶的改性及其低成本生产技术研究	浙江省林业科学研究院	林化所/林产品质量检测站/ 龙泉市盛宏竹业有限公司
31	滨海湿地红树林发展关键技术研究与示范	浙江省亚热带作物研究所	热带林业研究所
32	伐后竹篼清除技术与设备研究	国家林业局北京林业机械研究所	浙江省林业科学研究院
33	森林食用菌活性多糖提取及护肝类功能食品开发研究	浙江省林业科学研究院	中国林业科学研究院热带林业研究所 浙江益圣菌物发展有限公司
34	银杏聚戊烯醇的纯化制备和聚戊烯基磷酸酯合成工艺的研究	浙江省林业科学研究院	中国林业科学研究院林产化学工业研究所
35	榉树种质基因资源库的营建与多目标育种	浙江省林业科学研究院	中国林业科学研究院资源昆虫研究所　云和县林业局　开化县林场
36	毛竹冬笋生态高效培育新技术研究及示范	浙江省林业科学研究院	中国林业科学研究院亚热带林业研究所 湖州市林业科学研究所余姚市林业局

（续）

序号	项目名称	项目承担单位	主要合作单位
37	超声雾化在松节油深加工中的技术应用研究	中国林业科学研究院林产化学工业研究所	杭州成功超声设备有限公司
38	《人造板剖面密度检测仪》技术改进及产业化启动	中国林业科学研究院木材工业研究所	浙江德华集团控股股份有限公司
39	四季茶花引选及扩繁技术	中国林业科学研究院亚热带林业研究所	富阳绿园园艺公司、金华市花之海园艺有限公司
40	浙江森林资源经济利用与LCA综合评价	中国林业科学研究院亚热带林业研究所	浙江省淳安县林业局、浙江省富阳市林业局
41	生态位互补毛竹药用植物混作经营技术研究与示范	中国林业科学研究院亚热带林业研究所	浙江省江山市林业局
42	雨雪冰冻灾害严重受损毛竹林快速恢复技术研究与示范	中国林业科学研究院亚热带林业研究所	浙江省龙游县林业局
43	浙江省特色林化产业提升关键技术研究及其新产品开发	浙江省林业科学研究院	中国林业科学研究院林化所、亚热带林业研究所、省林产品质检站
44	红枫新品种引进与造型培育技术研究及推广	浙江虹越花卉有限公司	中国林业科学研究院亚热带林业研究所
45	城市大气污染物净化树种的筛选及应用	浙江省林业科学研究院	中国林业科学研究院林业研究所
46	沿海适用高耐盐林木转基因株系筛选	中国林业科学研究院亚热带林业研究所	浙江林学院
47	江山林改科技支撑技术集成与示范	中国林业科学研究院亚热带林业研究所	中国林业科学研究院木材工业研究所、浙江省林业科学研究院
48	海岸带人工处理湿地构建与管理技术	中国林业科学研究院亚热带林业研究所	慈溪东亚杭湾湿地管理公司
49	无患子皂素产业化利用技术体系研究	中国林业科学研究院亚热带林业研究所	浙江省林业科学研究院、天台县满园春农林开发有限公司
50	大豆基胶粘剂生产环保竹地板关键技术研究	浙江省林业科学研究院	中国林业科学研究院南京林化所
51	旱实高产白花树生物柴油能源林定向培育与制取工艺研究	浙江省林业科学研究院	中国林业科学研究院林产化工研究所
52	红汁乳菇菌根苗培育及造林技术研究	丽水市林业科学研究院	中国林业科学研究院热带林业研究所
53	不同地区林业休闲观光和林家乐模式与标准的研建	浙江农林大学	中国林业科学研究院亚热带林业研究所
54	红豆树和赤皮青冈优良种质收集保存和快速繁育技术研究	浙江省林木种苗管理总站	中国林业科学研究院亚热带林业研究所

附录3 “十一五”期间部分林业科技奖励成果名单

附表 3-1 国家级科技奖励成果一览表

序号	项目名称	奖励类别	等 级	时 间	主要完成单位
1	杉木遗传改良及定向培育技术研究	国家科技进步奖	二等奖	2006	中国林业科学研究院林业研究所、中国林业科学研究院亚热带林业研究所
2	刨切微薄竹生产技术与应用	国家技术发明奖	二等奖	2007	浙江农林大学
3	四个南方重要经济林树种良种选育和定向培育关键技术研究及推广	国家科技进步奖	二等奖	2007	浙江农林大学(4)
4	林木种质资源收集保存与利用研究	国家科技进步奖	二等奖	2007	中国林业科学研究院
5	长江中下游山丘区植被恢复与重建技术	国家科技进步奖	二等奖	2007	南京林业大学、中国林业科学研究院亚热带林业研究所
6	油茶高产品种选育与丰产栽培技术及推广	国家科技进步奖	二等奖	2008	中国林业科学研究院亚热带林业研究所
7	香菇育种新技术的建立与新品种的选育	国家科技进步奖	二等奖	2008	浙江省林业科学研究院(6)
8	竹炭生产关键技术、应用机理及系列产品开发	国家科技进步奖	二等奖	2009	浙江农林大学、衢州民心炭业有限公司
9	马尾松良种选育及高产高效配套培育技术研究及应用	国家科技进步奖	二等奖	2009	贵州大学、中国林业科学研究院亚热带林业研究所
10	东南部区域森林生态体系快速构建技术	国家科技进步奖	二等奖	2010	浙江省林业科学研究院

附表 3-2 省部级科技奖励成果一览表

序号	项目名称	奖励类别	等 级	时 间	主持单位
1	特色经济树种新品种选育及高效培育技术研究	浙江省科学技术奖	一等奖	2006	浙江农林大学
2	竹炭生产关键技术、应用机理及系列产品研制与应用	浙江省科学技术奖	一等奖	2007	浙江农林大学

（续）

序号	项目名称	奖励类别	等级	时间	主持单位
3	浙江省森林生态体系快速构建技术研究与集成示范	浙江省科学技术奖	一等奖	2008	浙江省林业科学研究院
4	竹材深加工关键技术集成与创新	浙江省科学技术奖	一等奖	2009	浙江省林业科学研究院
5	浙江省水土流失重点治理区林业生态体系配套技术研究	浙江省科学技术奖	二等奖	2006	浙江农林大学
6	浙江省林种树种结构调整支撑技术研究与示范	浙江省科学技术奖	二等奖	2006	浙江省林业科学研究院
7	浙江省森林资源与生态状况监测研究	浙江省科学技术奖	二等奖	2006	浙江省森林资源监测中心
8	环保型阻燃中密度竹木复合板的研制和开发	浙江省科学技术奖	二等奖	2007	浙江省林业科学研究院
9	喜树种源试验及叶用园营建关键技术研究	浙江省科学技术奖	二等奖	2007	浙江农林大学
10	浙江省重要生态地区昆虫资源研究	浙江省科学技术奖	二等奖	2007	浙江农林大学
11	浙江省主要阔叶树种优树选择及种实丰产配套技术研究	浙江省科学技术奖	二等奖	2007	浙江农林大学
12	代料香菇周年栽培技术开发与推	浙江省科学技术奖	二等奖	2007	金华寿仙谷药业有限公司
13	浙江省大型真菌资源及开发利用研究	浙江省科学技术奖	二等奖	2008	浙江农林大学
14	厚朴、肿节风、雷公藤三种木本药材种质资源评价与利用研究	浙江省科学技术奖	二等奖	2008	浙江农林大学
15	葡萄设施栽培综合技术的研究推广	浙江省科学技术奖	二等奖	2008	南湖区林业与蚕桑站
16	农林用地产权制度创新与价格评估研究	浙江省科学技术奖	二等奖	2009	浙江农林大学
17	利用林副产品废弃物制造清洁炭的关键技术研究	浙江省科学技术奖	二等奖	2010	浙江省林业科学研究院
18	杨桐优新品种选育及产业化示范	浙江省科学技术奖	二等奖	2010	浙江农林大学
19	MPF 树脂合成及木质复合材料制造关键技术与产业化	浙江省科学技术奖	二等奖	2010	浙江农林大学
20	无公害代料黑木耳集成配套技术研究与标准化生产技术	浙江省科学技术奖	二等奖	2010	丽水农业推广基金会
21	牛肝菌仿栽培技术研究	浙江省科学技术奖	三等奖	2009	浙江省林业科学研究院
22	高品质竹醋液机械化连续式技术研究	浙江省科学技术奖	三等奖	2006	浙江省林业科学研究院
23	有机竹笋及可持续经营技术研究	浙江省科学技术奖	三等奖	2006	浙江省林防局
24	小型盆栽佛手无土速成栽培技术研究	浙江省科学技术奖	三等奖	2006	浙江森禾种业股份有限公司

（续）

序号	项目名称	奖励类别	等 级	时 间	主持单位
25	小型盆栽佛手无土速成栽培技术研究	浙江省科学技术奖	三等奖	2006	浙江森禾种业股份有限公司
26	松墨天牛病原微生物资源和优良菌株的筛选及防治技术的研究	浙江省科学技术奖	三等奖	2007	浙江农林大学
27	木荷高效生物防火优良种源和应用	浙江省科学技术奖	三等奖	2007	中国林业科学研究院亚热带林业研究所
28	中高档盆花产业化关键技术集成创新与示范	浙江省科学技术奖	三等奖	2007	浙江省亚热带作物研究所
29	无公害茶叶标准化栽培技术研究	浙江省科学技术奖	三等奖	2007	海盐林特站海盐县人民政府
30	仙客来工厂化新品种选育及其制种体系研究	浙江省科学技术奖	三等奖	2007	浙江森禾种业股份有限公司
31	食用菌胶囊菌种工厂化繁育及应用技术	浙江省科学技术奖	三等奖	2008	浙江省林业科学研究院
32	白化茶种质资源系统研究与新品种产业化开发	浙江省科学技术奖	三等奖	2008	宁波市林特科技推广中心
33	胶合板原材料开发	浙江省科学技术奖	三等奖	2008	嘉兴市林业工作站
34	森林资源安全监管新模式及其信息系统研究与应用	浙江省科学技术奖	三等奖	2009	浙江农林大学
35	山地果树优新品种选育及产业化关键技术研究	浙江省科学技术奖	三等奖	2009	浙江农林大学
36	南方红豆杉和三尖杉药用种质选择及高效栽培	浙江省科学技术奖	三等奖	2009	中国林业科学研究院亚热带林业研究所
37	国家湿地公园资源管理和经营模式研究——以杭州西溪国家湿地公园为例	浙江省科学技术奖	三等奖	2009	中国林业科学研究院亚热带林业研究所
38	浙东沿海观赏植物多样性的构建与生态应用研究	浙江省科学技术奖	三等奖	2009	浙江万里学院
39	浙南生态公益林建设关键技术研究与示范	浙江省科学技术奖	三等奖	2009	浙江省亚热带作物研究所
40	浙江省森林资源可持续发展的应对策略研究	浙江省科学技术奖	三等奖	2010	浙江农林大学
41	太湖水系源头林区面源污染监测预警与持续控制技术研究	浙江省科学技术奖	三等奖	2010	浙江农林大学
42	竹林生物肥产业化与高效经营技术推广	浙江省科学技术奖	三等奖	2010	中国林业科学研究院亚热带林业研究所
43	浙南沿海防护林树种选择、繁育关键技术研究及应用示范	浙江省科学技术奖	三等奖	2010	浙江省亚热带作物研究所

（续）

序号	项目名称	奖励类别	等 级	时 间	主持单位
44	食用菌产业信息化服务体系构	浙江省科学技术奖	三等奖	2010	丽水市科技信息中心
45	浙西南森林野菜产业化关键技术研究推广	浙江省科学技术奖	三等奖	2010	丽水市林业科科学研究院
46	大幅面装饰微薄竹生产技术研究与应用	教育部高等学校科学研究优秀成果奖	二等奖	2007	浙江农林大学
47	森林资源安全监管新模式及支撑产品研发	教育部高等学校科学研究优秀成果奖	二等奖	2010	浙江农林大学
48	山林权属争议理论与实践	浙江省第13届哲学社会科学优秀成果奖	三等奖	2007	浙江农林大学
49	我国林地与森林生物资产会计研究	浙江省第15届人文社科优秀成果奖	三等奖	2009	浙江农林大学
50	山核桃新品种选育及高效培育技术研究	中国林学会梁希林业科学技术奖	二等奖	2007	浙江农林大学
51	牛肝菌仿生栽培技术研究	中国林学会梁希林业科学技术奖	三等奖	2007	浙江省丽水市林业科学研究所
52	松墨天牛病原微生物资源和优良菌株的筛选及防治技术的研究	中国林学会梁希林业科学技术奖	三等奖	2007	浙江农林大学
53	环保型阻燃中密度竹木复合板的研制和开发	中国林学会梁希林业科学技术奖	三等奖	2007	浙江省林业科学研究院
54	多技术协同的森林资源联动监管研究与信息平台应用	中国林学会梁希林业科学技术奖	三等奖	2007	浙江农林大学
55	木本景观攀缘植物的应用推广	中国林学会梁希林业科学技术奖	三等奖	2007	浙江省林业技术推广总站
56	集约经营雷竹林土壤竹笋质量演变特征及其控制技术研究	中国林学会梁希林业科学技术奖	三等奖	2007	浙江农林大学

（续）

序号	项目名称	奖励类别	等级	时间	主持单位
57	林业专业合作经济组织的作用与发展对策研究	中国林学会梁希林业科学技术奖	三等奖	2007	浙江农林大学
58	森林资源安全监管新模式及其信息系统研究与应用	中国林学会梁希林业科学技术奖	二等奖	2009	浙江农林大学
59	绿竹良种选育及高效经营技术研究与推广	中国林学会梁希林业科学技术奖	二等奖	2009	浙江农林大学
60	浙江省重要生态地区昆虫资源研究	中国林学会梁希林业科学技术奖	三等奖	2009	浙江农林大学
61	农村小城镇园林绿化工程综合集成技术应用与示范	中国林学会梁希林业科学技术奖	三等奖	2009	浙江农林大学
62	森林火灾生物控制技术研究与应用	中国林学会梁希林业科学技术奖	三等奖	2009	浙江省淳安县千岛湖国家森林公园
63	天目山古柳杉群衰退机理和综合调控技术研究	中国林学会梁希林业科学技术奖	三等奖	2009	浙江省林业有害生物防治检疫局
64	农林用地产权制度创新与价格评估研究	中国林学会梁希林业科学技术奖	三等奖	2009	浙江农林大学
65	普陀鹅耳枥等海岛特有珍稀树种保存和繁育利用技术研究	中国林学会梁希林业科学技术奖	三等奖	2009	浙江省舟山市林业科学研究所
66	翅荚木遗传多样性及引种培育研究	中国林学会梁希林业科学技术奖	三等奖	2009	丽水市林业科学研究院
67	仙客来工厂化新品种选育及其制种体系研究	中国林学会第三届梁希科学技术奖	三等奖	2009	浙江森禾种业股份有限公司
68	马尾松优质工业用材林持续稳定发展的机理及技术研究	贵州省科技进步奖	二等奖	2006	贵州大学、中国林业科学研究院亚热带林业研究所
69	南方红豆杉和三尖杉优良药用种质选择及短周期高效栽培	福建省科技进步奖	二等奖	2009	福建省三明市林业技术推广中心、中国林业科学研究院亚热带林业研究所

（续）

序号	项目名称	奖励类别	等 级	时 间	主持单位
70	马褂木磷营养高效利用种源选择及共生菌根研究	福建省科技进步奖	三等奖	2006	福建省建瓯市林业技术推广中心、中国林业科学研究院亚热带林业研究所
71	木荷优良种源选择与应用技术研究	福建省科技进步奖	三等奖	2007	福建省建瓯市林业技术推广中心、中国林业科学研究院亚热带林业研究所
72	优良耐寒丛生竹种选育及其组培快繁技术	福建省科技进步奖	三等奖	2009	福建永安市大湖竹种园有限公司、中国林业科学研究院亚热带林业研究所
73	黄河三角洲植被恢复与生态体系构建技术	山东省科技进步奖	一等奖	2007	山东林业科学研究院、中国林业科学研究院亚热带林业研究所
74	山核桃新品种选育及高效培育技术研究	杭州市科技进步奖	一等奖	2006	浙江农林大学、临安市林业局、淳安县林业局、宁国市科技局、杭州临安人长久食品有限公司、浙江农林大学天则山核桃科技开发有限公司
75	桂花品种基因（种质资源）库建设与优良品种选育推广	杭州市科技进步奖	一等奖	2007	杭州市园林绿化工程有限公司、杭州绿地种业有限公司、杭州市植物园、杭州市林木种苗管理中心
76	大花蕙兰和卡特兰产业化关键技术研究与应用	杭州市科技进步奖	一等奖	2009	杭州市农业科学研究院、浙江农林大学
77	仙客来工厂化新品种选育及其制种体系研究	杭州市科技进步奖	二等奖	2008	浙江森禾种业股份有限公司
78	西湖风景区生物多样性生态功能研究及保护示范区建设	杭州市科技进步奖	二等奖	2009	杭州植物园、浙江大学、浙江自然博物馆、温州大学、浙江理工大学
79	主要阔叶树种容器育苗及造林技术推广与示范	杭州市科技进步奖	三等奖	2006	浙江省淳安县林业局、中国林业科学研究院亚热带林业研究所
80	杭州湿地及其生物多样性研究	杭州市科技进步奖	三等奖	2006	浙江省林业调查规划设计院、杭州市林业水利局、浙江农林大学
81	近自然阔叶化模式研究与示范	杭州市科技进步奖	三等奖	2008	淳安县林业局

（续）

序号	项目名称	奖励类别	等 级	时 间	主持单位
82	千岛湖森林火灾生物控制技术研究与应用	杭州市科技进步奖	三等奖	2009	淳安县新安江开发总公司、浙江农林大学、浙江省林业科学研究院、淳安县林业局
83	杭州地区生物入侵现状及防治策略研究	杭州市科技进步奖	三等奖	2009	浙江大学、杭州市森林资源保护管理总站、杭州市城郊河道管理处、浙江省植物保护检疫局
84	大幅面装饰薄竹生产技术与应用	浙江省高等学校科研成果奖	一等奖	2007	浙江农林大学
85	基于 SA8000 的民营企业社会责任现状调查分析——以浙江省为例	浙江省社会科学界联合会	三等奖	2010	浙江农林大学
86	山茶属植物异地保存、评价及茶花新品种选育繁技术与产业化示范	中国林业科学研究院科技奖	二等奖	2009	中国林业科学研究院亚热带林业研究所

附表 3-3　科技兴林奖一等奖成果一览表

序号	项目名称	奖励类别	等 级	时 间	主持单位
1	浙江省林种树种结构调整支撑技术研究与示范	浙江省林业厅林学会第六届科技兴林奖	一等奖	2006	浙江省林业科学研究院
2	浙江省森林资源与生态状况监测研究	浙江省林业厅林学会第六届科技兴林奖	一等奖	2006	浙江省森林资源监测中心
3	有机竹笋及可持续经营技术研究	浙江省林业厅林学会第六届科技兴林奖	一等奖	2006	浙江省林业有害生物防治检疫局
4	桤木遗传变异与优良种源和无性系选择研究	浙江省林业厅林学会第六届科技兴林奖	一等奖	2006	中国林业科学研究院亚热带林业研究所
5	小型盆栽佛手无土栽培速成栽培技术研究	浙江省林业厅林学会第六届科技兴林奖	一等奖	2006	浙江森禾种业股份有限公司
6	浙江省水土流失重点治理区林业生态体系配套技术研究	浙江省林业厅林学会第六届科技兴林奖	一等奖	2006	浙江农林大学

（续）

序号	项目名称	奖励类别	等 级	时 间	主持单位
7	浙江省重要生态地区昆虫资源研究	浙江省林业厅林学会 第七届科技兴林奖	一等奖	2007	浙江农林大学
8	浙江省主要阔叶树种优树选择及种实丰产配套技术研究	浙江省林业厅林学会 第七届科技兴林奖	一等奖	2007	浙江省林业种苗管理总站
9	竹炭生产关键技术应用机理及系列产品研制与应用	浙江省林业厅林学会 第七届科技兴林奖	一等奖	2007	浙江省林业科学研究院
10	环保型阻燃中密度竹木复合板的研制和开发	浙江省林业厅林学会 第七届科技兴林奖	一等奖	2007	浙江省林业科学研究院
11	针叶林阔叶化发展集成技术示范推广	浙江省林业厅林学会 第七届科技兴林奖	一等奖	2007	台州市林业局
12	仙客来工厂化新品种选育及其制种体系研究	浙江省林业厅林学会 第七届科技兴林奖	一等奖	2007	浙江森禾种业股份有限公司
13	浙江省森林生态体系快速构建技术研究与集成示范	浙江省林业厅林学会 第八届科技兴林奖	一等奖	2008	浙江省林业科学研究院
14	杉木不同世代类型种子园遗传改良研究	浙江省林业厅林学会 第八届科技兴林奖	一等奖	2008	浙江农林大学
15	浙江省森林火灾的预警和防控技术研究	浙江省林业厅林学会 第八届科技兴林奖	一等奖	2008	浙江农林大学
16	海岛困难地造林技术的推广与示范	浙江省林业厅林学会 第八届科技兴林奖	一等奖	2008	舟山市林业工作站
17	山体坡面人工生态修复技术研究与示范	浙江省林业厅林学会 第八届科技兴林奖	一等奖	2008	浙江省林业科学研究院
18	竹材深加工关键技术集成与创新	浙江省林业厅林学会 第九届科技兴林奖	一等奖	2009	浙江省林业科学研究院

（续）

序号	项目名称	奖励类别	等级	时间	主持单位
19	食用菌质量安全及标准化生产关键技术集成与示范	浙江省林业厅林学会第九届科技兴林奖	一等奖	2009	丽水市食用菌研究开发中心
20	沿海平原绿化抗逆植物材料选育研究与应用	浙江省林业厅林学会第九届科技兴林奖	一等奖	2009	中国林业科学研究院亚热带林业研究所
21	森林资源安全监管新模式及其信息系统研究与应用	浙江省林业厅林学会第九届科技兴林奖	一等奖	2009	浙江农林大学
22	普陀鹅耳枥等海岛特有珍稀树种保存和繁育利用技术研究	浙江省林业厅林学会第九届科技兴林奖	一等奖	2009	舟山市林科所
23	天目山古柳杉群衰退机理和综合调控技术	浙江省林业厅林学会第九届科技兴林奖	一等奖	2009	浙江省林业有害生物防治检疫局
24	Mpf树脂合成及木质复合材料制造关键技术与产业化	浙江省林业厅林学会第十届科技兴林奖	一等奖	2010	浙江农林大学
25	竹林生物肥产业化与高效经营技术推广	浙江省林业厅林学会第十届科技兴林奖	一等奖	2010	中国林业科学研究院亚热带林业研究所
26	刚竹属细秆竹种主要病虫害生态控制技术研究	浙江省林业厅林学会第十届科技兴林奖	一等奖	2010	中国林业科学研究院亚热带林业研究所
27	沿海盐碱地绿化技术研究及示范推广	浙江省林业厅林学会第十届科技兴林奖	一等奖	2010	台州市沿海盐碱地绿化研究所
28	利用林副产品废弃物制造清洁炭的关键技术研究	浙江省林业厅林学会第十届科技兴林奖	一等奖	2010	浙江省林业科学研究院
29	县级森林可持续经营规划研究	浙江省林业厅林学会第十届科技兴林奖	一等奖	2010	龙泉市林业局

附录4 “十一五”期间部分标准、专利、新品种、良种审定名单

附表4-1 制修订省级地方标准以上一览表

序号	标准编号	标准名称	主要起草单位	实施时间
1	GB/T 21819-2008	地理标志产品 遂昌竹炭	遂昌县质量技术监督协会	2008-10-01
2	GB/T 22350-2008	成型胶合板	浙江省林业科学研究院	2009-03-01
3	GB/T 24307-2009	山核桃产品质量等级	中国林业科学研究院亚热带林业研究所	2009-12-01
4	GB/T 24569-2009	地理标志产品 常山山茶油	浙江省果品质量检验中心(常山)	2010-01-01
5	LY/T 1678-2006	森林食品 产地环境通用要求	中国林业科学研究院亚热带林业研究所	2006-12-01
6	LY/T 1684-2007	森林食品 总则	浙江省林业科学研究院	2007-10-01
7	LY/T 1747-2008	杨梅质量等级	浙江省林业科学研究院	2008-05-01
8	LY/T 1768-2008	山核桃产品质量要求	浙江农林大学	2008-12-01
9	LY/T 1773-2008	香榧籽质量要求	浙江农林大学	2008-12-01
10	LY/T 1774-2008	香榧栽培技术规程	浙江农林大学	2008-12-01
11	LY/T 1777-2008	森林食品 质量安全通则	中国林业科学研究院亚热带林业研究所	2008-12-01
12	LY/T 1842-2009	竹材刨花板	浙江省林业科学研究院	2009-10-01
13	LY/T 1843-2009	竹席	浙江省林业科学研究院	2009-10-01
14	LY/T 1907-2010	马尾松花粉生产技术规程	中国林业科学研究院亚热带林业研究所	2010-06-01
15	LY/T 1924-2010	木制茶具	浙江省林产品质量检测站	2010-06-01
16	DB33/ 333-2006	无公害竹笋	浙江省林学会	2006-02-08
17	DB33/ 338-2006	无公害银杏	长兴县林业局	2006-10-11
18	DB33/ 373-2006	无公害青梅	长兴县林业局	2006-05-27
19	DB33/ 340-2006	无公害香榧	诸暨市林业局	2006-05-27
20	DB33/T 269-2006	松材线虫病综合治理技术规程	浙江省林业有害生物防治检疫局	2006-05-27
21	DB33/ 305-2006	无公害金华佛手	金华市林业种苗管理站	2006-10-01
22	DB33/ 337-2006	无公害魁栗	上虞市林业技术推广中心	2006-10-01
23	DB33/ 407-2007	无公害苦丁茶	新昌县苦丁茶研究所	2007-04-05
24	DB33/ 343-2007	无公害马蹄笋	平阳县林业局	2007-05-16
25	DB33/T 640-2007	森林资源规划设计调查规程	浙江省森林资源监测中心	2007-07-07

（续）

序号	标准编号	标准名称	主要起草单位	实施时间
26	DB33/T 641-2007	县级森林资源管理信息系统建设规范	浙江省森林资源监测中心	2007-07-07
27	DB33/T 653-2007	林业容器育苗	浙江省林业种苗管理总站	2007-11-17
28	DB33/T 372-2008	无公害杨梅	浙江农林大学	2008-03-25
29	DB33/T 375-2008	无公害枣　栽培技术规程	兰溪市林业科学研究院	2008-09-26
30	DB33/T 731-2009	南方红豆杉栽培技术规程	浙江绿峰农林科技有限公司	2009-04-11
31	DB33/T 374-2009	无公害柿　栽培技术规程	杭州市林业水利局	2009-09-10
32	DB33/ 753-2009	竹席类产品甲醛限量及检测方法	浙江省林产品质量检测站	2009-09-10
33	DB33/T 222-2009	无公害山核桃栽培技术规程	临安市林业科学研究所	2009-12-25
34	DB33/T 224-2009	无公害菜竹栽培技术规程	临安市林业科学研究所	2009-12-25
35	DB33/T 394-2009	木质地板安装验收规范	浙江省林产品质量检测站	2010-01-25
36	DB33/T 812-2010	桂花绿化苗木生产技术规程	浙江新蓝天园林苗木科技有限公司	2010-10-30

附表 4-2 “十一五”国家林业行业、省地方标准制修订计划项目

序号	项目名称	项目来源	起草单位
1	铝箔、铜箔饰面人造板	国家林业局	浙江省林产品质量检测站
2	玉兰培育技术规程	国家林业局	浙江嵊州玉兰新品种研究所
3	重组木地板	国家林业局	浙江省林产品质量检测站
4	切枝杨桐高效培育技术规程	国家林业局	浙江农林大学
5	森林食品—青梅生产技术规程	国家林业局	浙江省林业技术推广总站
6	森林食品—银杏生产技术规程	国家林业局	浙江省林业科学研究院
7	森林食品—杨梅生产技术规程	国家林业局	浙江省林业科学研究院
8	木制太阳伞	国家林业局	浙江省林产品质量检测站
9	竹制餐具有毒有害物质限量	国家林业局	浙江省林产品质量检测站
10	刨切薄竹	国家林业局	浙江农林大学
11	旋切薄竹	国家林业局	浙江省林业科学研究院
12	松材线虫病疫木热处理设施建设技术规范	国家林业局	浙江省林业有害生物防治检疫局
13	木质吸音板	国家林业局	浙江省林产品质量检测站
14	生物质重组刨切单板	国家林业局	浙江省林产品质量检测站
15	竹炭包	国家林业局	浙江农林大学
16	无公害中药材 石蒜	省质监局	浙江农林大学
17	杨梅、柑橘中赤霉素、多效唑和矮壮素残留测定方法	省质监局	浙江农林大学

（续）

序号	项目名称	项目来源	起草单位
18	实木地板用材名称标识规范	省质监局	浙江省林产品质量检测站
19	针叶林阔叶化改造技术规程	省质监局	浙江省林业科学研究院
20	生态公益林建设规范	省质监局	浙江省林业生态工程管理中心
21	平原农田防护林建设技术规程	省质监局	浙江省林业科学研究院
22	无公害板栗栽培技术规程	省质监局	浙江广播电视大学
23	村庄绿化建设技术规程	省质监局	浙江省林业科学研究院
24	花灌木育苗技术规程	省质监局	浙江省林业种苗管理总站
25	桂花苗木标准化生产技术规程	省质监局	浙江新蓝天园林苗木科技有限公司
26	红树林造林技术规程	省质监局	浙江省亚热带作物研究所
27	锥栗栽培技术规程	省质监局	浙江省林产品质量检测站
28	油茶丰产栽培技术规程	省质监局	中国林业科学研究院亚热带林业研究所
29	松褐天牛诱捕技术规程	省质监局	浙江省林业有害生物防治检疫局
30	红豆树栽培技术规程	省质监局	中国林业科学研究院亚热带林业研究所
31	光皮桦人工林栽培技术规程	省质监局	浙江农林大学
32	楠木人工林培育技术规程	省质监局	中国林业科学研究院亚热带林业研究所
33	杉木大径材培育技术规程	省质监局	中国林业科学研究院亚热带林业研究所

附表 4-3　省级以上林业标准化示范区（项目）一览表

序号	示范区（项目）名称	项目来源	承担单位
1	全国香榧标准化示范区	国家林业局	诸暨市林业局
2	全国林业标准化示范区	国家林业局	安吉县林业局
3	全国雪梨标准化示范区	国家林业局	云和县林业局
4	全国竹笋标准化示范区	国家林业局	遂昌县林业局
5	全国沿海防护林标准化示范区	国家林业局	瑞安市林业局
6	全国杨梅标准化示范区	国家林业局	台州市黄岩区林业特产局
7	全国平原绿化标准化示范区	国家林业局	海盐县林业局
8	全国早园笋标准化示范区	国家林业局	德清县林业局
9	全国红叶石楠标准化示范区	国家林业局	浙江森禾种业股份有限公司
10	全国柿生产标准化示范区	国家林业局	兰溪市林业局
11	全国毛竹笋标准化示范区	国家林业局	安吉县林业局
12	绿化苗木标准化推广实施	省质监局、发改委、财政厅、林业厅等	长兴县泗安镇农业服务中心
13	无公害山核桃标准化推广实施	省质监局、发改委、财政厅、林业厅等	浙江林学院天则山核桃有限公司

（续）

序号	示范区（项目）名称	项目来源	承担单位
14	无公害枇杷标准化种植推广实施	省质监局、发改委、财政厅、林业厅等	路桥区林特总站
15	无公害毛竹笋用林标准化推广实施	省质监局、发改委、财政厅、林业厅等	临海市黄土山竹笋合作社
16	无公害柿标准化种植推广实施	省质监局、发改委、财政厅、林业厅等	天台县赤城山野菜合作社
17	无公害苦丁茶标准化种植推广实施	省质监局、发改委、财政厅、林业厅等	新昌县思尔康绿色食品有限公司
18	无公害柑橘标准化栽培推广实施	省质监局、发改委、财政厅、林业厅等	岱山县岱西镇效益农业协会
19	无公害板栗优质丰产标准化推广实施	省质监局、发改委、财政厅、林业厅等	桐庐县林业技术推广中心站
20	无公害香榧标准化种植推广实施	省质监局、发改委、财政厅、林业厅等	诸暨冠军香榧有限公司
21	无公害竹笋标准化栽培推广实施	省质监局、发改委、财政厅、林业厅等	龙游县韩氏小竹笋专业合作社
22	无公害山茶油标准化推广实施	省质监局、发改委、财政厅、林业厅等	丽水市怡园种业有限公司
23	无公害雪梨标准化种植推广实施	省质监局、发改委、财政厅、林业厅等	云和县仙宫果业有限公司、云和县林业技术推广站
24	无公害竹笋标准化栽培推广实施	省质监局、发改委、财政厅、林业厅等	龙泉市竹产业协会、龙泉市八都镇林业工作站实验林场
25	无公害毛竹标准化推广实施	省质监局、发改委、财政厅、林业厅等	庆元县竹业开发公司
26	无公害猕猴桃标准化种植推广实施	省质监局、发改委、财政厅、林业厅等	泰顺县乌岩岭猕猴桃专业合作社
27	无公害马蹄笋标准化种植推广实施	省质监局、发改委、财政厅、林业厅等	苍南县林业技术推广站
28	无公害早园笋标准化推广示范	省质监局、发改委、财政厅、林业厅等	吴兴区农林技术推广服务中心
29	嘉兴县优良花卉标准化推广示范	省质监局、发改委、财政厅、林业厅等	嘉兴市林业工作站
30	无公害杨梅标准化推广实施	省质监局、发改委、财政厅、林业厅等	仙居县果品产销协会
31	无公害晚稻杨梅标准化推广示范	省质监局、发改委、财政厅、林业厅等	舟山市林业工作站、定海区白泉镇杨梅专业合作社
32	无公害日本甜柿标准化推广示范	省质监局、发改委、财政厅、林业厅等	富阳市湖源乡甜柿专业合作社、富阳市林业技术推广中心

（续）

序号	示范区（项目）名称	项目来源	承担单位
33	无公害毛竹标准化推广实施	省质监局、发改委、财政厅、林业厅等	淳安县大市毛竹专业合作社
34	毛竹笋竹两用林标准化推广实施	省质监局、发改委、财政厅、林业厅等	建德市营林服务公司
35	无公害桃形李标准化推广实施	省质监局、发改委、财政厅、林业厅等	浦江县林业技术推广中心
36	万亩竹笋无公害标准化推广实施	省质监局、发改委、财政厅、林业厅等	缙云县山川绿野笋业专业合作社
37	有机油茶丰产林标准化生产推广示范	省质监局、发改委、财政厅、林业厅等	衢州纯野山茶油有限公司
38	无公害香榧标准化推广实施项目	省质监局、发改委、财政厅、林业厅等	嵊州市林业技术推广中心
39	无公害毛竹笋标准化推广示范	省质监局、发改委、财政厅、林业厅等	上虞市林业技术推广中心
40	无公害梨标准化推广实施	省质监局、发改委、财政厅、林业厅等	三门县林业技术推广站
41	点点红板栗标准化生产推广示范	省质监局、发改委、财政厅、林业厅等	泰顺县点点红农业综合开发实验场
42	竹笋标准化推广实施	省质监局、发改委、财政厅、林业厅等	丽水六江源绿色食品有限公司
43	无公害油茶标准化推广示范	省质监局、发改委、财政厅、林业厅等	江山市太阳山蔬菜专业合作社
44	油茶无公害标准化推广实施	省质监局、发改委、财政厅、林业厅等	遂昌县林业技术推广总站
45	无公害竹笋标准化推广示范	省质监局、发改委、财政厅、林业厅等	龙游县韩氏小竹笋专业合作社
46	林业容器育苗标准化推广示范	省质监局、发改委、财政厅、林业厅等	杭州市林业水利科技推广总站
47	无公害山核桃标准化推广示范	省质监局、发改委、财政厅、林业厅等	桐庐歌舞山核桃专业合作社、桐庐县林业技术推广中心站
48	无公害油茶籽标准化生产推广示范	省质监局、发改委、财政厅、林业厅等	苍南县山野油茶专业合作社
49	无公害厚朴标准化推广示范	省质监局、发改委、财政厅、林业厅等	国营文成县石垟林场、文成县林业技术推广站
50	无公害毛竹标准化推广实施	省质监局、发改委、财政厅、林业厅等	乐清市高新农业开发有限公司
51	无公害竹笋标准化推广实施示范	省质监局、发改委、财政厅、林业厅等	安吉县林业技术推广中心

（续）

序号	示范区(项目)名称	项目来源	承担单位
52	嘉兴市苗木标准化推广示范	省质监局、发改委、财政厅、林业厅等	嘉兴市林业工作站
53	无公害毛竹标准化推广实施	省质监局、发改委、财政厅、林业厅等	绍兴县林业特产技术推广站
54	无公害板栗标准化推广示范	省质监局、发改委、财政厅、林业厅等	武义县林业科技推广站 武义县宣平板栗专业合作社
55	无公害竹笋标准化推广示范	省质监局、发改委、财政厅、林业厅等	磐安县巍峰竹笋专业合作社
56	无公害香榧标准化推广示范	省质监局、发改委、财政厅、林业厅等	东阳市东白山土特产开发有限公司
57	无公害兰溪杨梅标准化推广实施示范	省质监局、发改委、财政厅、林业厅等	兰溪市林业技术推广站
58	无公害竹笋标准化推广实施	省质监局、发改委、财政厅、林业厅等	柯城区林业技术推广中心
59	油茶丰产林标准化产业化推广示范	省质监局、发改委、财政厅、林业厅等	开化古田山茶油专业合作社、浙江省开化县古田山有限公司
60	柑橘标准化栽培推广示范	省质监局、发改委、财政厅、林业厅等	临海市涌发果业合作社
61	毛竹无公害栽培标准化推广示范	省质监局、发改委、财政厅、林业厅等	黄岩区林业技术推广总站
62	玉环柚标准化栽培推广示范	省质监局、发改委、财政厅、林业厅等	玉环县特产技术推广站
63	皋泄香柚标准化栽培推广示范	省质监局、发改委、财政厅、林业厅等	舟山市林业技术推广站、定海区白泉镇皋泄香柚产销合作社
64	无公害竹笋标准化栽培推广示范	省质监局、发改委、财政厅、林业厅等	景宁县营林公司
65	无公害油茶标准化栽培推广示范	省质监局、发改委、财政厅、林业厅等	龙泉市林业科技推广站
66	无公害杨梅标准化栽培推广示范	省质监局、发改委、财政厅、林业厅等	青田县林业技术推广站
67	无公害山核桃标准化栽培推广示范	省质监局、发改委、财政厅、林业厅等	临安市林业技术服务总站
68	无公害竹笋栽培标准化推广示范	省质监局、发改委、财政厅、林业厅等	富阳千禧笋厂、富阳市林业技术推广中心
69	红叶石楠容器育苗标准化栽培推广示范	省质监局、发改委、财政厅、林业厅等	浙江森禾种业股份有限公司
70	山核桃无公害标准化栽培推广示范	省质监局、发改委、财政厅、林业厅等	淳安县临岐林业服务社

（续）

序号	示范区（项目）名称	项目来源	承担单位
71	猕猴桃标准化栽培推广示范	省质监局、发改委、财政厅、林业厅等	泰顺县大自然生态农业实验场
72	无公害板栗标准化栽培推广示范	省质监局、发改委、财政厅、林业厅等	文成县黄寮农产品产销合作社
73	板栗丰产栽培标准化推广示范	省质监局、发改委、财政厅、林业厅等	永嘉县上光板栗专业合作社
74	海宁市苗木标准化栽培推广示范	省质监局、发改委、财政厅、林业厅等	海宁市林业果树技术服务站
75	无公害竹笋标准化栽培推广示范	省质监局、发改委、财政厅、林业厅等	长兴县林业技术推广中心站
76	无公害竹笋标准化栽培推广示范	省质监局、发改委、财政厅、林业厅等	安吉县林业服务总站
77	金塘李标准化种植推广示范	省质监局、发改委、财政厅、林业厅等	舟山市林业技术推广站、定海区金塘镇惠农李子贝母合作社
78	无公害香榧标准化栽培推广示范	省质监局、发改委、财政厅、林业厅等	诸暨市枫桥香榧协会 诸暨市林木良种繁育站
79	无公害桃标准化栽培推广示范	省质监局、发改委、财政厅、林业厅等	上虞市林业技术推广中心 上虞市老外婆农业专业合作社
80	无公害高山竹笋标准化栽培推广示范	省质监局、发改委、财政厅、林业厅等	金华市塔石高丰果菜专业合作社
81	无公害竹笋标准化栽培推广示范	省质监局、发改委、财政厅、林业厅等	武义县林业科技推广站
82	竹笋两用毛竹林标准化栽培推广示范	省质监局、发改委、财政厅、林业厅等	开化县林业开发公司
83	有机茶油标准化种植推广示范	省质监局、发改委、财政厅、林业厅等	浙江茶之语科技开发有限公司
84	油茶丰产标准化栽培推广示范	省质监局、发改委、财政厅、林业厅等	常山县森茂油茶专业合作社
85	无公害笋竹标准化栽培推广示范	省质监局、发改委、财政厅、林业厅等	仙居县天顶林业有限公司
86	温岭高橙标准化栽培推广示范	省质监局、发改委、财政厅、林业厅等	温岭市国庆塘高橙场
87	无公害杨梅标准化栽培推广示范	省质监局、发改委、财政厅、林业厅等	天台县寒岩杨梅专业合作社
88	无公害油茶标准化栽培推广示范	省质监局、发改委、财政厅、林业厅等	遂昌县金竹镇农业推广服务中心
89	无公害板栗标准化种植推广示范	省质监局、发改委、财政厅、林业厅等	丽水市森老大板栗产销合作社

（续）

序号	示范区（项目）名称	项目来源	承担单位
90	无公害脐橙标准化种植推广示范	省质监局、发改委、财政厅、林业厅等	松阳县湖溪林场
91	无公害油茶标准化栽培推广示范	省质监局、发改委、财政厅、林业厅等	缙云县仙都山茶油开发有限公司
92	竹笋标准化栽培推广示范	省质监局、发改委、财政厅、林业厅等	富阳市新旺竹笋专业合作社
93	桂花苗木标准化栽培推广示范	省质监局、发改委、财政厅、林业厅等	浙江新蓝天园林苗木科技有限公司
94	毛竹笋用林标准化栽培推广示范	省质监局、发改委、财政厅、林业厅等	桐庐县横村镇里村凤联竹园 桐庐县林业技术推广中心站
95	山核桃标准化示范推广	省质监局、发改委、财政厅、林业厅等	淳安千岛湖常香果绿色食品有限公司
96	锥栗标准化种植推广示范	省质监局、发改委、财政厅、林业厅等	泰顺县棋盘山锥栗合作社
97	杨梅标准化栽培推广示范	省质监局、发改委、财政厅、林业厅等	苍南县玉苍杨梅专业合作社
98	林业容器育苗标准化栽培推广示范	省质监局、发改委、财政厅、林业厅等	温州达禾景观园艺有限公司
99	香榧标准化栽培推广示范	省质监局、发改委、财政厅、林业厅等	绍兴县山娃子农产品开发有限公司
100	南方红豆杉标准化栽培推广示范	省质监局、发改委、财政厅、林业厅等	新昌县南峰红豆杉专业合作社
101	优质竹材良好农业规范（GAP）实施示范	省质监局、发改委、财政厅、林业厅等	浙江腾龙竹业集团有限公司
102	香榧标准化种植推广示范	省质监局、发改委、财政厅、林业厅等	衢州市三冠名优特产有限公司
103	油茶标准化栽培推广示范	省质监局、发改委、财政厅、林业厅等	常山县东案乡农技术推广中心
104	毛竹笋标准化栽培推广示范	省质监局、发改委、财政厅、林业厅等	衢州市柯城区均良竹笋专业合作社
105	野生小竹笋标准化栽培推广示范	省质监局、发改委、财政厅、林业厅等	遂昌县林业技术推广总站
106	毛竹高效经营标准化栽培推广示范	省质监局、发改委、财政厅、林业厅等	庆元县新天下竹业有限公司
107	苦槠标准化栽培推广示范	省质监局、发改委、财政厅、林业厅等	龙泉市宏远山珍果专业合作社
108	油茶标准化栽培推广示范	省质监局、发改委、财政厅、林业厅等	磐安县庄稼汉油茶专业合作社

（续）

序号	示范区（项目）名称	项目来源	承担单位
109	香榧标准化栽培推广示范	省质监局、发改委、财政厅、林业厅等	东阳市西垣玉山香榧专业合作社
110	枇杷标准化栽培推广示范	省质监局、发改委、财政厅、林业厅等	兰溪市穆坞枇杷专业合作社
111	茶叶标准化栽培推广示范	省质监局、发改委、财政厅、林业厅等	临海市茶叶产业协会
112	枇杷标准化栽培推广示范	省质监局、发改委、财政厅、林业厅等	黄岩区高桥街道农业综合服务总站
113	杨梅标准化栽培推广示范	省质监局、发改委、财政厅、林业厅等	三门县果树特产推广总站
114	柑橘标准化栽培推广示范	省质监局、发改委、财政厅、林业厅等	舟山市林业技术推广站、舟山市定海区仁哥柑橘专业合作社
115	蜜梨标准化栽培推广示范	省质监局、发改委、财政厅、林业厅等	嘉兴市林特技术推广总站
116	早园笋标准化栽培推广示范	省质监局、发改委、财政厅、林业厅等	德清县林业技术推广站
117	毛竹笋标准化栽培推广示范	省质监局、发改委、财政厅、林业厅等	湖州市吴兴区笋竹产业协会

附表 4-4　中国名牌产品（林产品）目录

序号	企业名称	商标	产品名称	认定部门
1	德华集团控股有限公司	兔宝宝	胶合板	国家质检总局
2	德仁集团有限公司	德仁	胶合板	国家质检总局
3	德华集团控股有限公司	兔宝宝	细木工板	国家质检总局
4	浙江升华云峰新材股份有限公司	莫干山	细木工板	国家质检总局
5	浙江富得利木业有限公司	富得利	实木复合地板	国家质检总局

附表 4-5　国家地理标志保护产品（林产品）目录

序号	产品名称	保护范围	认定部门
1	遂昌竹炭	遂昌县现辖行政区域	国家质检总局
2	常山山茶油	常山县现辖行政区域	国家质检总局
3	德清早园笋	德清县现辖行政区域	国家质检总局
4	枫桥香榧	诸暨市枫桥镇、赵家镇、东白湖镇、陈宅镇、璜山镇、岭北镇、东和乡 7 个乡镇现辖行政区域	国家质检总局

附表 4-6 浙江名牌产品(林产品)目录

序号	企业名称	商标	产品名称	认定部门
1	杭州华海木业有限公司	千年舟	细木工板、装饰单板贴面人造板	省质监局
2	德华集团控股股份有限公司	兔宝宝	装饰单板贴面胶合板	省质监局
3	德华集团控股股份有限公司	兔宝宝	重组装饰单板	省质监局
4	嘉兴市良友木业有限公司	百霖 BRILLIANT	实木复合地板	省质监局
5	浙江裕华木业有限公司	鹦鹉	实木复合地板	省质监局
6	浙江贝亚克木业有限公司	贝亚克	实木复合地板	省质监局
7	浙江格尔森木业有限公司	格尔森	实木地板	省质监局
8	浙江大友木业有限公司	大友	实木地板	省质监局
9	浙江汇德木业有限公司	汇泰	实木地板	省质监局
10	杭州森佳木业制造厂	升佳	强化木地板	省质监局
11	杭州大庄地板有限公司	大庄	竹木地板	省质监局
12	浙江春水地板有限公司	春水	竹地板	省质监局
13	浙江德清莫干山竹胶板有限公司	MGS	竹胶合板模板	省质监局
14	浙江玲珑纸业集团有限公司	LingLong	装饰耐火板	省质监局
15	浙江金迪控股集团有限公司	金迪	木质复合门	省质监局
16	临海市水洋农贸公司	黄土山岭	竹笋	省质监局
17	浙江华隆食品有限公司	森王	小银杏	省质监局
18	淳安千岛湖红姑娘无核柿专业合作社	红姑娘	无核柿	省质监局
19	长兴县永绿林业发展中心	YINMEI	银杏	省质监局
20	东阳市响铃枣业有限公司	响铃	南枣	省质监局
21	浙江森禾种业股份有限公司	森禾	花卉、种苗	省质监局
22	杭州绿茵园林花卉有限公司	绿茵	蝴蝶兰	省质监局
23	嘉兴碧云花园有限公司	碧云 BIYUN	鲜切花	省质监局
24	金华市婺城区竹马乡花卉协会	竹马牌	茶花	省质监局
25	浙江能福旅游用品有限公司	能福、nf	竹木制太阳伞	省质监局
26	泰顺县司前竹制餐具厂	利众	竹制餐具	省质监局
27	浙江双枪竹木公司	双枪	工艺竹木筷	省质监局
28	浙江天竹工贸公司	天竹	工艺竹木筷	省质监局
29	浙江建中竹业科技有限公司	天西	竹炭制品	省质监局
30	衢州现代炭业有限公司	现代人	竹炭制品	省质监局
31	遂昌碧岩生态资源开发行	碧岩	竹炭制品	省质监局
32	浙江金凯门业有限公司	路口	木制门	省质监局
33	浙江瑞明节能门窗有限公司	瑞明	纯木门窗	省质监局

（续）

序号	企业名称	商标	产品名称	认定部门
34	浙江永吉木业有限公司	永吉	实木地板、实木复合地板	省质监局
35	湖州天龙木业有限公司	TL	实木地板	省质监局
36	湖州宝丰木业有限公司	丰旺	实木地板	省质监局
37	杭州姚生记食品有限公司	姚生记	炒货食品	省质监局
38	杭州千岛湖山之子食品实业有限公司	山之子	山核桃系列产品	省质监局
39	杭州临安菜篮子食品有限公司	丰蕾	竹笋制品	省质监局
40	绍兴县同康竹笋专业合作社	同康	毛竹四季笋	省质监局
41	浙江三禾竹木有限公司	三月三	竹砧板	省质监局
42	浙江节节高炭业有限公司	节节高	竹炭制品	省质监局
43	绍兴县华隆食品有限公司	越州	香榧	省质监局
44	东阳市西垣玉山香榧专业合作社	纯香源	香榧	省质监局
45	浙江省木业产品质量检测中心南浔检测所	图形商标	南浔木地板	省质监局
46	久盛地板有限公司	久盛	浸渍纸层压木质地板	省质监局
47	浙江德生木业有限公司	德厦	实木复合地板	省质监局
48	浙江升华云峰新材股份有限公司	莫干山	实木复合地板	省质监局
49	浙江欣远竹制品有限公司	欣远	竹地板	省质监局
50	浙江可信竹木有限公司	可可竹木	竹胶合板模板	省质监局
51	江山欧派门业有限公司	欧派	铝木复合门	省质监局
52	浙江吉安木业有限公司	吉安	木门系列产品	省质监局
53	杭州临安恒兴天然食品厂	龙珍	山核桃系列产品	省质监局
54	浙江恒峰农特产有限公司	云峰	香榧	省质监局
55	临海市桃渚柑橘专业合作社	南岙	柑橘	省质监局
56	临海市前方马里岙水果特产场	马里岙	柑橘	省质监局
57	台州市黄岩院桥东魁杨梅专业合作社	九岗山	东魁杨梅	省质监局
58	浙江滕头园林股份有限公司	滕头	苗木	省质监局
59	浙江传化生物技术有限公司	传化	花卉种苗	省质监局
60	遂昌县地理标志产品保护管理委员会	地理标志产品	遂昌竹炭	省质监局
61	浙江升华云峰新材股份有限公司	莫干山	贴面装饰板	省质监局
62	湖州巨峰木业有限公司	巨峰	贴面装饰板	省质监局
63	浙江丽人木业集团有限公司	丽人	中密度纤维板	省质监局
64	浙江绿源木业股份有限公司	绿源	中密度纤维板	省质监局
65	杭州明成木业有限公司	明成	木地板	省质监局

（续）

序号	企业名称	商标	产品名称	认定部门
66	浙江大东吴绿家木业有限公司	绿家	实木地板	省质监局
67	绍兴市彬彬木业有限公司	金億	实木地板	省质监局
68	浙江创鑫木业有限公司	创鑫	实木地板	省质监局
69	浙江好运木业有限公司	好运	实木地板	省质监局
70	浙江林昌木业有限公司	林昌	实木地板	省质监局
71	浙江瑞澄木业有限公司	瑞澄	实木地板	省质监局
72	浙江康辉木业有限公司	康辉	实木地板	省质监局
73	浙江龙森木业有限公司	龙森	实木地板	省质监局
74	浙江富得利木业有限公司	富得利	实木地板、实木复合地板	省质监局
75	浙江方圆木业有限公司	方圆、FY	实木、实木复合地板	省质监局
76	久盛地板有限公司	久盛	实木、实木复合地板	省质监局
77	浙江世友木业有限公司	世友	实木、实木复合地板	省质监局
78	嘉善绿峰木业有限公司	艺之家	实木复合地板	省质监局
79	浙江永裕竹业股份有限公司	永裕	竹地板	省质监局
80	杭州临安三峰实业有限公司	竹牌	竹地板	省质监局
81	诸暨市光裕竹业有限公司	胶友	竹编胶合板	省质监局
82	浙江省仙居县华立工艺厂	味老大	竹制厨房用品	省质监局
83	浙江省磐安县绿海工艺厂	绿海	画架	省质监局
84	冠军集团有限公司	冠军	香榧	省质监局
85	诸暨市老何土特产有限公司	枫桥老何	香榧	省质监局
86	浙江天珍食品有限公司	天珍	香榧	省质监局
87	绍兴县山娃子农产品开发有限公司	山娃子	香榧	省质监局
88	东阳市东白山土特产开发有限公司	西湾	香榧	省质监局
89	浙江康大实业有限公司	康大王	香榧	省质监局
90	杭州深宝绿色食品有限公司	深宝	山核桃系列	省质监局
91	杭州临安桃源绿色食品有限公司	世外桃源	山核桃系列	省质监局
92	浙江余氏飞龙山茶油有限公司	苏庄	苏庄	省质监局
93	安吉县林业服务总站	黄浦江源	冬笋	省质监局
94	德清县林业技术推广站	山伢儿	早园笋	省质监局
95	浙江松友食品有限公司	浙福	水煮笋	省质监局
96	平阳兴林实业公司	鸿雁	马蹄笋	省质监局
97	遂昌县文照竹炭有限公司	文照	竹炭制品	省质监局
98	遂昌县竹炭厂	名康	竹炭制品	省质监局
99	温州冰洋实业有限公司	冰洋	凉席	省质监局

（续）

序号	企业名称	商标	产品名称	认定部门
100	浙江梦天木门有限公司	梦天	木门系列	省质监局
101	浙江新云工艺品有限公司	一点	木制玩具	省质监局
102	浙江黄岩特产开发公司	九峰	东魁杨梅	省质监局
103	仙居县林业特产开发服务中心	仙绿	杨梅	省质监局
104	兰溪市朱家乡农业技术推广服务站	余粮山	大红柿	省质监局
105	永康市新楼农业开发有限公司	方山	方山柿	省质监局
106	兰溪市穆坞果木场	穆坞	枇杷	省质监局
107	泰顺县乌岩岭猕猴桃专业合作社	乌岩岭	猕猴桃鲜果	省质监局
108	宁波市北仑区柴桥农业服务公司花木分公司	图形商标	花卉苗木	省质监局
109	海宁市康艺鲜切花专业合作社	康艺	鲜切花	省质监局
110	浙江万象花卉有限公司	万象	棕竹	省质监局
111	浙江丰岛股份有限公司	丰岛 TOYOSHIMA	鲜切叶切花	省质监局
112	余姚市四明山镇农工商服务公司	四明山	红枫	省质监局
113	杭州萧山蓝天野生水禽驯养繁殖场	飞羽	野鸭	省质监局
114	杭州萧山钱江水禽驯养繁殖场	钱江	钱江野鸭	省质监局

附表 4-7　完成新品种一览表

序号	新品种编号	名称	主持单位	时间
1	20100003	神州奇	金华市婺城区万盛园艺场	2010-12-28
2	20100004	春满园	金华市婺城区万盛园艺场	2010-12-28
3	20100005	紫气东升	金华市婺城区万盛园艺场	2010-12-28
4	20090009	涌金	宁波市林业局林特种苗繁育中心	2009-12-31
5	20070006	金天使	潘常智	2007-01-31
7	国 S－SC－CM－008－2006	佛手"青衣童子"	浙江森禾种业股份有限公司	2006-12-30
8	国 S－SC－CM－009－2006	佛手"白衣秀士"	浙江森禾种业股份有限公司	2006-12-30
9	国 S－SC－CM－010－2006	佛手"赤金王子"	浙江森禾种业股份有限公司	2006-12-30
10	国 S－SV－PF－011－2006	红叶石楠"红罗宾"	浙江森禾种业股份有限公司	2006-12-30
11	国 S－SV－MR－017－2006	东方明珠	浙江森禾种业股份有限公司	2006-12-30
12	国 S－SV－MR－007－2006	紫水晶	浙江森禾种业股份有限公司	2006-12-30
13	国 S－SV－LJ－001－2007	金森女贞	浙江森禾种业股份有限公司	2007-12-30
14	国 S－SV－PG－002－2007	红叶石楠"鲁宾斯"	浙江森禾种业股份有限公司	2007-12-30
15	浙 S－SV－CI－005－2006	薄壳山核桃 YLJ023	中国林业科学研究院亚热带林业研究所等	2006

（续）

序号	新品种编号	名称	主持单位	时间
16	浙 S－SV－CI－006－2006	薄壳山核桃 YLJ042	中国林业科学研究院亚热带林业研究所等	2006
17	国 S－SC－CO－011－2007	亚林 1 号	中国林业科学研究院亚热带林业研究所等	2007
18	国 S－SC－CO－012－2007	亚林 4 号	中国林业科学研究院亚热带林业研究所等	2007
19	国 S－SC－CO－005－2008	长林 3 号	中国林业科学研究院亚热带林业研究所等	2008
20	国 S－SC－CO－006－2008	长林 4 号	中国林业科学研究院亚热带林业研究所等	2008
21	国 S－SC－CO－007－2008	长林 18 号	中国林业科学研究院亚热带林业研究所等	2008
22	国 S－SC－CO－008－2008	长林 21 号	中国林业科学研究院亚热带林业研究所等	2008
23	国 S－SC－CO－009－2008	长林 23 号	中国林业科学研究院亚热带林业研究所等	2008
24	国 S－SC－CO－010－2008	长林 27 号	中国林业科学研究院亚热带林业研究所等	2008
25	国 S－SC－CO－011－2008	长林 40 号	中国林业科学研究院亚热带林业研究所等	2008
26	国 S－SC－CO－012－2008	长林 53 号	中国林业科学研究院亚热带林业研究所等	2008
27	国 S－SC－CO－013－2008	长林 55 号	中国林业科学研究院亚热带林业研究所等	2008
28	浙 R－SC－CI－009－2011	YLC10	中国林业科学研究院亚热带林业研究所等	2011
29	浙 S－SC－CH－002－2006	锥栗 YLZ07 号	中国林业科学研究院亚热带林业研究所等	2006
30	浙 S－SC－CH－003－2006	锥栗 YLZ24 号	中国林业科学研究院亚热带林业研究所等	2006
31	浙 S－SC－CH－004－2006	锥栗 YLZ25 号	中国林业科学研究院亚热带林业研究所等	2006
32	R－SP－ SS－015－2008	木荷安福种源	中国林业科学研究院亚热带林业研究所等	2008
33	R－SP－ SS－016－2008	木荷尤溪种源	中国林业科学研究院亚热带林业研究所等	2008
34	R－SP－ SS－016－2008	木荷建瓯种源	中国林业科学研究院亚热带林业研究所等	2008
35	浙 S－SC－CH－013－2008	锥栗 YLZ2 号	中国林业科学研究院亚热带林业研究所等	2008

（续）

序号	新品种编号	名称	主持单位	时间
36	浙 S－SC－CH－012－2009	锥栗 YLZ26 号	中国林业科学研究院亚热带林业研究所等	2009
37	浙 R－ETS－QV－005－2009	弗吉尼亚栎	中国林业科学研究院亚热带林业研究所等	2009
38	浙 R－ETS－NA－006－2009	水紫树	中国林业科学研究院亚热带林业研究所等	2009
39	浙 R－ETS－LS－007－2009	北美枫香种源 LA	中国林业科学研究院亚热带林业研究所等	2009
40	浙 R－SF－PP－012－2009	杂交松亚林 1 号	中国林业科学研究院亚热带林业研究所等	2009
41	浙 R－SF－PP－013－2009	杂交松亚林 2 号	中国林业科学研究院亚热带林业研究所等	2009
42	浙 R－SF－PP－014－2009	杂交松亚林 3 号	中国林业科学研究院亚热带林业研究所等	2009
43	浙 R－SF－PP－015－2009	杂交松亚林 4 号	中国林业科学研究院亚热带林业研究所等	2009

附表 4-8　授权发明专利和实用新型专利一览表

专利名称	专利类别及专利号	单位	授权时间
发明专利			
一种林业苗木专用复配制剂	ZL 2007 1 0069583. 3	浙江省林业科学研究院	2009-11-18
一种用于滨海盐碱地的林木生长促进剂	ZL 2007 1 0069671. 3	浙江省林业科学研究院	2009-07-29
一种竹质胶合板的制造方法	ZL 2008 1 0163702. 6	浙江省林业科学研究院	2010-09-22
一种复合竹地板的制造方法	ZL 2008 1 0163701. 1	浙江省林业科学研究院	2010-09-22
机制棒自燃式炭化方法及其炭化窑	ZL 2007 1 0067312. 4	浙江省林业科学研究院	2010-12-29
香菇 L03、Cr02 或沪农 1 号的分子特异性标记引物及检测方法	ZL 2008 1 0120571. 3	浙江省林业科学研究院	2010-11-17
香菇 Cr02 菌种的分子特异性标记引物及检测方法	ZL 2008 1 0120314. X	浙江省林业科学研究院	2010-12-15
一种香菇 Cr02 菌种的分子特异性标记引物及检测方法	ZL 2008 1 0120315. 4	浙江省林业科学研究院	2010-12-15
一种含竹醋液的植物营养保护剂及其制备方法	ZL200410067041. 9	浙江农林大学	2008-10-01
一种以导电竹炭为填充料的面状发热材料及其制备方法	ZL200410099011. 6	浙江农林大学	2009-01-14
一种密闭式热压工艺制造无胶纤维板的方法	ZL200510023307. 4	浙江农林大学	2007-08-22
一种酸辣苦笋加工方法	ZL200510049041. 0	浙江农林大学	2007-11-21

（续）

专利名称	专利类别及专利号	单位	授权时间
纸质层压板浸渍胶及其生产方法	ZL200510070308. 4	浙江农林大学	2006-08-23
小径木材整形集成材生产方法	ZL200510078444. 8	浙江农林大学	2007-12-12
竹材整圆整直方法	ZL200510078449. 0	浙江农林大学	2008-02-27
长型炭窑	ZL200510078447. 1	浙江农林大学	2008-10-01
茄科蔬菜竹醋液多效复合剂生产方法	ZL200510078448. 6	浙江农林大学	2007-01-31
以木材为基体的表面金属镀膜的抗静电地板的制作方法	ZL200510050668. 8	浙江农林大学	2007-06-27
一种木材表面真空金属镀膜的制作工艺	ZL200510050667. 3	浙江农林大学	2008-12-03
一种抗静电涂料及其制备方法	ZL200510050812. 3	浙江农林大学	2007-11-14
薄型集成材热压生产方法	ZL200510089213. 7	浙江农林大学	2007-12-12
一种植醋液的加工方法	ZL200510061140. 0	浙江农林大学	2008-02-13
一种含木醋液或草醋液的液体肥料及其制备方法	ZL200510061139. 8	浙江农林大学	2008-01-30
细木条生产方法	ZL200510118910. 0	浙江农林大学	2008-02-27
一种含喜树碱或喜树碱衍生物的杀虫剂及其制备方法	ZL200510061474. 8	浙江农林大学	2008-04-30
竹醋液收集器	ZL200510137894. X	浙江农林大学	2008-03-26
木材微炭化方法	ZL200610005232. 1	浙江农林大学	2009-05-27
竹木复合层状性能材料及其生产方法	ZL200610005669. 5	浙江农林大学	2008-12-10
竹木高压水热液化方法	ZL200610003945. 4	浙江农林大学	2008-05-14
三聚氰胺和竹木酚液化物改性酚醛树脂生产方法	ZL200610003946. 9	浙江农林大学	2008-07-16
一种天然炭醋畜禽饲料添加剂的制备方法	ZL200610049574. 3	浙江农林大学	2008-06-25
游离甲醛捕捉剂及其生产方法	ZL200610075046. 5	浙江农林大学	2008-09-24
环保型低成本脲醛树脂胶生产方法	ZL200610075047. X	浙江农林大学	2007-10-24
含喜树碱或喜树碱衍生物的农用杀菌剂及其应用	ZL200610051741. 8	浙江农林大学	2010-01-13
轻质水泥刨花板及其生产方法	ZL200610092153. 9	浙江农林大学	2008-05-14
高强度木丝板生产方法	ZL200610092154. 3	浙江农林大学	2008-09-24
一种竹木质材料防腐防霉剂	ZL 2006 10051884. 9	浙江农林大学	2008-12-03
植物纤维发泡材料生产方法	ZL200610052420X	浙江农林大学	2008-10-01
一种竹木质材料阻燃防腐防霉剂	ZL200610052154	浙江农林大学	2008-12-03
用喜树直接生产制得的农药制剂及其用途	ZL200610052694. 9	浙江农林大学	2008-10-01

（续）

专利名称	专利类别及专利号	单位	授权时间
改良雷竹园土壤活性有机碳的肥料及其施肥方法	ZL200610052650. 6	浙江农林大学	2008-04-30
抑菌型有机无机复合肥及其生产方法	ZL200610052651. 0	浙江农林大学	2007-11-28
笋壳有机无机复合肥及其生产方法	ZL200610052652. 5	浙江农林大学	2008-01-30
竹液化物酚醛胶生产方法	ZL200610052421. 4	浙江农林大学	2008-11-12
竹酚液化物生产方法	ZL200610052422. 9	浙江农林大学	2008-07-16
纵向碾压切条机	ZL200610154544. 9	浙江农林大学	2008-04-30
毛竹种胚培养基及种苗快繁方法	ZL200610154544. 9	浙江农林大学	2009-06-24
菱苦土与纸纤维复合墙体材料及其生产方法	ZL200610155243. 8	浙江农林大学	2008-06-25
尿素—苯酚—甲醛共缩聚树脂及其生产方法	ZL200610155242. 3	浙江农林大学	2009-04-29
三聚氰胺，尿素改性酚醛树脂及其生产方法	ZL200610155244. 2	浙江农林大学	2009-07-22
竹木粘接面施胶方法	ZL200610003842. 8	浙江农林大学	2008-05-14
木塑，竹塑复合强化板材及其生产方法	ZL200710066938. 3	浙江农林大学	2009-09-09
一种制备速溶绿茶粉的方法	ZL200710067259. 8	浙江农林大学	2009-09-09
杆状木束自动定向铺装方法与铺装头	ZL200710068647. 8	浙江农林大学	2009-06-03
竹丝束高效生产方法及其机械与夹具	ZL200710068731. X	浙江农林大学	2009-12-16
原竹拧扭机及其专用夹具	ZL200710068732. 4	浙江农林大学	2009-06-03
一种络氨铜农用杀菌剂生产方法及其产品的用途	ZL200710157027. 1	浙江农林大学	2010-01-13
一种除草剂组合物	ZL200710306594. 9	浙江农林大学	2010-03-03
一种木材保护处理方法	ZL200710306593. 4	浙江农林大学	2009-07-22
一种竹木质材料防腐防霉剂	ZL200810059564. 7	浙江农林大学	2009-07-29
一种杀虫剂组合物及其加工方法	ZL200810061171. X	浙江农林大学	2010-03-03
一种多效农药制剂的生产方法	ZL200810061501. 5	浙江农林大学	2010-03-03
一种快速防治恶性水草和水藻的药剂及其用途	ZL200810061086. 3	浙江农林大学	2010-09-22
一种多效农药制剂及其用途	ZL200810061503. 4	浙江农林大学	2010-09-22
改性壳聚糖金属复合物木材防腐剂及其制造方法	ZL200810062631	浙江农林大学	2009-12-23
一种快速防治恶性水草和水藻的药剂及其用途	ZL200810061086. 3	浙江农林大学	2010-09-22
一种电热驱蚊蝇装置	ZL201020049447. 5	浙江农林大学	2010-09-22
榧树种子催芽方法	ZL200610052655. 9	浙江农林大学	2010-05-26
一种山核桃本砧嫁接苗的培育方法	ZL200710068655. 2	浙江农林大学	2010-05-26
聚丙烯酰胺栽培基质生产方法	ZL200910096582. 7	浙江农林大学	2010-11-17

（续）

专利名称	专利类别及专利号	单位	授权时间
含精制竹醋液的护肤品添加剂及制备方法	ZL200810063386.5	浙江农林大学	2010-12-15
速生材的耐磨阻燃面板生产方法	ZL200910096019.X	浙江农林大学	2010-08-11
一种络氨铜农用杀菌剂生产方法及其产品的用途	ZL200710157027.1	浙江农林大学	2010-01-13
多级型燃柴炉气灶	ZL200810162382.2	浙江农林大学	2010-07-21
竹木丝重组板材及其生产方法	ZL200710066611.6	浙江农林大学	2010-08-18
去除木边板皮的方法及其装置	ZL200710164831.2	浙江农林大学	2010-06-09
横向进给去除木边板皮的方法及其装置	ZL200710164833.1	浙江农林大学	2010-08-25
竹木细碎料彩色板及其生产方法	ZL200810168503.4	浙江农林大学	2010-11-03
木材方料或板料的缺陷挖补方法	ZL200810162383.7	浙江农林大学	2010-02-17
木丝双面刨切刀具	ZL200920198403.6	浙江农林大学	2010-11-24
畜禽养殖污物沼液生态处理装置和方法	ZL200810120398.7	浙江农林大学	2010-07-14
畜禽养殖废水综合处理方法	ZL200810120397.2	浙江农林大学	2010-06-02
邻硝基苯甲醛降解菌及其应用	ZL200810161589.8	浙江农林大学	2010-09-01
一种从沼液中分离生物药肥有效成份的方法	ZL200810061050.5	浙江农林大学	2010-06-09
沼液生态净化装置	ZL200920190027.6	浙江农林大学	2010-05-26
液体表面张力测定仪	ZL201020108682.5	浙江农林大学	2010-11-24
红蓝光比例均匀的发光二极管组合方法及其模块	ZL200710164834.6	浙江农林大学	2010-02-03
在线杀菌及品质监控的减压保鲜装置	ZL201020049848.0	浙江农林大学	2010-09-22
幕墙植物基质布	ZL200920196999.6	浙江农林大学	2010-08-04
温控基质分散固相萃取氮吹联合装置	ZL200920116579.2	浙江农林大学	2010-03-31
标贴(仙鹤造型Y)	ZL200530114836.6	中国林业科学研究院亚热带林业研究所	2006
松花采摘器	ZL200620103093.1	中国林业科学研究院亚热带林业研究所	2007
松树老人标贴	ZL200630104589.6	中国林业科学研究院亚热带林业研究所	2007
亚林之光标贴	ZL200630110435.8	中国林业科学研究院亚热带林业研究所	2007
一种松花粉软胶囊及其制备方法	ZL03150785.9	中国林业科学研究院亚热带林业研究所	2007
弗吉尼亚栎扦插繁殖方法	ZL200910097684.0	中国林业科学研究院亚热带林业研究所	2010

（续）

专利名称	专利类别及专利号	单位	授权时间
一种用竹炭对山茶籽油进行脱色的方法	ZL200810061223. 3	中国林业科学研究院亚热带林业研究所	2010
环保型抗静电饰面板及其制造方法	ZL03141426. 5	浙江升华云峰新材股份有限公司	2006-12-20
抗老化装饰贴面胶合板	ZL200410089497. 5	浙江升华云峰新材股份有限公司	2007-05-09
远红外辐射装饰贴面板及其制造方法	ZL200610029781. 2	浙江升华云峰新材股份有限公司	2010-07-21
仙客来工厂化栽培方法	ZL 2004 1 0066565. 6	浙江森禾种业股份有限公司	2008-12-10
红叶石楠扦插繁殖方法	ZL 2004 1 0066566. 1	浙江森禾种业股份有限公司	2008-09-03
春石斛工厂化栽培方法	ZL 2007 1 0160572. 6	浙江森禾种业股份有限公司	2010-09-22
春石斛组织培养快繁方法	ZL 2007 1 0160571. 1	浙江森禾种业股份有限公司	2010-12-08
遮阳伞的开合装置	ZL200920191513. X	浙江能福旅游用品有限公司	2010-05-26
实用新型专利			
阻燃竹木复合板	ZL2005201005579	浙江省林业科学研究院	2006-06-14
竹材去青碾压机	ZL200520014974. 1	浙江省林业科学研究院	2006-12-13
机制棒自燃式炭化窑	ZL200720004473. 4	浙江省林业科学研究院	2008-01-09
具有仿形雕刻功能的激光雕刻机	ZL 2007 2 0106902. 9	浙江省林业科学研究院	2008-01-23
通风均匀的移动床连续炭化炉	ZL 2008 2 0120946. 1	浙江省林业科学研究院	2009-05-27
一种活性炭漂洗设备	ZL 2008 2 0138328. X	浙江省林业科学研究院	2009-10-21
纳米实木复合地板	ZL 2008 2 0170635. 6	浙江省林业科学研究院	2009-12-30
一种小型人造板铺装设备	ZL 2009 2 0314975. 6	浙江省林业科学研究院	2010-07-14
一种竹木材改性处理设备	ZL 2009 2 0123035. 9	浙江省林业科学研究院	2010-05-12
纤维板小型拌胶设备	ZL 2009 2 0196207. 5	浙江省林业科学研究院	2010-06-23
微电脑数控竹帘编织机	ZL2009 2 0196208. X	浙江省林业科学研究院	2010-06-23
一种化学法制活性炭的分体式外热回转炭活化炉	ZL2009 2 0196208. X	浙江省林业科学研究院	2010-11-24
一种化学法制活性炭的塑化转炉	ZL2009 2 0196208. X	浙江省林业科学研究院	2010-11-24
一种利用烟道气余热的干燥设备	ZL2009 2 0196208. X	浙江省林业科学研究院	2010-05-12
一种复合木工板	ZL200820164310. 7	浙江升华云峰新材股份有限公司	2009-06-10
一种复合木门	ZL200820165043. 5	浙江升华云峰新材股份有限公司	2009-07-08

（续）

专利名称	专利类别及专利号	单位	授权时间
一种贴面板	ZL200820167754. 6	浙江升华云峰新材股份有限公司	2009-08-19
一种复合木地板	ZL200820167700. X	浙江升华云峰新材股份有限公司	2009-08-19
用于拉丝机的木板横扫装置	ZL200920200018. 0	浙江升华云峰新材股份有限公司	2010-09-15
用于拉丝机的圆盘刷摆动机构	ZL200920200019. 5	浙江升华云峰新材股份有限公司	2010-09-15
拉丝机	ZL200920199998. 7	浙江升华云峰新材股份有限公司	2010-10-27
一种复合贴面胶合板	ZL201020185384. 6	浙江升华云峰新材股份有限公司	2011-01-19
一种装饰贴面板	ZL201020185361. 5	浙江升华云峰新材股份有限公司	2011-01-19
一种复合贴面细木工板	ZL201020185373. 8	浙江升华云峰新材股份有限公司	2011-01-19
压刀式旋转切条机	ZL200520111001. X	浙江农林大学	2006-08-30
断片式旋转切条机	ZL200520109698. 7	浙江农林大学	2006-07-19
一种竹木材烟熏干燥窑	ZL200520013986. 2	浙江农林大学	2006-09-20
竹材烟熏干燥炭化两用窑	ZL200520014603. 3	浙江农林大学	2006-09-20
水泥模板	ZL200520131896. 3	浙江农林大学	2006-12-13
一种竹木复合地板	Zl200620104975. X	浙江农林大学	2007-07-11
一种竹单板贴面人造板	ZL200620104976. 3	浙江农林大学	2007-07-18
稳定型实木复合地板	Zl2006201117450. X	浙江农林大学	2007-08-01
双螺旋立柱有机栽培系统	ZL200620105976. 6	浙江农林大学	2007-10-03
葡萄果梗耐拉力测定装置	ZL200720191638. 3	浙江农林大学	2008-09-24
多孔状物料密度测量装置	ZL200720115042. 5	浙江农林大学	2008-07-09
户外用杉木集成材	ZL200720303090. 7	浙江农林大学	2008-10-22
用于室内光合作用的发光二极管组合灯	ZL200720303316. 3	浙江农林大学	2008-10-08
水生植物炭质悬浮种植器	ZL200820083806. 1	浙江农林大学	2008-12-17
水质净化生物过滤吸附漂带	ZL200820083807. 6	浙江农林大学	2009-02-25
一种节约型生态驳岸	ZL200820163351. 4	浙江农林大学	2009-06-24
转动型发光二极管组合补光灯	ZL200820167303. 2	浙江农林大学	2009-07-29
食品胶悬浮性测定器	ZL200920112004. 3	浙江农林大学	2009-11-11
在线检测微波反应装置	ZL200920112005. 8	浙江农林大学	2009-10-28
水下植物发光二极管照明器	ZL200920113558. 5	浙江农林大学	2009-11-11

附录5 "十一五"期间荣获省级以上科技荣誉

附表5-1 省级以上科技荣誉奖励先进集体(单位)

序号	奖励名称	授奖单位	授奖时间	获奖单位
1	第三批浙江省科技特派员工作先进单位	中共浙江省委 浙江省人民政府	2006	浙江农林大学、中国林业科学研究院亚热带林业研究所、浙江省林业科学研究院
2	第四批浙江省科技特派员工作先进单位	中共浙江省委 浙江省人民政府	2007	浙江农林大学、中国林业科学研究院亚热带林业研究所、浙江省林业科学研究院、浙江省林业厅
3	第五批浙江省科技特派员工作先进单位	中共浙江省委 浙江省人民政府	2008	浙江省林业厅、浙江农林大学
4	第六批浙江省科技特派员工作先进单位	中共浙江省委 浙江省人民政府	2009	浙江农林大学、中国林业科学研究院亚热带林业研究所、浙江省林业科学研究院
5	第七批浙江省科技特派员工作先进单位	中共浙江省委 浙江省人民政府	2010	浙江农林大学、中国林业科学研究院亚热带林业研究所、浙江省林业科学研究院
7	全国科技特派员工作先进集体	国家科技部	2009	浙江农林大学
8	福建省林业科技合作先进集体	中共福建省委、 福建省人民政府	2007	中国林业科学研究院亚热带林业研究所
9	国家林业局"科技服务林改"先进集体	国家林业局	2009	浙江农林大学、中国林业科学研究院亚热带林业研究所、浙江省林业技术推广总站、江山市林业局
10	全国绿化模范单位	全国绿化委员会	2010	浙江省林业科学研究院
11	国家林业科技示范县	国家林业局	2009	安吉县、江山市、遂昌县

附表5-2 省级以上科技荣誉奖励先进个人

序号	奖励名称	授奖单位	授奖时间	获奖(个人)
1	第三批浙江省优秀科技特派员	中共浙江省委、 浙江省人民政府	2006	李延军、沈小燕、戚连忠、吕明亮
2	第四批浙江省优秀科技特派员	中共浙江省委、 浙江省人民政府	2007	胡国良、郎学军、潘文贤、何奇江、杨志玲、陈卓梅、朱更新、于红卫、程晓建、沈杰、葛吕琴、金国庆、吴勇、潘心禾、阮秀春
3	第五批浙江省优秀科技特派员	中共浙江省委、 浙江省人民政府	2008	姜德良、胡竹平、施星仁、沈泉、蓝云龙、岳春雷、斯金平、戚连忠、徐象华、王开良、蔡碧凡、袁祖林、童品璋、李恭学、高前欣、龙松亮

（续）

序号	奖励名称	授奖单位	授奖时间	获奖（个人）
4	第六批浙江省优秀科技特派员	中共浙江省委、浙江省人民政府	2009	周圻、杨志玲、戚连忠、卢刚、高培军、翁益明、包招鹏、陈永根、翁升、唐筱春、桂仁意、吴家胜、吕锦水、王华森、冯博杰、俞根连、李正才、周志春、庞伟锋、李恭学、张荣峰、朱晓燕、储开江、李鸿斌
5	第七批浙江省优秀科技特派员	中共浙江省委、浙江省人民政府	2010	徐奎源、翁升、蒋应梯、吴达胜、宋春涛、程诗明、张旭銮、胡卫滨、李恭学、王宝党、应叶青、王丽霞、冯博杰、严少君、张建、王波、张敏
7	全国优秀科技特派员	国家科技部	2009	戚连忠
8	第八届中国林业青年科技奖	中国林学会	2006	吴学谦
9	第十届中国林业青年科技奖	中国林学会	2009	吴家胜
10	“浙江省有突出贡献中青年专家”荣誉称号	浙江省人民政府	2007	方伟、王浩杰
11	“浙江省有突出贡献中青年专家”荣誉称号	浙江省人民政府	2009	姚小华
12	全国林业系统先进工作者	国家人事部、国家林业局	2008	陈顺伟
13	国家林业局“科技服务林改”先进个人	国家林业局	2008	斯金平、杜国坚、李琴
14	国家林业局“科技服务林改”先进个人	国家林业局	2009	汪阳东、王开良
15	全国生态建设突出贡献奖——林木种苗先进工作者	国家林业局	2010	姜景民、任华东、姚小华、周志春
16	浙江省农业科技成果转化推广奖	浙江省人民政府	2006	高爱新、戴文圣、江波、林青兰、郑礼法、徐高福、胡国良、贺坤、朱如云、周叶林、陈中泽、吴柏林、徐象华、曾秋敏、刘日林、翁益明
17	浙江省农业科技成果转化推广奖	浙江省人民政府	2007	王浩杰、黄坚钦、何云芳、翁永发、高立旦、余琳、丁立忠、屠永海、周云娥、王国英、王立宏、吕锦水、李鸿斌、陈青英、方乾勇、王政懂
18	浙江省农业科技成果转化推广奖	浙江省人民政府	2008	吾中良、柳新红、李延军、孙雪忠、钱皆兵、王月英、李克恩、潘锡东、潘文贤、陈秀龙、胡卫滨、蒋芝云、毛玉明、余德才、许廉明、王冬米、郑后斌、应国华

（续）

序号	奖励名称	授奖单位	授奖时间	获奖（个人）
19	浙江省农业科技成果转化推广奖	浙江省人民政府	2009	余树全、吴家胜、高智慧、鄢振武、宣子灿、李修鹏、张荣锋、王国明、卢国耀、吴连海、沈振明、汪国云、王立如、冯健君、黄建珍、许加意、夏慧海、何德汀、应尚蛟、邱永华
20	浙江省农业科技突出贡献者	浙江省人民政府	2010	汪奎宏、童再康
21	浙江省农业科技先进工作者	浙江省人民政府	2010	姚小华、周志春、顾小平、龚榜初、方陆明、李延军、江波、严晓素、何志华、钱银才、童品璋、陈李红、龚洁强、柴雄、应国华、赖俊声

附录6 浙江省林业科学和技术"十二五"发展规划

浙江省林业科学和技术"十二五"发展规划

（浙江省林业厅2011年4月）

目 录

为深入贯彻党的十七大会议和中央林业工作会议精神，落实省委、省政府《关于加快林业改革发展　全面推进“森林浙江”建设的意见》和《关于推进生态文明建设的决定》，全面推进林业科学技术进步，进一步提高林业科技创新能力，充分发挥科技对现代林业发展的引领和支撑作用，根据新时期林业地位和我省林业发展面临的科技需求，特制定“十二五”林业科学和技术发展规划。规划在全面总结全省“十一五”林业科技发展成就的基础上，分析林业科技发展趋势和需求，提出了“十二五”期间林业科技发展的指导思想、发展目标、基本思路、主要任务和保障措施。

一、“十一五”林业科技发展的回顾

“十一五”期间，围绕“在林业科技创新和推广方面走在全国前列，为我省率先基本实现林业现代化提供科技支撑”的总目标，我省建设了一批林业科技创新与服务平台、省级重点科技创新团队，初步完善了全省林技推广体系，在防护林体系构建、经济林果发展、竹产业提升和木材加工利用等领域开展了富有成效的自主创新和科技成果转化，科技促进全省林业经济效益年均增幅超过70亿元、生态环境显著改善，科技成果转化率和贡献率双双增长至60%，林业科技总体水平继续保持在全国前列。

(一)坚持自主创新，取得显著成效

“十一五”期间，我省根据现代林业发展的需求，及时调整林业科研方向，拓宽林业科研领域，先后投入2.3亿元科技经费，其中林业厅投入科研创新经费2 100万元，实施厅(局)级以上科技项目1 100余项，在林木种质资源保育、森林生态防护体系构建、竹木精深加工和林产化工等领域关键技术创新方面取得了重大突破，获得国家和省级以上科技奖40余项，连续5年每年获浙江省科学技术一等奖，位居全国领先地位。10项科技成果获国家科学技术进步奖二等奖，其中主持的有3项：“油茶高产品种选育与丰产栽培技术及推广”、“竹炭生产关键技术、应用机理及系列产品开发”和“东南部区域森林生态体系快速构建技术”。“刨切微薄竹生产技术与应用”取得重大突破，获国家技术发明奖二等奖，填补了我省自1949年以来林业科技空白，表明我省竹木精深加工领域已经进入国际先进水平。这些重大科技成果的取得，标志着“十一五”期间我省林业科技自主创新获得新的飞跃。

(二)深化省院合作，结出累累硕果

“十一五”期间，深入推进第一轮省院林业科技合作，并于2008年签订了新一轮省院林业科技合作协议，在竹木加工技术创新、科技服务林改等方面开展了系列科技合作，有效地解决了浙江省林业发展中的一些瓶颈问题，推动了林业现代化建设。中国林业科学研究院将江山市列为全国科技服务林改示范点之一，并以此为基础打造新的长期科技合作平台。中国林业科学研究院相关研究所先后与浙江省丽水市等8个市县、龙泉林科所等9个科技单位，以及逾百家企业签署科技合作项目，在60多个县市实施了各类科技合作项目250多项，投入经费5 000多万元。在沿海防护林建设用高抗树种选育、太湖源农业面源污染综合治理和林业政策等方面取得重要技术成果。每年联合举办林业科技周及送科技下乡活动，据不完全统计，举办各种科技下乡活动120余场，培训基层林技人员和林农上万人次，推广新技术新产品200多项。此外，面向浙江林业生产需要，以浙江林业干部职工为主要对象，先后举办四期农业推广硕士专业班，为浙江省林业生产第一线培养了一批高层次科技人才。

（三）整合科技资源，提升创新条件

“十一五”期间，在对全省林业自主创新的重点领域进行统筹规划基础上，整合科技资源，组建了“亚热带森林培育国家重点实验室培育基地”和“木质资源综合利用国家工程技术研究中心”两个国家级平台，建成现代森林培育技术、森林生态系统碳循环与固碳减排、竹业科学与技术、竹类研究、森林资源生物与化学利用等5个省级重点实验室，竹子、木材加工与林木种质保育等省级科技创新服务平台，以及竹子、食用菌、山核桃、香榧等区域创新服务中心。牵头成立了竹产业、花卉产业、林木种苗产业3个省级科技重点创新团队和省级林木种苗与花卉产业技术创新战略联盟。建成马尾松、竹子和茶花3个国家级种质资源库，林木良种基地国家级6个、省级9个。

（四）完善推广体系，实施成果转化

全面完成责任林技推广制度建设，建成县级以上林业科技推广机构84个，聘用首席林技推广专家247名、特派员1 122名、责任林技员2 682名。在科技普及宣传方面，深入实施“一、百、千、万”科技下乡活动，累计开展送科技下乡1.2万次，现场讲座授课林农近70万人次，开展广电等媒体讲座1 800多次，发放技术资料220余万份（册）；5年来，共投入经费3 900余万元，实施省级以上推广项目180项，重点推广浙江省重要干鲜果新品种、竹林高效培育、生态复合经营以及森林生态体系快速构建和珍贵用材林培育等方面新技术，有力地推进了我省林业生态建设和产业发展。

（五）构建标准体系，确保产品安全

经过近5年的努力，初步构建了林业标准体系，共制（修）订国家标准4项，林业行业标准11项、省级地方标准21个，实施省级林业标准化推广示范项目

106个，建立标准化示范基地72万亩，带动农户28万余户，新增产值近11.3亿元。初步建成以省级中心站建设为主，全省8个重点市县和可食林产品主产区林产品检测网络点为辅的全省林产品检验检测体系，认定森林食品基地504个，认定面积189万亩，辐射面积598万亩，实现林产品安全质量的源头监控，有效保障了林产品质量安全。

"十一五"期间，我省林业科技创新与推广虽然取得显著成效，但仍有一些关键性技术问题没有得到解决，与新时期我省经济社会发展和现代林业蓬勃发展现状不相适应：一是林业科技投入不足，与"科技是第一生产力"的地位仍不符合，难以支撑"森林浙江"建设目标的顺利实现；二是林业重点工程与科技结合不够紧密，科技成果转化为生产力的机制需进一步完善；三是林业科技人才结构不尽合理，国家级林业科技带头人缺乏，人才培养尤其是领军人才和优秀青年人才培养机制尚未形成，基层林业科技人才不足、管理体制亟待理顺。

二、当前的形势与需求

（一）浙江林业发展面临的新形势

1. 增加森林碳汇，应对气候变化已成为国家的战略选择

林业活动是增加森林碳汇，抵消碳排放，应对气候变化的重要途径。2009年，中央明确提出"大力增加森林碳汇，争取到2020年森林面积比2005年增加4 000万公顷，森林蓄积量比2005年增加13亿立方米"的发展目标。国家发布了《应对气候变化国家方案》，将增加森林碳汇作为应对气候变化的重要选择，国家林业局相应出台《应对气候变化林业行动计划》。可见，林业在增加碳汇、应对气候变化中具有特殊地位。

2. 建设"森林浙江"，促进生态文明，已成为缓解全省资源与环境约束的重要举措

2009年，我省明确提出建设"森林浙江"是现阶段经济社会发展的宏伟目标。浙江省是中国陆地面积最小的省份之一，仅占全国国土面积1.06%，但经济相对发达，人口密度大，环境容量小。因此，建设"森林浙江"是缓解全省资源与环境约束，促进社会经济转型升级的重要举措，而以培育和发展森林资源为主要目标的林业，是"森林浙江"建设的主体，在"森林浙江"建设中占有主导地位。

3. 发展现代林业、提升生活品质，已成为促进我省经济社会转型的重要途径

根据国际经验，人均GDP达到6 000美元时，经济社会进入发达国家水平。2010年浙江省人均GDP超过7 500美元，但仍处在经济社会的转型时期，资源环境、社会发展水平与经济现状不相对称。发展现代林业不仅能为经济社会发展提

供日益增长的高品质物质产品，更为重要的是能满足人们对环境品质和生活品质的需求。

4. 提高林地效益、增加林农收入，已成为加快社会主义新农村建设的迫切需要

浙江省山区面积占全省国土总面积近70%，发展空间广阔。但是，大部分山区经济社会发展水平相对滞后，属于欠发达地区，山区农民增收成为我省新农村建设的重点和难点。森林资源既是山区发展的重要物质基础，也是山区农民的主要收入来源。我省已经完成集体林产权改革的主体任务，农户成为森林经营的重要主体，林地确权到户激发了林农经营林地的积极性，迫切需要提高林地经营效益，增加收入，加快新农村建设。

（二）浙江林业发展的科技需求

要确保国家2020年“双增”目标任务完成，支撑“森林浙江”建设，促进浙江省林业生态环境和产业双升级，提高林分质量，增强森林碳汇能力，增加森林资源可持续供给能力，提升人居环境水平，加快林业产业转型，保障稳定林权改革，促进林农致富，关键在于依靠科技支撑。

1. 提升林分质量，增强碳汇能力，迫切需要显著提高森林资源培育技术水平

确保实现中央提出的“双增”目标是当前我国林业发展的第一要务。浙江省现有林地面积664.46万公顷，是林业应对气候变化、实现“双增”目标的重点区域之一，但是森林资源总量不足，森林质量不高，平均每公顷蓄积量只有全国的41%，52%的宜林地林分质量较差。要提升林分质量，增加森林碳汇功能，必须加强森林资源培育关键技术研究，构建高水平森林资源培育技术体系，为实现2015年全省森林覆盖率超过61%，林木蓄积量净增5 000万立方米以上的目标提供坚实的科技保障。

2. 改善人居环境，提高生活品质，迫切需要集成创新森林多功能经营关键技术

建设生态文明已经成为浙江省全面建设小康社会的重要目标和战略任务。林业在建设生态文明中既是基础工程，又是重要保障。要改善人居环境，提高生活品质，应加强城市和乡村防护林、游憩林、庭院复合林业等工程建设关键技术研究及示范，构建高水平的城市和乡村林业科技支撑技术体系，为实现“十二五”平原绿化“1818”目标，构建绿色生态家园、提高人们生活质量提供坚实的科技基础。

3. 支撑产业升级，提升林业效益，迫切需要攻克制约产业发展的瓶颈技术

建设发达的林业产业是现代林业发展的重要任务，“十一五”期间，浙江省林

业行业总产值以年均近10%的速度快速增长，2010年达到1 960亿元，位居全国前列。随着社会经济转型和国际木材供需矛盾加剧，我省林业产业发展面临着严峻挑战，产业技术层次较低，产品结构不尽合理，企业技术创新能力薄弱，核心竞争力不强。急需依靠自主创新，研发传统产业转型升级核心技术及战略性新兴产业培育的关键技术，支撑我省林业产业继续走在全国前列。

4. 服务林权改革，增加林农收入，迫切需要集成推广林地经营的实用技术

浙江在全国率先完成集体林权主体改革，全省林权证换发率高达96.8%，实现林地增效、林农增收是林改的主要目标。提高林地经济效益，促进兴林惠民，需要加强林下经济开发、资源加工利用等实用技术研发和推广，加大林农技术培训，提高林农经营素质和水平，引导和保障农民林业规范化、规模化和产业化经营，为巩固林改成果和促进山区致富做出更大贡献。

三、指导思想、总体部署与发展目标

（一）指导思想与总体部署

以科学发展观为指导，贯彻中央林业工作会议精神，围绕“支撑森林浙江建设、引领现代林业发展”，根据国家林业发展总体部署，结合浙江省社会经济和林业发展实际，针对“十二五”期间浙江省生态文明建设和林业产业转型升级等方面重要科技需求，以“提升生态质量、升级林业产业、服务山区林农”为基本思路，建设和完善科技创新、推广和标准三大体系，完成实施重大科技创新工程、提升科技推广成效、加快科技平台建设、增强林产品质量安全保障能力、拓展科技合作五大任务，强化组织、投入、信息化、政策、管理、宣传六大保障，全面提升我省林业科技整体水平，为促进“生态文明”、“森林浙江”和“山上浙江”建设，推动现代林业持续健康发展提供强大的科技支撑。

（二）发展目标

1. 总体目标

“十二五”期间，浙江省林业科技总体目标：到2015年，在新品种创制、林业碳汇、生态防护、生物资源综合利用、生物质新材料创制、现代林业装备与信息化等研究领域取得重大突破，建成一批具有国内领先或先进水平的科技创新与服务平台，显著提高我省林业科技创新能力和发展水平；建成一支高层次、高水平的科技队伍，完善科技成果推广、标准和质量监控体系，科技贡献率达62%，成果转化率达65%，为推进“森林浙江”建设提供强有力的科技支撑。

2. 具体目标

(1)科技创新。“十二五”期间，争取国家、省部级重大林业科技项目80项，

突破一批重大关键技术，提升全省林业源头创新、自主创新能力。培育优质、高产、高抗性良种50个及相应配套技术，研发森林资源高效利用重大新技术50项，申请和授权专利数增加1倍以上，获得省部级以上科技成果奖励50项。

(2)科技推广示范。进一步完善科技推广体系，推广新品种、新技术300项以上，培育20个以上林业科技强县，建设国家级、省级和市(县)级等各类林业科技综合示范园区300个，建立一批科技特派员创业基地，培训基层林技人员和林农150万人次以上，成果推广累计新增产值超过500亿元。

(3)标准化建设与质量监督。完善标准化和质量监控体系建设，制(修)订国家标准、林业行业标准20项以上，省级标准50项以上。构建较为完善的林产品质量检验检测体系。强化标准化示范推广，建设国家、省级林业标准化示范项目(区)100个以上，每年培育森林食品基地50个以上，特色可食林产品按标准组织生产比例达到60%以上。

(4)科技人才培养。实施"2255"林业科技人才工程，建设省级和厅局级林业科技创新团队20个，培养在国内外享有较高声誉的学科带头人20名、具有较大影响和发展潜力的中青年科技骨干50名、从事技术推广与科学普及的骨干500名。

(5)科技平台建设。建成一批具有国内领先或先进水平的科技创新平台和科技服务平台。新建省级林业产业科技创新服务平台2~3个，省级重点实验室或省级工程技术研究中心3~4个，省部级生态定位观测台站和科学试验基地10个以上，省级林业产业技术战略联盟3~4个，省级科技型林业企业50家和企业研发中心15家以上，厅局级重点实验室或工程技术研究中心8~10个。

四、"十二五"林业科技发展五大行动

(一)科技创新

1. 生态防护林质量提升科技工程

针对生态公益林林分质量提升、森林碳汇能力增强和城乡林业建设提升等方面的技术要求，开展生态公益林可持续经营技术、林地土壤碳管理技术、森林碳汇机制和森林生态功能评价技术等方面研究；围绕沿海、平原防护林以及城乡林业建设技术需求，重点开展防灾减灾沿海防护林体系构建优化技术、沿海岩质海岸风景游憩林建设关键技术研究，构建沿海防护林动态监测及生态效益评估技术体系，实施城市与乡村林业建设优化科技工程，开展森林城市社会功能、生态功能等方面研究，加大平原绿化需求的植物品种选择、生态景观配置、立体结构调控及森林村庄构建模式等方面研究。

2. 高档用材资源培育科技工程

围绕高档、优质、珍贵用材的资源培育，重点开展浙江楠、红豆树、红豆杉、木荷、樟树、光皮桦、马褂木、栎类等树种的种质资源收集与保护，主要珍贵树种的良种选育关键技术研究，种苗现代培育关键技术研究与应用，自然式混交林营建和资源高效生态培育技术研究，杉木、国外松大径材高效生态培育共性技术，以及木制玩具、手柄等特种工艺用材林短周期高效培育和多代更新利用等关键技术。建立各类试验示范基地。

3. 森林保护与灾害防控科技工程

针对全球气候变化下森林病虫害和森林火灾多发的态势，重点研究提出林分生物灾害诊断、持续控制、无公害防控、外来有害生物灾害预警与防控、极端气候灾害应对、森林可燃物综合调控、森林火险动态预警响应、森林火灾区域风险评估与安全扑救、森林火灾监测、跟踪和灾后评估及生物防火林构建等技术研究。以支撑国家和省级自然保护区建设与生物多样性保护为目标，研究濒危物种威胁评价及其解濒技术，建立保护对象及其生境的动态监测体系，建立敏感区生物多样性保护与适应性经营技术试验与示范区。以支撑国家湿地保护工程建设为目标，研究湿地水文过程和水质变化，建立滨海湿地、城市受损湿地和高山湿地生态系统保护、修复与利用技术与示范。

4. 竹产业升级科技工程

重点开展竹子优良种质资源收集及重要基因资源利用研究，创制竹子优良新种质并突破经济竹种快繁关键技术。开展竹子出笋和开花调控关键技术，集约经营用材林提质增效技术，笋用竹林高效安全培育技术，竹笋储运保鲜与深加工技术，无醛胶黏剂制造竹材刨花板关键技术，功能性竹质装饰材料关键技术，仿实木竹木塑地板制造关键技术，竹炭功能定向提升关键技术，原竹无缝展平关键技术，竹材催化液化和树脂化关键技术等产业提升核心技术研究，并进行组装、集成和产业化示范。

5. 生物质新材料创制科技工程

重点开展松香松节油精深加工、林业特产资源高效利用及深加工、生物农药原药提取及深加工、生物洗涤剂和活性炭精深加工、新型 MPF、PMUF、PUF 共聚树脂研发；开展木材质改良技术及新型生物质材料开发、纳米纤维及其复合材料制造、纳米级功能型木工特种胶黏剂生产、无甲醛释放高性能木材工业用胶黏剂生产等关键技术研究；开展木基复合关键技术的研究与新产品开发，木竹加工剩余物综合利用关键技术和废旧木料综合利用技术研究与开发；开展生物质气化、生物质热解、木本油料制取生物柴油等技术研究与应用。

6. 特色经济林产业升级科技工程

以山核桃、薄壳山核桃、香榧、杨梅、板栗、柿、油茶等浙江省特色经济林果为主要研究对象，重点开展种质资源挖掘、收集、引选和保存，选育高产、优质、高抗的新品种，研究掌握特色经济林果复合经营、园艺化、精细化和生态化栽培管理技术，加速经济林果保鲜、贮藏、精深加工和多元化利用及产品质量安全控制技术研究，开发高附加值产品，建立保障我省特色经济林果从资源培育到加工利用一体化的产业技术体系。

7. 特种经济动植物产业科技工程

重点开展林业剩余物低碳循环利用技术，菌类和药材加工新技术研究与功能食品开发，浙江中药材种质资源开发及中药新品种创制，药材饮片精深加工技术及其质量控制关键技术研究。引进推广野生动物新品种和驯养繁育新技术，研究掌握精深加工技术，开发新产品。加强林下经济动植物种养繁殖技术及产业提升科技示范。重点开展生物质能源林的引种、良种选育和培育技术研究。

8. 种苗花卉产业科技工程

重点开展用材、生态、经济林及观赏树种的种质资源库建设和核心种质资源的遗传评价技术体系研究，探索建立种质现代离体保存关键技术和多样性检测评价体系，构建国家、省级和地方特色三级林木种质资源保育体系。挖掘一批与重要经济性状相关联、具有自主知识产权的优异等位基因，构建高密度遗传连锁图，建立高效组培快繁和遗传转化体系，开展林木分子设计育种。开展重要经济树种、花卉新品种创制及其培育，建立聚合杂交育种技术体系和品种测定技术体系，集成创新林木新品种快繁、容器优质苗培育等关键共性技术；开展对传统名花的培育及花期控制。

9. 现代林业装备与信息化科技工程

重点开展林化产品加工设备及其数控关键技术研究，以及环保节能型干燥设备的研制与开发。研发微小型种子种苗质量检测仪、多功能无线野外数据采集仪、基于视频的森林灾害自动识别器以及林产品生产过程无损检测等现代林业装备。开发多时空数据采集与处理环境，种子种苗和森林认证产品物联网、视频数据智能分析与重大灾害预警、森林质量跟踪与预警等一体化应用系统，营造林决策支持系统、林权一卡通系统和林权交易平台，建立完善的林业信息化综合服务平台。

10. 特色森林文化与现代林业发展科技工程

加强特色文化、地域文化、非物质森林文化、民族森林文化等挖掘、保护与利用研究，构建完善的森林文化理论体系，促进森林休闲文化、生态旅游文化产业发展。开展多功能林业、碳汇林业等现代林业重大理论与发展模式研究，为国家和浙江林业现代化建设提供理论支撑。围绕集体林权改革、森林碳汇供给潜力与碳汇交易机制、重点工程监测与绩效评价、农户生计与林业发展、林业特色产业竞争力、木竹加工企业发展等重大问题，开展具有前瞻性和可操作性的决策支持研究，提升我省林业决策和管理水平。

(二)科技成果转化与推广应用

1. 创新科技服务机制，构建现代林业服务体系

进一步建立完善以首席林技推广专家为龙头、林技指导员为骨干、责任林技员为基础、社会化林技推广员为补充的新型林技推广队伍。健全省、市、县农业技术推广中心林业分中心和专家组。在现有林技推广、有害生物防治、野生动物疫源疫病检测、林产品质量监测体系的基础上，按照提高县一级、强化乡镇一级、发展村一级、延伸户一级的总体要求，明确落实林技推广、森林动植物疫病防控、林产品质量监管工作的机构、人员和保障措施，进一步完善林技推广体系，强化动植物疫病防控体系，建立林产品质量安全监管体系，最终构建政府主导力、科技支撑力、农民主体力、社会参与力“四力合一”的林业公共服务建设机制。

2. 着力改善推广条件，提升科技推广能力

各级财政要参照国家林业局安排专项资金，通过办公用房的新建和修缮改造，办公设备、技术培训设备、实验仪器以及交通工具购置等，大力改善林业技术推广站工作条件，提高工作效率和业务能力，提高全省各级林业技术推广站整体建设水平，更好地发挥林业技术推广站在林业新品种新技术推广示范和应用、基层林技人员培训、林业工程项目规划设计、技术指导等方面的作用，提升科技服务林改、支撑林业重点工程和现代林业建设的能力。

3. 切实加大先进实用技术的集成推广和示范应用

根据“森林浙江”建设的总要求，根据我省区域经济发展的特点和林业产业的布局，整合现有科研、教育、推广和生产力量，以各级各类林业科技推广示范项目为抓手，筛选集成现有林业先进实用科技成果，重点围绕竹子、经济林、珍贵树种、花卉、森林休闲等主导产业，加快平原绿化、竹产业提升和珍贵用材培育等方面的先进适用新技术推广，建设一批技术含量高、标准实施全、示范效果好、增收致富快的国家、省级特色林业科技示范园、示范区、示范点、标准化示范县(区、项目)。

4. 积极开展科技普及，提升基层科技素质

(1)建立完善知识更新和技能培训制度。以科学发展观为指导，按分组负责

的原则，分层次、按专业、有步骤、多形式地组织开展责任农技人员知识更新培训，省、市、县分别负责首席林技推广专家、林技指导员、责任林技员和社会化林技人员的培训，培养和造就一支思想观念新、业务水平好、推广能力强，既懂经营又善管理，适应现代农业发展、高效精干的责任林技推广队伍。以推广主导品种、主推技术、主推机具和实施主体培训为关键措施，加强对新型林业经营主体、各类专业队、经营大户等培训，建设科技示范户或家庭林场，提高技术的入户率和到位率。

(2)开展多种形式的科技普及行动。以“科技服务林改”为抓手，以“科技周”为平台，扎实开展多种形式的送科技下乡、技术指导、进村入户活动。通过学术交流、成果发布、项目洽谈、科技下乡和技术培训等一系列活动，充分发挥科技人员作用，搭建专家与农民互动平台，推广各种先进实用技术，各市、县(市、区)根据林业生产实际，创造条件，使林业科技工作者深入农村、深入林业经济建设主战场，切实了解林农需求，组织开展形式多样的活动，以营造了“科技兴林”的良好氛围，将科技成果、先进适用技术，推广到林业生产实际中。

(三)科技能力建设

1. 科技创新平台建设

在林业主导性领域，建成一批具有国内领先或先进水平的科技创新平台和科技服务平台。重点扶持建设亚热带森林培育国家重点实验室培育基地和木质资源综合利用国家工程技术研究中心两个国家级平台，做强现有省部重点实验室、科技创新服务平台以及区域创新服务中心。建设林业生态、花卉园林工程等方面省级科技创新平台，加强区域创新平台建设，力争建成林木种质创新与利用、林木有害生物防控、林产化工产品开发等省级重点实验室或省级工程技术研究中心，一批具有我省特色的生态定位观测站和科学试验基地。

2. 科技创新团队建设

加大竹子、林木种苗、花卉、森林碳汇和木材加工等5个省重点科技创新团队建设力度，同时扶持建设林业生态、林化产品制造、生物质能源、园林工程、木本粮油、森林休闲和生物“三药”等领域的林业科技创新团队，努力建成省级重点科技创新团队，并力争在林业国家科技创新团队上取得突破，积极探索创新团队长效运作机制和保障机制。

3. 产业技术联盟建设

建成竹子、种苗花卉、木材加工、经济林果、食用菌、中药材等省级产业技术联盟，并力争林科类国家产业技术联盟零的突破。鼓励国家、省级科研院所、高校的科技人员直接参与企业科技创新、技术转化工作，建成一批省级科技型林业企业和企业研发中心，培育一批林业科技创新主体。

（四）林业标准及产品质量控制

1. 构建林业标准体系

围绕我省林业主导产业、特色林产品、生态工程、休闲林业等重点发展领域，结合各类林业重点工程建设和林业科研项目，加快森林食品品种改良、安全高效生产技术规程、质量控制、设施林业、循环林业和林业基础性管理等方面标准修制定，逐步形成满足现代林业发展需求的林业标准体系。

2. 完善标准示范体系

完善“政府推动、市场引导、技术指导、专业合作组织带动、农户积极参与”的林业标准化推进机制，结合现代林业园区、优势特色基地及森林食品基地建设，依托林业科技转化项目，大力推行“合作社（龙头企业）+基地+农户+标准”的标准示范模式。加强标准化培训，培养一批既有标准化知识，又掌握专业技术的林业标准化技术队伍。

3. 强化质量监管体系

加大基础条件、人员培训等方面建设，进一步完善以省级检测中心为龙头，与主产区检测站（点）相衔接，企业（基地）自我检测相结合的全省林产品检验检测体系。完善林业标准实施监督机制，加强森林食品等林产品生产环节监管和例行监测，实施动态监测制度，每年安排森林食品例行监测 1 000 批次以上，综合抽检合格率保持在95%以上，从源头上保障森林食品质量安全。

（五）对外科技合作

1. 拓宽项目合作渠道

持续加强与国内知名林业科研院所和高校科技合作，尤其是中国林业科学研究院项目合作，加大省院合作项目经费投入；支持通过国际项目、国内资金项目等引进国外智力开展合作研究、技术培训与指导等，提高我省科技成果产出水平；通过政府间双边和多边科技合作渠道，拓展与国外研究机构合作，力争在“十二五”期间开展5项以上重大国际项目。

2. 提升人才交流水平

加强对海外优秀人才引进，争取引进2～3名在行业内具有较大影响力的著名专家和10名以上知名专家，提高整体创新能力与水平；支持林业科技人员通过出国（境）进修、培训、参加国际会议、合作研究等方式参与国际林业科技活动，提高学术水平，提升人员国际影响力；争取举办5～10次国际性或国内大型林业学术会议。

3. 深化团队协作机制

结合浙江林业科技发展重点，支持以高等院校、科研院所为主体与国内外相关机构共建合作创新团队、研究中心、研究基地等形式，建立稳定的合作交流关系，在国际林业热点和浙江林业建设重点领域，与国内外著名的林业科研院所和高校共建科技创新载体，力争建立5个以上国际合作团队。

五、促进“十二五”林业科技发展的保障措施

（一）强化林业科技发展的组织领导和目标责任制

围绕新时期林业科技的重要作用，各级政府建立林业科技发展领导小组，切实加强对林业科技工作的组织领导，组织林业、计划、财政和科技等方面的力量，统筹各方面的资源，加强领导和协调林业科技工作。同时，实行省、市、县各级政府对林业科技发展目标的任期责任制，建立林业科技发展业绩与领导干部政绩考核紧密结合机制。

（二）加大林业科技的多渠道持续投入

鉴于林业的公益性、外部性和持续性，按照“分类分级、突出重点”的原则，建立公共财政为主体的林业科技稳定投入机制，“十二五”期间确保林业科技投入占省林业财政支出的比重不低于2%，省以上财政总投入超过4亿元。林业厅科技创新和推广专项经费在“十一五”基础上翻番，超过1亿元，争取省财政设立林业公益性行业专项研发经费，并在林业专项工程设置专项科技支撑费用，加大支持林业自身特色的科学研究、成果推广与科技基础条件建设。优化林业科技开发、推广与示范政策机制，吸引社会资本对林业科技的投入，实现多渠道、多元化、多层次的林业科技投入格局。

（三）完善促进林业科技发展的政策机制

通过政策和机制创新，引导科技人员投身于林业生产建设主战场，鼓励林业企事业单位的科技人员通过技术入股、承包、转让等形式参与科技推广，加快科技成果向现实生产力转化。进一步完善资金扶持、林地调整使用和灵活用人等政策机制，鼓励技术推广组织采用股份（合作）制等形式创办科技示范基地（企业）；创新融资、税收和技术支持等方面政策，鼓励民间组织（合作经济组织、龙头企业、民营研究所等）建设林业科技载体，从事商业性林业技术研发、中试和推广。

（四）创新林业科技管理方式

林业主管部门要建立健全林业科技相关管理机构，充实相关管理人员，改善林业科技管理条件。在全省林业发展重点方向，创新林业科技项目立项办法，采取“主动设计、委托研发、自由探索”等多种形式，突破科技创新与服务方式，围绕产业链构建科技链；推进林业科技项目绩效化管理，制定林业科技项目分类绩效考核指标体系。提升科技兴林奖，设立林业科技成果转化推广奖。强化科技团队、科技平台、科技基地的考核与管理，建立健全考核标准和指标体系。

（五）推进林业科技信息化建设

科技信息化建设是促进林业现代化的重要途径，要采取切实有效措施推进林业科技信息化工作。建立健全林业科技信息化建设管理机构，根据林业科技信息化建设的实际需要安排专项资金，提升全省科技信息条件尤其是基层林业科技管理和服务机构条件，建立科技信息服务平台，推进林业科技信息的收集、整理、分析，探索科技信息传播与共享的机制、模式。

（六）加大林业科技宣传和普及力度

加大林业科技宣传力度，普及林业科技知识，提高全社会科技促进现代林业发展的意识。以"科技服务林改"为抓手，以"林业科技周"为平台，创造条件，建立若干特色科普基地，鼓励高等院校、科研院所科技人员深入林业建设主战场开展科普，充分发挥林业龙头企业、专业合作社、民营科技组织和科技示范户的宣传作用，开展科技交流、成果发布、科技下乡、技术培训等活动，并充分利用广播电视、农民信箱、宣传手册等多种媒体和方式，全方位进行林业科技宣传和普及，提高公众的林业科技认知水平。